研学旅行教学、管理与服务系列精品教材

研学旅行
课程开发与教学设计

主　编 ◎ 李　琳
副主编 ◎ 李庆雷　丁栋兴

中国旅游出版社

序　一

随着时代的进步和社会的发展，研学旅行作为一种新兴的教育形式受到了国家层面的高度重视。它能够让学生在真实的社会环境中增长见识、提升素养。通过体验和实践，学生们能够更深刻地理解知识，拓宽视野，培养综合能力。然而，如何将研学旅行与学校课程有机结合起来，使之既符合教育目标又能激发学生的兴趣，避免"重游轻学"甚至"游而不学"，是一大挑战。

尽管旅游部门掌握着丰富的教育资源，但它们所提供的研学旅行项目往往不能满足中小学课程标准要求。与此同时，许多中小学教师在设计符合学生需求的研学活动时感到力不从心，缺乏必要的资源支持。为了解决这些问题，《研学旅行课程开发与教学设计》一书应运而生，并致力于为中小学校、旅游机构、高等教育机构以及各类培训机构之间搭建一个沟通交流的平台。

《研学旅行课程开发与教学设计》一书由云南师范大学李琳教授团队所著，旨在解决研学旅行在实施中面临的挑战。全书汇集了课程与教学论专家以及旅游管理领域权威人士的智慧结晶，提供了详尽的理论指导和实用建议。通过深入分析研学旅行的历史演变、课程开发、教学设计原则和方法、主题及目标设计、内容选择与结构构建等关键要素，为相关从业者提供了全面而准确的指导，帮助他们更好地组织和实施研学旅行活动。

《研学旅行课程开发与教学设计》涵盖了研学旅行溯源、课程开发、课程设计基本原理、主题及目标设计、内容设计、教学设计等九章内容。第一章介绍了研学旅行溯源，探讨了中国古代游学传统以及外国近现代研究型游览形式。第二章详细阐述了研学旅行课程开发，包括定义、属性、特点以及理念，并探讨了研学旅行课程化和开发模式。第三章介绍了研学旅行课程设计的基本原理，并探讨不同模式对于教学设计的影响。第四章讨论了主题及目标设计，包括类别、特性、原则以及具体步骤和策略。第五章详细介绍了内容设计，在总体要求和基本原则下进行分类并探讨其特点，并提供构建结构化内容示例。第六章重点关注教学设计模式选择方法，并介绍多种教学方式如讲授式、探究式、情境体验式、自主学习式、合作学习式、角色扮演式和跨学科学习式教学方式的设计。第七章讨论了研学旅行课程评价设计，包括教育评价与课程评价概述，研学旅行课程评价的类型、原则和方法，以及具体的评价内容与指标体系。第八章探讨了研究型游览成果资源化的内涵与分类，并给出相关案例展示如何将成果转化为宝贵资源。在第九章中提供了三个具体的研学旅行设计范例，分别涉及昆明市横冲社区高中、初中和小学的班级活动规划。

通过《研学旅行课程开发与教学设计》一书，读者可以全面深入地了解现代化社会背景下学生成长过程中遇到的问题，并获得一套完善的指导性理论框架和实践经验来应对这些挑战。本书不仅是该领域重要的参考资料，更是培养未来专业人才的关键教材，为推动我国研学旅行教育事业的健康发展具有积极意义。

本书是研学领域的代表作之一，相关从业者借助本书能够深入理解研学旅行的核心理念和实践方法，并在实际工作中运用这些知识和技巧，为青少年成长提供更好的教育服务。

最后，感谢作者为本书付出的努力和智慧，为促进研学旅行在中国的持续发展发挥了重要作用。

华东师范大学教授、博士生导师
中国教育学会地理教学专业委员会理事长
中小学国家教材建设重点研究基地主任
2024 年 10 月 13 日　上海

序　二

　　研学旅行在我国方兴未艾，研学旅行论著也成批问世，吸引了相关从业者与读者。其中，偏实务层面的著作居多，提供了一批案例。也有一些论著，涉及基本理论构建，但有不少出自旅游的视角，其本质是研学旅游，与研学旅行相关而不相同。对于2016年教育部等11个部门关于研学旅行的文件所规范的研学旅行参与、运营和管理主体来说，乐见的正是由云南师范大学李琳教授所撰写的专业、系统的研学旅行论著。本书基于作者多年的专业课程教学、专业课题研究和专业实践指导，根基深厚。作者是相关学术机构和研学组织机构的专家，已取得一系列研学理论与实践成果。本书也因此而具备读者所需求的科学性、示范性和实用性。

　　我国研学旅行的发展，亟待解决的问题是研学旅游与研学旅行之间的关系问题。二者协调不好则出现市场乱象，二者协调好了则相辅相成、共赢共荣。本书本着对古今中外旅游、游学、学校研学实践课程的深入研究，从理论上阐明了从泛化的游学到课程化的研学旅行的演变历程，有助于协调研学旅游与研学旅行的关系。本书还特别论及旅游的深度化、体验化趋势及其与研学旅行的内在关联。这些基本的理论探讨，使得本书得以从研学旅行的基本属性、基本规律、基本要求等一系列理性认知出发，来指导研学旅行的课程设计、内容设计、教学设计和评价设计，促进研学旅行的课程化。本书还厘清了研学旅行与研学旅游之间的关系，有助于实现二者之间的良性互动。

　　本书对研学旅行的设计富有新意且看点多，这正是本书实用价值之所在。尤其是本书关于研学课程主题及目标确定、课程设计模式，研学内容选择、个性化特征和类别，教学设计理论应用和模式，以及评价设计细节等内容，均为理论与实践密切结合的成果。

　　作为优质教材，本书的体例颇具创意，特别方便著作者与学用者之间的高效沟

1

通，体现了新时代的新型教学关系。在章的层面，开篇设置"本章概要"，提纲挈领、宏观引领；章末设置精心设计的"本章知识框架"，不只便于了解知识网络，明确知识点之间的关联，更能引导学习者构建思路，形成高效的学习路径和方法；章末还有"思考讨论和拓展提升"，提供了多维度、多层次、多场域的深度学习空间，理论与实践相结合，并且图文并茂。在节的层面，首先明确本节学习目标，依据和细化本章概要，用关键词的形式明确本节的核心概念，再以问题导向开启本节的学习。书中配置大量拓展阅读材料，视野开阔、取材丰富，就像小型百科读物，作者意在示范培育开放性的学习风格。

　　本书专辟一章，论述研学旅行成果的资源化，这也是本书的创新特色，将前一轮研学最终成果转化为后一轮研学的起始资源，实现了研学旅行投入—产出的可持续循环，这在研学类著作中并不多见。本书最后一章提供了研学旅行设计案例，占到本书篇幅的1/5，足见本书实用性之强。本书所提供的案例颇具典型性、代表性，而且分学段，提出适用于一般的事件背景、事件过程、案例呈现、案例启示等环节。这样的一部著作，当然不限于用作教材，还可用于研学旅游乃至深度体验等新质旅游，是引人入胜的、广大受众喜闻乐见的书籍。又由于本书深入浅出、全面系统，也可以作为学术著作，引发学术研讨。研学旅行所涉及的利益相关方多，需要协调解决的问题众多，很需要如本书这样的著作。本书的问世，将会受到教育界、文创界、旅游界的关注。

中小学地理国家教材重点研究基地研究员
教育部福建师范大学基础教育课程研究中心副主任
福建师范大学文化与旅游地理学博士研究方向学术带头人

二级教授　袁书琪

2024 年 10 月

前　言

　　研学旅行是教育体系中不可或缺的一环，它将学习与探索完美地融合在一起。本书深入探讨了研学旅行的核心属性、运作模式及基本原则，旨在为课程设计、内容规划、教学方法、评价机制以及资源开发提供坚实的理论指导。本书致力于通过这些系统的阐述，推动研学旅行的正规化发展，并增强其教育价值。

　　此外，书中还特别解析了研学旅行与一般研学旅游之间的区别与联系，指出了如何让这两种活动形成互补优势，从而达到最佳的学习效果和社会影响。本书内容新颖独特，既体现了前沿的教学理念，也融入了教师们丰富的实践经验。

　　无论是高等院校中的本科生和研究生，还是奋战在教育前线的中小学教师；无论是专业的研学旅行指导员，还是希望陪伴孩子共同成长的家长——这本书都可作为参考资料，帮助读者更好地理解和实施有意义的研学旅行计划。

　　本书比较有特色的部分是详尽阐述的"课程开发模式"与"教学设计模式"，这两部分内容不仅为研学旅行领域的从业者提供了坚实的理论基础，还赋予了他们高度实用的操作指南。此外，书中设置的"学习目标""问题引导""本章内容结构"以及"拓展阅读"等特色栏目，能够有效促进学习者的深入理解和实践应用，从而更好地组织和实施研学旅行活动。

　　本书由李琳总体设计。参加编写的单位有：云南师范大学、华中师范大学、南京师范大学。参加编写的人员有：李庆雷、李继庆（第一章）；李琳、李晓（第二、三、四、五章）；陈实、陈思琪、王平（第六章）；朱雪梅、黄龄徽（第七章）；丁栋兴、耿旭洁（第八章）；华红莲、丁文荣、杨慧艳、和小江、王良艳、张琴、邓浩月（第九章）。李琳、丁栋兴负责统稿和修改，李琳定稿。

　　李琳教授带领云南师范大学地理学科课程与教学论2024届"4+2"卓越教师计划

班的全体师生，基于对本书资料的系统收集整理以及深入的试教研究，创新性地开展了项目式学习活动。整个活动进程中，师生们秉持着严谨的学术态度与高度的专业精神，积极参与各个环节，深入探索、细致分析，充分展现出卓越的学术素养与实践能力。其间，云南省旅游规划研究院院长蒙睿先生和九洲杯研学组委会提供了丰富且极具价值的素材，为项目式学习活动的顺利开展提供了大力的支持，极大地推动了研究的深度与广度。值此项目式学习活动圆满收官之际，我们谨向所有在活动中给予帮助与支持的机构及个人，致以最诚挚、最衷心的感谢。

限于作者水平，书中疏漏和不足之处在所难免，恳请广大读者和使用师生批评指正，提出宝贵意见和建议。

编者

2024 年 10 月

目 录

第一章

研学旅行溯源

第一章　中国的研学旅行

〔本章概要〕

在中外历史上，将教育与旅行结合起来的制度化探索和常态化存在由来已久，催生出不同形式的研学活动，充实了"读万卷书，行万里路"精神内核，也为研学旅行实践和独立留下宝贵的财富。本章分析了我国古代不同阶段游学活动的发展情况，介绍了英国大旅行、日本修学旅游、美国营地教育的经验做法，阐述了从大众观光旅游到深度旅游的发展变化，总结了研学旅行的特征和意义，为学习研学课程设计奠定了基础。

第一节　中国的游学传统

☞【学习目标】

1. 绘制我国古代游学活动发展历程示意图，并标明每个阶段的代表人物。
2. 分析影响我国古代各阶段游学活动的主要因素。
3. 总结我国古代游学活动的传统及其启示。

☞【关键词】

古代游学　滥觞期　发展期　兴盛期　繁荣期　传统

☞【问题引导】

求知与探索是古代旅行活动的重要动力，催生了我国古代不同时期形式多样的游学活动，孕育了"读万卷书，行万里路"的旅游文化传统，也为研学旅行实践留下了宝贵的精神财富。我国古代游学活动经历了怎样的历程？每个阶段有哪些代表人物？影响我国古代研学各阶段发展的因素主要有哪些？与当代研学旅行有何区别与联系？

一、古代游学的滥觞期：春秋战国

清代学者商衍鎏在《清代科举考试述录》中指出，"游学之事甚古，春秋之时已盛，及至战国"。春秋战国时期，天子失官，学在四夷，礼崩乐坏，诸侯争霸，"纳贤养士"之风盛行，百家争鸣现象出现。学子、士人和一些庶民的游学活动逐渐兴盛，成为一种社会现象。在这一时期，各阶层之间的流动性加强，新兴士人阶层开始崛起，并成为游学活动的主体和主要推动者，甚至有"自孔孟以来，士未有不游"之说。

儒家、墨家学派是春秋战国时期游学的重要力量，孔子是春秋时期游学的典型代表人物，他是中国历史上创办私学的先行者、儒家学说的创始人，也被称为我国研学旅行的鼻祖、旅游文化的奠基人。他倡导"有教无类"，在杏坛设教，首开私人讲学之风。他 55 岁时带领部分弟子周游列国十四年，辗转于卫、曹、宋、郑、陈、蔡、楚等国，一方面向各国宣讲自己的治国理念并进行政治游说，另一方面则率众弟子游学、读书和悟道，被认为是我国古代游学活动的发端①。晚年修订《诗》《书》《礼》《乐》《易》《春秋》六经，其言行语录被弟子整理编撰成儒家经典著作——《论语》。孔子以游学提升道德情操（如"智者乐水，仁者乐山"），获取知识（如"志于道，据于德，依于仁，游于艺"），进行社会交往（如"有朋自远方来，不亦乐乎"），对当时和之后的游学之风起到了引领作用。孔子的教育思想连同其"山水比德""游必有方""听乐观礼""反对佚游"等旅游观一起，对后世产生了深远影响。

从空间上来看，位于齐国国都临淄稷门附近的稷下学宫成为战国时期游学活动的中心。稷下学宫秉持开放自由的原则，吸引了众多名师贤士前来游学，被后人誉为东方的"雅典学院"。在鼎盛时期，诸子百家各个学派的领军人物均曾游历授业于此，其中有道、儒、法、名、兵、农、阴阳、轻重诸家，汇集天下贤士多达千人。例如，儒家学派的另一代表人物荀子曾三出三进于稷下，历时数十载，并曾三为祭酒，主持学宫的工作。这些学者们互相争辩、诘难、吸收，使稷下学宫成为当时百家学术争鸣的中心，并有力地促成了天下学术争鸣局面的形成。

春秋战国时期的游学活动在我国古代教育史上具有划时代的意义。它开辟了社会教育的新方式，极大地推动了民间私学的演进和发展，打破了"游不及庶人、乐仅限大夫"的局面。在这一阶段，游学既是士人群体实现"学而优则仕"的理想途径，也是道德教化的重要手段，促进了学术文化交流和繁荣②。总结起来，这一时期的游学主要呈现出以下特征：（1）游学主体成分的多元性，呈现出"百家齐游"的鲜明特色；（2）游学目标旨趣的多样性，授业之游、寻师之游、求仕之游穿插、交织；（3）游学地理范围具有区域性，以鲁国为中心延伸出南楚、西秦和东齐三个重要游学区域③。

拓展阅读 1-1 ••••••••••••••••••••••••

孔子论学习

孔子是我国古代伟大的思想家、教育家和政治家，他的教育思想一直影响至今。《论语》中有很多关于学习方法的观点，对今天的研学旅行课程开发与设计仍具有重要

---

① 彭其斌.研学旅行课程概论［M］.济南：山东教育出版社，2019.

② 肖菊梅，李如密.中国古代游学的发展嬗变、教育价值及现实启示［J］.河北师范大学学报（教育科学版），2017，19（6）：34-39.

③ 王双.春秋战国时期游学的缘起、特征及教育意蕴探微［J］.教育理论与实践，2020，40（34）：15-20.

的指导意义。

三人行，必有我师焉。

知之为知之，不知为不知，是知也。

盖有不知而作者，我无是也。多闻，择其善者而从之；多见而识之。

圣则吾不能，我学不厌而教不倦也。

学如不及，犹恐失之。

敏而好学，不耻下问。

学而不思则罔，思而不学则殆。

以能问于不能，以多问于寡；有若无，实若虚，犯而不校。

兴于诗，立于礼，成于乐。

不愤不启，不悱不发。举一隅不以三隅反，则不复也。

知之者不如好之者，好之者不如乐之者。

吾尝终日不食，终夜不寝，以思，无益，不如学也。

学而不思则罔，思而不学则殆。

众恶之，必察焉；众好之，必察焉。

学而时习之，不亦说乎？温故而知新，可以为师矣。

日知其所亡，月无忘其所能，可谓好学也矣。

不学诗，无以言。不学礼，无以立。

自行束脩以上，吾未尝无诲焉。

资料来源：https://www.qufu.gov.cn/col/col17687/index.html.

二、古代游学的发展期：秦汉到魏晋

秦始皇统一六国、建立中央集权后，迅速加强了对社会的控制，钳制私学，文人学士出游被严格管制，游学一度归于沉寂。西汉时期，文化教育政策较为开放，游学现象在一定程度上又有所复苏和发展，以司马迁为代表的学者周游考察对后世影响深远。魏晋南北朝时期，社会动荡局面加剧，游学成为人们逃避现实、对抗黑暗和遥寄情感的重要选择，形成了我国古代游学史上又一个高潮，出现了以王羲之为代表的名士之游 [1] 和以"山中宰相"陶弘景为代表的仙游，催生了陶渊明和谢灵运创始的山水田园诗。

司马迁是西汉时期伟大的史学家、文学家、思想家，以其"究天人之际，通古今

---

① 王双.春秋战国时期游学的缘起、特征及教育意蕴探微［J］.教育理论与实践，2020，40（34）：15-20.

之变，成一家之言"的史识创作了中国第一部纪传体通史《史记》，被鲁迅誉为"史家之绝唱，无韵之离骚"。二十岁时，他从长安出发，足迹遍及江淮流域和中原地区，考察风俗，采集传说。之后，他又追随汉武帝巡游中原、西北和内蒙古等地，两次参与封禅泰山；以使者监军的身份出使西南夷，足迹遍及昆明、西昌、盐源等地。游历过程中的所见、所闻、所记，为司马迁编写《史记》奠定了坚实的基础。他袭任太史令后，花费十余年的时间写就了传世巨著《史记》，堪称古代学术考察旅游的典范。值得特别指出的是，"游学"这一词语就是较早见于《史记·春申君列传》中的"游学博闻"，意指游学可以使人增长见识。

如果说司马迁通过游历来留下历史记忆，那么同一时期的郦道元则是经过实地考察来描述地理环境。郦道元是北魏时期的著名地理学家，幼时曾随父亲到山东访求水道，后又游历秦岭——淮河以北和长城以南的广大地区，考察河道沟渠，写就了中国古代最系统的综合性地理著作——《水经注》。同时，这部著作也使他成为山水游记文学的鼻祖，受到刘熙载、杨慎、张岱等人的高度评价。

另一位代表人物王羲之是东晋著名书法家，其书法成就与四方游学不无关系。根据他的自述，"少学卫夫人书，将谓大能；及渡江北游名山，比见李斯、曹喜等书；又之许下，见钟繇、梁鹄书；又之洛下，见蔡邕《石经》三体书；又于从兄洽处，见张昶《华岳碑》，始知学卫夫人书，徒费年月耳。……遂改本师，仍于众碑学习焉。"这段话记述了王羲之在名山大川的碑刻上学书的经历，是他开阔眼界、领悟真谛、再上层楼的重要阶段。他在担任右军将军、会稽内史时，召集友人在兰亭聚会修禊，写下《兰亭序》，名垂青史。后来，他辞去官职，游遍浙江东部山水，陶醉于山水之间，自叹"我卒当以乐死"(《晋书·王羲之传》)。

相较而言，这一阶段的游学主要表现出三个方面的特征。一是游学与明经相结合。统治者直接提倡经学，"经明行修"成为一些儒生游学的追求①。二是私学的兴盛，激发了求学者游历的热情。三是游学被视为一种人生经历，或为遁世避俗、洁身自好，或是弃时厌世、麻醉人生。从影响来看，秦汉时期的游学促进了游学观念的进步，如游学有利于"养性"和"致知"。魏晋时期的游学文化结构发生了变化，扬弃了儒家的"比德"传统，崇尚老庄的"无为"，寄情自然，啸傲山林，欢娱泉下，游学风格旷达风流。这促进了旅游文学创作与游记文学的繁盛，推动了自然美和游学审美理论的形成②。

---

① 刘香民.中国古代游学的历史考察与反思 [D].济宁：曲阜师范大学，2010.

② 肖菊梅，李如密.中国古代游学的发展嬗变、教育价值及现实启示 [J].河北师范大学学报(教育科学版)，2017，19（6）：34-39.

三、古代游学的兴盛期：隋唐宋

唐宋时期，伴随着社会经济的繁荣、基础设施的完善和文化教育的发展，旅行活动兴盛一时。除了帝王巡游、使节游历、商贸旅行、百姓郊游、教徒参访、边塞军旅之外，以异地求学和文官宦游为主要形态的游学活动达到鼎盛，游学规模空前扩大，游学地域不断扩展，西安、开封和洛阳成为游学士人的主要聚集地[①]。与此同时，山水诗画、边塞诗词、哲理游记等旅行文学高度发达，留下了许多脍炙人口的经典作品。"读万卷书，行万里路"的壮游观念开始形成，旅行激发创作灵感、启发思考、抒情感怀的功能日益发挥出来。

隋唐时期，科举制度开始建立。这一人才选拔形式使大量社会中下层人士有机会通过读书和考试进入统治阶层，改善自身及家族的境遇。无数学子为了功名前程而离乡远行，遍访名师，如韩愈、柳宗元、孟郊等均有丰富的远游经历。南宋诗人巩丰所作的《送汤麟之秀才往汉东从徐省元教授学诗》，描绘了古代学子远行求学的心态和不易："士游乡校间，如舟试津浦；所见小溪山，未见大岛屿；一旦远游学，如舟涉江湖……"为了满足世人读书求学的需要，在官学之外，民间书院的数量、规模不断扩大，功能和设施更加完善，办学风格较为开放，教学管理形式灵活，成为一地的学术交流中心，涌现出嵩阳书院、白鹿洞书院、岳麓书院、应天府书院、石鼓书院、象山书院等佼佼者，进一步刺激了异地求学、游学读经的风气。北宋教育家胡瑗就曾指出，"学者只守一乡，则滞于一曲，则隘吝卑陋。必游四方，尽见人情物态，南北风俗，山川气象，以广其闻见，则为有益于学者矣"[②]。他把课堂教学与课外实践结合起来，积极引导学生走出去开阔眼界，曾率领湖州的学生远游关中，感受南北方地理环境与人文景观的不同，应该算是我国古代研学游的创始人。南宋理学家朱熹亦主张学子不应拘于一隅，而应"出四方游学一遭"。

同时，科举考试中的乡试、会试和殿试在省会和京城举行。为了能够按期参加考试，各地学子都要提前启程，使得沿途游历成为可能，有时会因天气、交通、健康等原因在途经地逗留。学子在考取功名之后，便可进入仕途。为了防止文官专权或腐化，朝廷采取任期制，三年考核一次，或升或降，或留任或转任。这让文官终身迁转不定，形成特有的游学形式——文官宦游[③]。士子们深入了解各地历史文化、名胜遗产、典制

---

① 王双. 春秋战国时期游学的缘起、特征及教育意蕴探微 [J]. 教育理论与实践，2020，40（34）：15-20.

② 王铚. 默记·卷下 [M]. 北京：中华书局，1981.

③ 谢贵安. 中国旅游史 [M]. 武汉：武汉大学出版社，2012：151.

赋役、科技发明，观察社会，推动文化、社会变革。《游褒禅山记》就是北宋政治家王安石在辞官回家途中游览了褒禅山后，以追忆形式写下的一篇哲理游记。另一篇著名游记《石钟山记》则是北宋文学家苏轼由黄州团练副使调任汝州团练副使时，顺便送他的长子苏迈到德兴县任县尉途中，经过湖口游览石钟山后写下的一篇考察性游记。同一朝代的沈括少随父宦游州县，出仕后重游历研究，他"博学善文，于天文、方志、律历、音乐、医药、卜算无所不通，皆有所论著"（《宋史·沈括传》），其代表作《梦溪笔谈》内容丰富，折射出北宋科技文化的辉煌①。

在这一阶段，壮游天涯的旅游观念迅速发展，"读万卷书，行万里路"，蓄积而进发，成为一种时尚。如果说"读万卷书"来源于"诗圣"杜甫，那么"行万里路"则体现于"诗仙"李白，两位诗人用行动真实地还原了"读万卷书，行万里路"。杜甫生活在唐朝由盛转衰时期，从二十岁起开始了长达十年的壮游，接着寓居长安近十年，后辞官南行，定居于成都浣花溪畔，可谓一生颠沛流离，遍观天下黎民之苦。他曾在《奉赠韦左丞丈二十二韵》写道"读书破万卷，下笔如有神"，总结了他的创作经验。李白一生喜欢游历，足迹遍及大半个中国，五岳名山都留下过他的诗篇，"五岳寻仙不辞远，一生好入名山游"就是对他最好的写照。在山水景物的触发下，李白的创造力源源不断地释放出来，以一己之力为所见景物赋予了丰厚的人文色彩，造就了不少风景名胜。《蜀道难》刻画了古老蜀道沿线的绚丽画卷，《望庐山瀑布》展现了他瑰奇浪漫的想象力，《早发白帝城》则流露出他难以掩饰的轻快飘逸。

总体来看，隋、唐、宋三朝的游学活动较多地受到科举制度的影响，以求学、科考和宦游为主要表现形式。科举制度的建立和完善，促使出身寒门、勤奋苦读又有真才实学的下层士人离开家乡，外出游学，参加考试；顺利入仕后，也就同时开启了宦游天下的步伐。在这一时期，官学、私学和书院教育极大地促进了游学的发展，为教育旅行写下了光辉的一页。同时，壮游天涯的观念逐渐发展为游学合一的旅游理念，进一步丰富了游学的内涵，留下了浩如烟海的旅行文学作品。此外，理学的出现让人们更加重视游理，涌现出景物理趣、明性见理之游，周敦颐、朱熹、苏轼等都善于格物致知、借景寓理趣。

四、古代游学的繁荣期：元明清

元朝政府推行歧视汉民族的政策，科举制长期废弛，禁止汉人出海经商，导致游

① 冯小珏.游学：古代的"研学游"［N］.上海法治报，2023-8-2（15）.

学缺乏生机，唯有国外旅行家的入境游历及其留下的游记尚可称道，如《马可·波罗游记》《鄂多立客克游记》《马黎诺里游记》《伊本·巴图塔游记》。明清时期，官学兴盛，书院兴旺，刺激了官学之游和书院之旅，助推了游学走向高峰。同时，八股文、文字狱又对游学产生了不利影响。

从明朝中叶起，一些学者开始注意探索自然界的规律，形成一种钻研实物、经世致用的学风，游学者在审美、愉悦的同时，向实地游览、调查考察、科学研究方向发展，使旅游活动增加了科学文化内涵①。"对天地问难，向山水求知"成为这一时期的重要风潮，代表人物主要有李时珍、徐光启、徐霞客等。徐霞客是著名旅行家、地理学家，自幼特好古今史籍、地志图经，萌远游五岳之志。他在 21 岁时辞别母亲和妻子开始出游，以登名山、访胜迹为主，"游山川如会知己，探穷凹如掘至宝"。他一生的足迹遍及今华东、华北、东南沿海和云贵地区共计 16 个省的无数山川，旅途中他总要把当天经历与观察所得记录下来，经后人编辑成约 60 余万字的《徐霞客游记》，不但具有极高的科学价值，而且具有很高的文学价值，被誉为"千古奇书"。徐霞客是世界上对石灰岩地貌（又称喀斯特）进行大规模考察，并做详细记录和深入研究的第一人。他对金沙江、澜沧江、丽江等诸水流实地调查勘测，写成《溯江纪源考》和《盘江考》，纠正了儒家经典《禹贡》以岷江为江源之谬。他还远抵云南边陲腾冲，对有地下热能表现的地区进行寻访。明代的教育家吴与弼认为，劳动对培养学生勤奋进取的品格非常重要。他经常率领学生来到郊外田野，在劳动中授课，与学生一起探讨人生。他把研学游融入了劳动的元素，是第一位提出"劳动与读书相结合"理论的人②。

清朝时期，以山河考察游、科技考察游、山水边塞游为代表的游学形式占据重要地位。以"天下兴亡，匹夫有责"为其人生坐标与政治抱负的著名学者顾炎武，为寓志山河、实现反清复明的目标，曾历数十载，考察大江南北、长城内外。"所至隘塞，即呼老兵退卒，询其曲折。或与平日所闻不合，则即坊肆中发书而勘之"③。除顾炎武外，归庄、魏禧、屈大均等也属于这类学者。顾祖禹一生不参加科举，精研历史地理学，实地考察以证虚实，著有《读史方舆纪要》，堪称历史地理与军事地理的学术名著，《广阳杂记》的作者刘献廷、《秦边纪略》的作者黄叔璥亦属这类学者。还有许多文人学士，为陶冶心性、增加阅历、领悟人生、考察社会，多作山水之游与边塞之游，代表人物有郑燮、袁枚、姚鼐等。

清末的新式学堂特别重视师生进行有计划的集体户外游学，史称"远足会"。这

① 刘香民.中国古代游学的历史考察与反思［D］.济宁：曲阜师范大学，2010：23.
② 刘永加.古代的周游壮游与研学游［J］.月读，2024（6）：83-87.
③ 刘庆.行万里路—顾炎武的交游与学术［D］.武汉：中南民族大学，2015：12.

一游学形式既受到欧美自然主义户外教育模式以及日本明治时期"远足"教育模式的影响，又与中国古代师生从游、登山临水的文化基因一脉相承[1]。从1905年开始，清政府每年一次举行游学（指离开自己熟悉的环境）毕业生考试，合格者分别"赏给"进士、举人。

拓展阅读 1-2 ●●●●●●●●●●●●●●●●●●●●

远足之趣旨

1908年，《浦东中学校杂志》的《大事记》记载："四月初五日，职员率生徒远足至徐家汇，游李文忠祠，观邮传部立高等实业学堂运动会，游博物院，观土山湾贫儿工艺所……八月十五日，职员率生徒为松江、青浦间远足。"远足之后，黄炎培对此次"修学旅行"收获进行的归纳，从中可见"远足会"的"天地大讲堂"属性（表1-1）。

表1-1 浦东中学远足会收获表

序号	类别	具体事项
1	所见	河湖、城邑、市集、村落、衙署、营房、校场、试院、学校、仓廒、教堂、祠庙、寺观、道路、桥梁、池塘、井石、田畴、园圃、亭榭、楼阁、花木、古玩、字画、碑志、墓塔、铁道桥工、采石工、天文台、望远镜、渔具、农具
2	所得	植物：水生者浮萍、槐叶苹、鸭跖草之属；陆生者石葱、椎、柊之属；石生者石韦、石耳、藓、菪之属
3	所经	风雨、饥寒渴、险阻、困乏
4	所闻	古今人之嘉言善行

黄炎培还专门撰写了《致学生家长远足之趣旨书》，总结了远足会带来的十二条"效益"。（1）旅行最适于少年活泼之天性。（2）整队徐行，于体育上得自然之发达。（3）观山川之壮丽，物产之美富，最易激起爱国心与爱乡心。（4）备尝风雨险阻、艰难困乏之况味，为习劳耐苦之唯一善法。（5）师弟同行，苦乐与共，善激起其爱校、敬师、爱群种种观念。（6）计程而进，必达目的地然后已，易养成坚忍强毅之概。（7）多吸新鲜空气，大有益于卫生。（8）可获无限之见闻，以广其心境。（9）行于野，观渔樵农牧勤苦之状态，可以知生计之艰难。（10）所至观古人遗迹，教师演讲轶事，易发生崇拜英雄之观念。（11）采集标本，随地研究，于理科上扩无限之知识。（12）服食器用完全准备，养成独立自治之精神与绵密之思想。他指出，能够综合收德育、智

---

[1] 李成晴.远足：清末新式学堂的师生"从游"[J].安徽师范大学学报（人文社会科学版），2021，49（6）：132-142.

育、体育三者之效的，便是旅行远足。

资料来源：韧之（黄炎培）.远足日记［J］.浦东中学校杂志，1908（1）：1-14.

黄炎培.远足之趣旨［J］.浦东中学校杂志，1908（1）：1-2.

第二节　外国近现代研学旅游

【学习目标】

1.阐述教育与旅行的相互关系。

2.总结外国研学活动的典型模式与经验做法。

3.分析外国近现代研学旅游对当今研学旅行教学的启示。

【关键词】

英国大旅行　日本修学旅行　美国营地教育

【问题引导】

从世界范围内看，将教育与旅行结合起来的制度化探索和常态化存在由来已久，国外以英国的大旅行、日本的修学旅游、美国的营地教育最具典型意义。我们可以从这些研学活动中吸取哪些经验做法或典型模式？英国大旅行、日本修学旅行、美国的营地教育对当今研学旅行健康发展又有何启示呢？

一、英国的大旅行

在西方，文艺复兴和人文主义教育的兴起促使英国最早出现了学习和旅游相结合的教育方式。16世纪早期，人们开始赋予游历欧洲大陆以教育目的，真正意义上的大陆教育旅行开始出现。[①] 到了18世纪，在英国上层社会中兴起了一股赴欧洲大陆游历学习的热潮，被称作大旅行（grand tour），被后来其他富裕阶层效仿，催生了富有阶层为了文化、教育、保健和精神愉悦等目的而在西欧各地游历学习的现象，是欧洲旅

---

① 陶军.18世纪英国大陆游学及其原因和影响［D］.武汉：武汉大学，2005.

游史上最为著名的事件之一①。

"大旅行"系"grand tour"的直译，这一词汇源于法语，意指长时间的周游。以大旅行为代表的旅行文化在英国的发展是多种因素共同作用的结果，包括16世纪以来欧洲各地区之间文化关系的变化、文艺复兴运动的鼓舞、社会和文化联系网络的完善等。16世纪到19世纪初，大旅行在发展过程中形成了鲜明特色和系列模式。大旅行的客源主要来自特定的区域与社会阶层，以地主庄园、伦敦和某些地区城镇中心或圣地、各地中小学和大学为主。法国、尼德兰、意大利和德意志是英国人旅行的主要地区，从巴黎、阿姆斯特丹、布鲁塞尔、汉堡、维也纳、威尼斯、佛罗伦萨、罗马和那不勒斯等中心城市辐射而出的线路则是经典线路②。大旅行通常会持续一段时间，平均在两三年，时间长的则会达到六七年之久。他们通常在一名私人教师及数名仆从的陪同下，研习舞蹈、箭术和骑术，探访建筑珍品，收集文化珍品和文物，欣赏沿途风景③。

大旅行，与其说是旅行，不如说是学习。参加大旅行的青年人主要有三项任务：增长知识、学习文艺和收藏文物古董。第一是增长知识。学习知识是大旅行中的重要内容。后来成为著名历史学家的爱德华·吉本在从牛津大学莫德林学院毕业后，前往瑞士洛桑进行大旅行。在导师帕维亚尔的指导下，吉本主要攻读了拉丁文古典名著，兼习希腊文著作。他的课业包括历史、诗歌、演说修辞和哲学四大部分。在两年多的时间内，他还广泛阅读启蒙时期的法、英思想家孟德斯鸠、洛克等人的著作，为创作历史巨著《罗马帝国衰亡史》打下了基础。此外，他还"到处参观教堂、兵工厂、图书馆，并拜访所有声名显赫的人"④。第二是学习文艺。英国青年在抵达欧陆后，往往醉心于艺术。他们选择在巴黎学习马术和舞蹈，在意大利聆听歌剧与音乐。在大旅行中增加文艺元素，主要是帮助英国贵族青年提升艺术鉴赏能力，熟悉宫廷礼仪，为年轻人回到家乡担任政府和外交职位做准备。第三是收藏文物古董。参与大旅行的英国青年在游览之际，也常去像庞贝和赫克兰尼姆古城这样的地方搜罗一些古董玩物。例如，建筑师罗伯特·亚当在前往法国和意大利大旅行时，就醉心于罗马帝国留下的废墟与古迹。回到英国后，他与弟弟詹姆士共同编写了《戴克里先宫的废墟》一书，名噪一时⑤。

伴随着工业革命的到来，大量的中产阶级和普通工薪阶层子女加入大旅行的队伍，

---

① 付有强.“大旅行”研究述评［J］.西华师范大学学报（哲学社会科学版），2010（4）：38-43.
② 付有强.17-19世纪英国人“大旅行”的特征分析［J］.贵州社会科学，2012（3）：124-128.
③ 付有强.英格兰教育旅行传统探析［J］.贵州文史丛刊，2013（4）：115-120.
④（美）埃里克·朱洛著，王向宁、李森译.现代旅游史［M］.北京：商务印书馆，2021.
⑤ 赵博.大旅行，培养绅士还是公子哥？［N］.社科学报，2020-06-18（08）.

大旅行从此开始向平民化发展。首先，在英国政府和教育行政部门的介入下，大旅行发展成了研学旅行。这种研学旅行被纳入了地方教学大纲中，规定所有学校都必须开展。其次是得到了地方学校的支持，学校通过开设暑假学校招收来自不同地方的学生进行混合式教学。最后是旅行机构的支持，它们为学生准备了健康向上的旅行项目，并确保学生有序出行。在此过程中，"游中学"的特点逐渐彰显出来[①]。

二、日本的修学旅行

しゅうがくりょこう，通常译为修学旅行，是日本基础教育阶段各级各类学校均需要开展的一项重要教育活动[②]。作为学习的一环，它一般是指教师带领儿童、学生进行的团体旅行。修学旅行承担着基础教育阶段课堂教学无法实现的教育功能，即让学生拓宽视野，亲近大自然与传统文化，形成良好的集体生活行为习惯以及公共道德能力。

从组织规划上来说，各个学校都会制订详尽的修学旅行计划和管理计划，后期还发展为按年级阶段制订不同的修学旅行计划。例如，东京府常中学规定三年级学生步行至较近的大宫公园，旅程时间为一夜；四年级学生则前往箱根进行为期两夜的修学旅行；五年级学生的目的地为更远的日光，为期两夜。这些组织策略均被现行修学旅行吸收并完善。

从学习内容上来说，早期修学旅行以参观学习及学术调查、军事训练和敬神参拜等形式为主。其中，就参观学习和学术调查这一形式，实为现行修学旅行的雏形。各校组织了关于历史、地理、物产、气象、建筑、地质矿物、卫生等多方面的学术调查实习，反映了当时日本对于科学教育及对多学科发展的重视[③]。

从修学区域的选择来看，日本国内的修学旅行线路呈现出"东西南北交互穿梭"的特点，充分聚焦不同地区的特色，让学生体验不同的地域文化[④]。例如，关东地区的学校多选择前往关西，修学旅行的目的主要是了解日本传统文化；东海地区的学校多前往关东，修学旅行重点聚焦和平教育和职场体验；近畿地区的学校开展修学旅行的目标比较多元化，有和平教育、自然体验、体育运动、农家体验等。学生们前往关西、参访京都奈良等历史名城，能够充分了解历史并在欣赏古典艺术品中提升文化修养；前往冲绳、广岛参观战争遗址，能够感受战争的残酷，珍惜并热爱和平；前往农林渔

① 李可为.英国研学模式剖析［EB/OL］. https://zhuanlan.zhihu.com/p/78757747（2019-08-19）.
② 李冬梅.日本的修学旅行：举社会之力打造安全行走中的"必修课"［J］.人民教育，2017（23）：32-35.
③ 修学旅行ドットコムは、（公财）全国修学旅行研究协会.明治时代の修学旅行の意义［EB/OL］. https://shugakuryoko.com/museum/rekishi/museum4000-02.pdf.
④ 李冬梅.日本的修学旅行：举社会之力打造安全行走中的"必修课"［J］.人民教育，2017（23）：32-35.

村参与当地民众的种植和养殖活动，可以感受辛勤劳动的喜悦。除此之外，不同学段修学旅行的主题亦有所差异，小学生主要是接触自然，高中生则会有前往企业、体验职场的机会。

从修学旅行的主题来看，日本中小学修学旅行的活动主题也会根据学生年龄的不同各有侧重，针对不同年龄的学生开展适合其能力的修学旅行活动，具体见表 1-2[①]。

表 1-2　日本不同学段的修学旅行主题

序号	学段	培养能力	活动主题
1	小学阶段	培养学生的自然理解和体验能力	社会体验、自然体验、文化体验、生活体验、职业体验
2	初中阶段	培养学生感悟自然能力、问题探究能力、文化理解能力和人际交往能力	对异地不同的自然体验、农业生活感受、工业操作流程体验以及文化生活探究等
3	高中阶段	培养学生灵活运用书本知识的综合实践能力、爱国精神、与时俱进的时代理念与人文精神	探究历史遗迹、体验传统文化、学习历史建筑保护、掌握赈灾防灾知识以及针对高考的历史、地理知识的实践性学习活动

拓展阅读 1-3 ● ● ● ● ● ● ● ● ● ● ● ● ● ● ● ●

濑户内海修学旅行案例

日本修学旅行案例注重亲身体验，课程安排较为宽松，课程目标设置难度较小，更注重学生的实际体验与感受，对知识层面的要求并不高，大部分课程目标都是以了解为主（表 1-3）。

表 1-3　濑户内海修学旅行项目内容及安排

时间	地点	活动内容	课程目标
第一日 8：50	广岛 / 宫岛	由广岛 / 宫岛出发	无
9：50（活动约 2 小时）	中岛姬滨海滩	乘船抵达中岛，在姬滨海滩进行渔业体验，如捕鱼、钓鱼活动；了解日本渔业发展	了解气候对渔业的影响；了解渔业在日本国内产业结构中的位置及发展
12：00	中岛	午餐	无
13：30（活动约 1 小时）	中岛蜜柑果园	了解日本著名特产蜜柑的种植及蜜柑产业发展现状；开展蜜柑采摘活动	了解蜜柑种植所需气候、地形条件；了解蜜柑成为日本特产的原因及蜜柑产业的发展

---

① 李文英，金怡璇 . 日本中小学修学旅行：嬗变、路径与启示［J］. 比较教育学报，2020（1）：75-85.

时间	地点	活动内容	课程目标
14：30（活动约1.5小时）	中岛蜜柑工厂	了解蜜柑产品制作过程	了解以蜜柑为代表的农产品工业及发展前景
16：00	中岛	乘船返回松山市住宿点	无
第二日9：00	松山市	乘巴士前往好海生物馆中转站	无
10：40（活动约30分钟）	来岛海峡大桥	到达濑户内海来岛海峡大桥，进行桥上骑行体验	了解濑户内海自然景观概况；了解海峡大桥建筑工艺
11：10（活动约30分钟）	村上水军博物馆	参观村上水军博物馆，感受日本近代海军文化	了解濑户内海地理位置的军事意义
11：40	来岛海峡大桥	午餐	无
13：00（活动约1小时）	濑户内海	乘坐观潮船体验急流观潮	掌握濑户内海海潮景观的形成原理
14：00（活动约1小时）	日俄战争要塞遗迹	参观小岛上日俄战争要塞遗迹	学习日本近代史，了解日俄战争背景；了解濑户内海地区的地理意义
15：00（活动约1小时）	龟老山展望台	登上龟老山展望台观赏濑户内海浮岛景观	掌握濑户内海及浮岛景观的形成过程
16：00	来岛海峡大桥	返回广岛/宫岛	无

资料来源：王绍东.日本修学旅行与我国研学旅行对比分析［J］.中学地理教学参考，2022（11）：76-80.

为了保障中小学修学旅行的顺利开展，日本已经形成了一套自上而下的完整的保障体系。首先，政府作为牵头者，给予了重要的政策保障和财政支持。文部科学省会通过发布多项教育政策法规来严格管理修学旅行的实施，将修学旅行纳入学校教育课程中，并对小学、初中和高中的修学旅行细节都提出了明确的要求。地方教育主管部门每年都会出台本年度具体的修学旅行实施细则，对修学旅行的活动日程、费用、人员构成、餐饮、住宿等进行全方位审核，以保障修学旅行的安全性、教育性和经济性。相关部门（如交通运输部）也给予了修学旅行很大的支持。其次，社会组织作为推动者和协调者发挥了重要作用。财团法人——日本修学旅行协会以推动修学旅行健康发展为己任，在技术、信息和人员诸方面给予了修学旅行很大的支持，其不仅是研究者、信息提供者，还是监督者。再次，学校作为实施者承担着重要的组织和实践的责任。每个学校在具体开展修学旅行活动前，都需要做好修学旅行计划。对于在活动中会遇到的突发状况，要提前做好应急预案。在活动过程中，指导教师还要引导学生养成良好的文明礼仪和公共意识。在活动结束后，学校需要对修学旅行活动做出总结、评价和反思。最后，修学旅行得到了社会各界的广泛支持，相应的参与者都会最大限度地为学生提供便利（图1-1）。

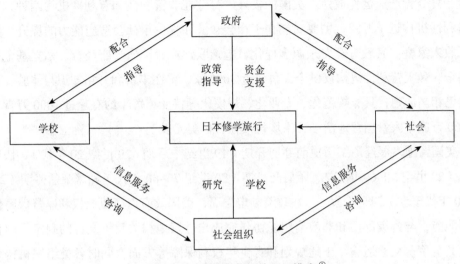

图 1-1　日本修学旅行的组织模式[①]

三、美国的营地教育

在美国，研学旅游主要以营地教育（educational tourism 或 camping education）的形式存在，营地教育将促进个体素质素养、知识技能的提升和社会整体的全面发展视作自身职责。早在 1861 年，两周的户外露营就成了美国噶纳瑞中学课程的一部分。到 20 世纪 30 年代，教育性的露营活动在中小学中逐步开展。露营活动能够为学生提供课堂所学知识的实践机会，逐步培养孩子们规范的社会习惯、健全的身心、批判性思维方式、正确的审美观。[②] 哈佛大学前校长查尔斯·威廉·埃里奥（Charles William Eliot）曾对营地教育进行评价："青少年在户外营地几周收获的教育经历，可以与课堂中一整年的学习相媲美。"[③]

与其他国家比较而言，美国的营地教育覆盖主题内容丰富，硬件配套设施齐全，

① 李虹.日本中小学修学旅行的实践经验及其对中国的启示［D］.武汉：华中科技大学，2019.
② 王四海，郭方斌，Alex Russ，等.美国露营活动流行原因分析及对我国的启示［J］.世界地理研究，2016，25（1）：115-124.
③ 刘娟.国外营地教育对慢性病青少年健康促进效果的研究进展［J］.体育科技文献通报，2024，32（5）：217-220.

法律法规完善。[1]在政策导向与财政扶持下，由联邦政府和州教育主管部门与民间组织美国营地协会、萤火组织等多家协会共同监管行业发展，美国校外教育分层化趋势明显，夏令营产业运作成熟。美国的校外教育存在非营利性和营利性机构两种，其中非营利性机构近1万家，主要功能在于社会救济和青少年社会适应能力的提升，服务中低收入家庭。其教育经费来源多样化，包括联邦经费、州政府经费、私立基金和地方基金。私人营利性机构仅供个人科研近3000家，重在丰富和开拓知识与体验，目前发展已相当成熟，具有规范化、专业化、规模化等特征。每年约有超过1000万青少年和100万成年人参加营地活动，市场规模在百亿美元以上[2]。

美国营地发展经历了历史萌芽初开期（19世纪中后期~20世纪20年代）、快速发展期（20世纪30~60年代）、矛盾凸显期（20世纪70~80年代）和繁荣鼎盛期（20世纪90年代至今）四个阶段[3]。在政策制定层面，美国政府以简政放权和监督保障作为主要职能，与各级部门和非政府组织协作完成户外营地相关政策文件的制定，内容涉及公共卫生、交通运输、土地规划和青少年权利保障等方面，同时各类组织机构相互联系、密切协作，形成了政府授权、部门协同、社会组织共同参与的多元协同治理体系。在组织建设方面，营地组织以建立伙伴关系进行资源互补，降低活动组织成本的同时拓宽了资金获取渠道，提高组织运营效率的同时增强了行业决策的科学性。在课程体系层面，营地结合地方政府规定、满足学校教学计划及青少年个人发展需求，融入多元学科知识，注重结合青少年身心发展特征以及技能提升的阶段性进行设计，以兴趣培养、技能普及和素质发展为基准，形成了"兴趣玩耍—技能学习—素质提升"的人才培养路径。[4]

美国有组织的营地种类多样，主要包括六类：住宿营（resident camp）、日间营（day camp）、旅游及旅行营（trip and travel camp）、专门营地（specialized camps）、校园营地（school camps）、会议及休息中心（conference and retreat centers）。其中，最具代表性的当数日间营。在日间营的设计与管理中，课程设计尤其具有挑战性，因为营员可能会选择每天返回或跳过其中一天的课程，这取决于前一天的活动有多吸引

---

[1] 李静, 章雪婷, 等. 研学旅行发展趋势: 通过具身学习达到知情意行合一 [A] // 中国社会科学院旅游研究中心. 2023-2024年中国旅游发展分析与预测 [C]. 北京: 社会科学文献出版社, 2024: 81-86.
[2] 中国旅游研究院. 中国研学旅行发展报告（2017）[M]. 北京: 旅游教育出版社, 2018.
[3] 李泽轩, 杨棵. 美国露营地教育的历史演进路径、实践经验及启示 [A] // 中国体育科学学会, 编. 第十三届全国体育科学大会论文摘要集——专题报告（体育管理分会）[C]. 北京: 社会科学文献出版社, 2023: 3.
[4] 张迪, 张毅恒, 等. 美国青少年户外体育活动营地的治理策略及其启示 [A] // 中国体育科学学会. 第十二届全国体育科学大会论文摘要汇编——专题报告（体育信息分会）[C]. 中国地质大学（武汉）, 2022: 2.

人。①经过多年的探索，美国已经形成了较为成熟的日间营课程规划、实施与评价体系。

拓展阅读 1-4 ••••••••••••••••••••••••••••

美国日间营的课程规划与设计

课程规划是营地负责人用以把控课程设置和编排的基本方式，是在遵循相关法律和营地基本哲学的基础上，根据教学目的和任务对营地的课程和其他教育活动进行的全面安排。由于不同社区对日间营的需求不同，营地负责人必须率领课程设计部门收集信息，分析并给出适当的解决方案。常规的可持续性野外游径的设计可以分为以下四个步骤（表1-4）。

表1-4　美国日间营课程规划的常规步骤

步骤	步骤名称	设计要点
1	确定营地的基本哲学和使命	调查周围社区的需求并解释数据，将需求转化为营地的规划决策
2	评估客户的兴趣和发展需求	采取问卷调查、个人访谈或焦点小组访谈的形式，收集营员及其家长的观点
3	确定日间营的目标和预期结果	审查营地的预期结果，检查其是否符合客户的需求和兴趣
4	评估营地的资源	评估营地项目实施的设施环境和自然环境

在现阶段，大多数日间营都不再采用纯粹的集中或分散式课程，而是将两种模式结合起来，让课程在集中和分散之间的连续统一体中发挥作用。应对课程规划步骤中要素进行分析，根据营地的计划设计适合的模式。不同课程模式的组织设计如表1-5所示。

表1-5　不同课程模式的组织设计

课程模式	活动单位	课程选择	活动选择	师资力量	评价机制
纯集中模式	整个营地	为个人设计和安排	专业化、标准化的常见技能	有顾问协助的专家	个人技能进步
新集中模式	整个营地	根据年龄或技能水平及个人偏好选择	专业的个人技能	有顾问协助的专家	个人受欢迎程度和个人技能进步
集中与分散混合模式	半天以整个营地为单位，半天以团体或生活小组为单位	半天的个人选择活动及半天以生活小组为单位的活动	半天的专业技能课程和半天的团体活动	半天由专家领导，半天由通才组织	小组互动质量及技能

---

① 武孝毓，何疏悦，李方坷，等.美国日间营地的课程规划设计及管理体系研究［J］.体育世界（学术版），2019（12）：137-139.

课程模式	活动单位	课程选择	活动选择	师资力量	评价机制
新分散模式	团体或生活小组	由工作人员为团体计划和安排	以小组为单位的专业化、标准化的技能	主要是通才和一些认证专家	小组互动质量及技能
纯分散模式	团体或生活小组	由小组计划和安排	创造性活动及小组互动	主要是通才和一些认证专家	小组互动质量及技能进步

无论哪种模式，课程的计划都至关重要。时间表是表达课程计划最直观的一种方式，它的调度和组织直接与营地的课程设计相关，营地在其开发中会使用各种组织要素，如生活小组、个人、兴趣小组等。相对而言，结构化的集中式课程由于具有准确的课程时间表，并能确定每个人在任何时候的位置，会更适合一个全新的日间营项目。不同课程模式的课表示例如表1-6所示。

表1-6　不同课程模式的课表示例

集中模式课程表	分散模式课程表	混合模式课程表
8：00 升旗仪式 8：15 早餐 　整理教室 9：30 课程活动1 10：45 课程活动2 12：30 午餐 　休息时间 14：15 课程活动3 15：30 课程活动4 16：45 露天游泳 　其他活动 18：00 晚餐	8：00 早餐 由生活小组策划的活动，可能包括打扫教室等活动 12：30 午餐 　休息时间 由生活小组策划的活动 18：00 晚餐	8：00 早餐 　整理教室 9：00 个人选择课程 10：00 三人活动 11：00 自由活动 12：30 午餐 　休息时间 由生活小组策划的活动 18：00 晚餐

资料来源：武孝毓，何疏悦，李方坷，等．美国日间营地的课程规划设计及管理体系研究［J］．体育世界（学术版），2019，（12）：137-139.

第三节　从深度旅游到研学旅行

🖝【学习目标】

1. 分析研学旅行从大众观光旅游中独立出来的原因。

2. 阐述我国研学旅行发展的历程、现状与趋势。

3. 掌握研学旅行的内涵与特征。

☞【关键词】

大众旅游 深度旅游 研学旅行 发展现状与趋势 内涵与特征 现实意义

☞【问题引导】

旅游是一种生活方式，更是一种学习方式和成长方式。在政策利好与市场需求的推动下，以教育性、实践性、安全性、公益性、综合性为主要特征的研学旅行从大众旅游中独立出来，成为深度旅游的重要形式，亦是教育部门推进素质教育的重要抓手。为什么研学旅行要从大众旅游中独立出来？我国研学旅行发展经历了怎样的过程，目前发展的现状如何？未来发展将呈现出怎样的态势？

一、研学旅行产生发展的原因

一般而言，旅游活动是指人们出于休闲、商务以及其他目的，短期（不超过一年）离开自己的惯常环境，前往异地的旅行活动以及在该地的停留访问活动。

通常来说，只要是具有异地性、暂时性、非移民性和非就业性特征的行为，都可以列入旅游活动的范畴。第二次世界大战结束后，世界旅游活动逐渐进入大众旅游时代，旅游者规模快速扩大，类型不断丰富，并形成了以包价旅游为代表的组织接待模式。这种模式降低了旅游活动门槛，催生了以"到此一游""按图索骥"、收集"符号""打卡"留念为特征的大众观光旅游，甚至产生了一个与"旅行者"（traveller）内涵不同的新名词——"观光客"（sightseers）。他们根据旅游指南的建议或导游人员的安排，按部就班地游览各地的地标性景观，欣赏专门为其排练的"舞台表演"，购买"机场艺术品"。他们的游览被严格限制在"旅游者罩"（tourist-bubble）内，所看到的一切都是经过预先设计、编排和演练的。随着人们受教育程度的提升、闲暇时间的增多、旅行经验的积累、交通通信技术的进步，部分游客不再满足于这种走马观花、浮光掠影式的观光，开始寻求具有真实性的景观，深入感受当地的文化，与当地居民或游客进行全面交流。在这种情形下，强调放慢脚步、追求真实、沉浸体验、参与互动、价值共创的深度旅游应运而生。在深度旅游不同，旅游者从"眼动"到"手动"再到"心动"，从"被动参观"到"主动参与""积极探究"，获取"悦耳悦目"到"悦心悦意"继而"悦志悦神"的精神文化享受。在实践中，深度旅游有多种产品类型，研学旅行是其中的典型代表。

作为一种发生在闲暇时间的休闲行为，旅游活动的动机是多种多样的。按照罗伯特.W.麦金托什的观点，旅游动机主要包括健康、文化、交际和声望四种类型，其中的文化和声望动机就涉及文化、艺术、求知、考察、会议等与研学相关的内容。根据约瑟夫·派恩二世和詹姆斯·吉尔摩的体验经济理论，旅游活动就是发生在异地的、暂时的独特生活体验，多数游客追寻的四类体验分别是遁世（逃避）、审美、娱乐、教育。其中的教育是广义上的概念，包括开阔视野、丰富阅历、增加知识、习得技能、获得启示、激发灵感及其他与教益有关的内容。与此同时，约瑟夫·派恩二世和詹姆斯·吉尔摩还指出，最丰富的体验是四种体验类型的交叉部分，并将其称为"甜蜜地带"（sweet spot）。如果我们仅将娱乐（entertainment）和教育（education）两种体验进行组合，就产生了 edutainment（寓教于乐），体现的就是研学旅行的基本特点。

早在公元前 325 年，希腊先哲亚里士多德就在他的《政治学》中指出，"休闲才是一切事物环绕的中心""闲暇是全部人生的唯一本原"。20 世纪以来，各领域的学者们仍在关注闲暇与休闲（含旅游）对人的全面自由发展的重要意义。克里斯多夫·爱丁顿将他的著作命名为《休闲：一种转变的力量》，意在强调积极的休闲应该可以起到促成人们转变的价值。这种"强调"显然是有针对性的，可以将其视为对部分大众旅游行为的批判，"上车睡觉，下车撒尿，到了景区，胡乱拍照，回来一问，啥不知道"就是对这类行为的形象描述。实际上，人们一直在探寻旅游的真正意义，不管如何去阐释，学习与教育、转变与成长都是不可忽视的关键词。

习近平总书记在俄罗斯"中国旅游年"开幕式上的致辞中提道，旅游是修身养性之道，中华民族自古就把旅游和读书结合在一起，崇尚"读万卷书，行万里路"。随着教育部门对素质教育的重视，研究性学习、社区服务与社会实践等实践活动课程进入中小学日常教学体系，文化旅游资源和与之相关的教育旅游活动逐渐引起重视。在广泛调研国外修学旅行经验做法的基础上，教育部于 2012 年 12 月选择安徽、江苏、西安等地开展中小学生研学旅行试点工作，并最终促成了四年之后《关于中小学生研学旅行的意见》的出台与实施。与教育部门的该项工作基本同步，旅游系统也积极将研学旅行纳入本部门工作规划。在 2015 年全国旅游工作会议上，"学"与"商""养""闲""情""奇"一起被列为新的旅游六要素，指的就是包括修学旅游、科考、培训、拓展训练、摄影、采风、夏（冬）令营等在内的研学旅游。在这一时期，融合发展、跨界创新成为旅游业发展的重要战略，研学旅行还担当着旅游与教育融合路径的功能，以新业态、新产品、新模式的面目受到政府、企业、学校和相关机构的重视。

2021 年 4 月，《中国旅游报》邀请业界专家开展了"旅游是一种生活方式，更是一种学习方式和成长方式"系列笔谈，促进了各界对旅游的多重性和多重价值的认识，加深了人们对旅游活动的学习与教育功能的理解，研学旅行作为"旅游作为一种学习方式"的载体引起广泛关注。宋瑞研究员认为，旅游让我们增长知识、开阔眼界，在真实世界里领略自然之美、感悟文化之美、陶冶心灵之美，获得书本所不能替代的陶冶和冲击；在主客交流之际、于我者与他者之间，当地人不仅得以了解外来游客身上所蕴含的异地文化，而且能切身感受到自身文化的独特价值[1]。例如，张辉、王慧娴教授指出，从教育规律来说，青少年通过旅游了解中华文明的根源与历史脉络，可以接受全方位的文化教育，保持好奇心与创造力；从教育内容来说，旅游涉及的天文、地理、文学、历史等领域的知识可以全面重塑学生的知识体系，提升学生的综合素质，弥补书本教育的不足[2]。

二、研学旅行的发展现状与趋势

改革开放以来，我国旅游业迅速发展，涌现出一些企业主导的研学类旅游产品，如山东曲阜的"孔子家乡修学游"、浙江绍兴的"跟着课本游绍兴"、北京蓝图伟业咨询机构的"金色年华——我到北京上大学"夏令营等。在全国范围内来看，教育行政管理部门在提高教育质量、全面实施素质教育背景下主导开展的研学旅行实践始于2012 年，经历了局部试点（积势蓄力）、正式推行（快速发展）两个阶段之后，迈入提升发展（高质量发展）阶段。

（一）局部试点阶段（2012 年 1 月—2016 年 11 月）

2012 年，教育部根据中央领导批示精神调研了日本修学旅行情况和做法，并依照我国的实际情况将"修学旅行"更名为"研学旅行"，于当年年底启动了国内研学旅行的试点工作，先后确定了两批全国中小学研学旅行试点地区和一批全国中小学研学旅行实验区，探索形成了一批特色突出、借鉴性强的先进经验。教育部还印发了《关于转发安徽省合肥市、湖北省武汉市研学旅行相关文件的通知》，向国务院办公厅报送了《关于落实国务院领导批示精神开展中小学生研学旅行工作情况的报告》。随后，"研学旅行"的提法开始不断出现在国务院办公厅及相关部委的政策文件中，引起社会

① 宋瑞.充分认识旅游的多重性和多重价值［N］.中国旅游报，2021-04-07（03）.
② 张辉，王慧娴.旅游是生活，也是学习和成长［N］.中国旅游报，2021-03-31（03）.

各界的重视。在国务院于 2014 年 8 月发布的《关于促进旅游业改革发展的若干意见》中，首次明确了要将"研学旅行"纳入中小学生日常教育范畴（表 1-7）。

表 1-7 我国研学旅行局部试点阶段的重大事件

序号	时间	事件名称及内容
1	2012 年 12 月	教育部印发《关于开展中小学生研学旅行试点工作的函》，确定安徽、江苏、西安、上海为首批研学旅行试点地区
2	2013 年 2 月	国务院办公厅印发《国民旅游休闲纲要（2013—2020 年）》，明确要求逐步推行中小学生研学旅行
3	2013 年 2 月	安徽省教育厅印发《关于开展中小学生研学旅行试点工作的通知》，开始研学旅行试点
4	2014 年 3 月	教育部发布《关于进一步做好中小学生研学旅行试点工作的通知》，将试点范围扩展至河北、上海、江苏等 9 个省（市、区）
5	2014 年 4 月	教育部基础教育一司司长王定华在第十二届全国基础教育学校论坛上提出研学旅行的定义
6	2014 年 7 月	教育部发布《中小学学生赴境外研学旅行活动指南（试行）》，对中小学生寒暑期赴境外研学旅行提出了具体指导意见
7	2014 年 8 月	国务院发布《关于促进旅游业改革发展的若干意见》，提出积极开展研学旅行，建立研学旅行体系
8	2015 年 8 月	国务院办公厅印发《关于进一步促进旅游投资和消费的若干意见》，将研学旅行纳入学生综合素质教育
9	2015 年 12 月	教育部基础教育司确定天津市滨海新区等 10 个地区为全国中小学研学旅行实验区
10	2016 年 1 月	国家旅游局授予 10 个城市"中国研学旅游目的地"称号，授予 20 家单位"全国研学旅游示范基地"称号
11	2016 年 3 月	教育部基础教育一司发布《关于做好全国中小学研学旅行实验区工作的通知》
12	2016 年 7 月	2016 年内地游学联盟大会在青岛举行，发布了《港澳青少年内地游学接待服务规范》行业标准和十大游学精品线路

（二）正式推行阶段（2016 年 12 月—2022 年 12 月）

2016 年 12 月，教育、发改、财政、文化、旅游等 11 部门联合印发《关于推进中小学生研学旅行的意见》（以下简称《意见》），进一步明确研学旅行的内涵，对推进中小学生研学旅行工作的要求、原则、主要任务、组织保障提出了具体要求，成为指导近些年研学旅行发展的纲领性文件，掀起行业热潮。各地积极贯彻落实《意见》，纷纷出台了相应的政策。浙江、黑龙江、江西、广东、海南、四川、甘肃、湖南等省制定了推动中小学生研学旅行的实施意见，天津下发了《关于认真做好研学旅行工作的通知》，山东青岛制定了《中小学研学旅行管理办法（试行）》，江西的南昌、赣州，重庆的黔江区、渝中区等也出台了实施意见。这些实施意见的出台，推动了以中小学生为主体的研学旅行在更大范围开展起来[①]。为了规范研学旅行服务流程，国家旅游主管部门组织制定并发布了《研学旅行服务规范》，中国旅行社协会与高校毕业生就业协会联合发布了《研学旅行指导师（中小学）专业标准》《研学旅行基地（营地）设施与服务规范》。与此同时，教育、旅游及相关机构举办的各类研学旅行设计比赛明显增多，如山东省首届研学旅行创新线路设计大赛（2020年7月）、四川省首届研学旅行指导师技能大赛（2020年10月）、首届全国研学课程设计大赛（2020年12月）、首届湖北省大学生研学旅行课程展示大赛（2021年12月）、山西省首届研学旅行课程设计大赛（2022年5月）等。在新冠疫情的影响下，研学旅行服务企业的坚守、创新、进场、离场同时发生。2021—2022年开展研学业务企业的数量仍在不断增加，主体更加多元化，但新增注册企业的数量增幅有所缩窄。企业的研学旅行线业务减少，经营压力增大，更加聚焦课程的体系化开发，专注本地研学、社区研学、校车研学甚至楼下研学的产品创新。自然生态、科技创新、国防科工、传统文化、安全健康、红色文化成为热门主题，团队、亲子、基地营地的产品主题偏好呈现出高度同构的特征[②]（表1-8）。

表1-8 我国研学旅行正式推行阶段的重大事件

序号	时间	事件名称及内容
1	2016年12月	教育部等11部门联合印发《关于推进中小学生研学旅行的意见》
2	2016年12月	国家旅游局发布《研学旅行服务规范》行业标准
3	2017年9月	教育部发布《中小学综合实践活动课程指导纲要》，要求强化实践育人
4	2017年10月	教育部发布《中小学综合实践活动课程指导纲要》，要求将包括研学旅行在内的综合实践活动与学科课程并列设置
5	2017年12月	教育部命名首批218家单位为"全国中小学生研学实践教育基地（营地）"
6	2018年11月	教育部公布了第二批"全国中小学生研学实践教育基地（营地）"名单，403家单位入选
7	2019年2月	中国旅行社协会与高校毕业生就业协会发布《研学旅行指导师（中小学）专业标准》《研学旅行基地（营地）设施与服务规范》
8	2019年5月	段玉山、郭锋涛、周维国、袁书琪等学者在《地理教学》发表《研学旅行课程标准》
9	2020年10月	教育部、国家文物局发布《关于利用博物馆资源开展中小学教育教学的意见》，要求利用博物馆资源组织开展研学实践教育活动
10	2020年12月	由《中学地理教学参考》《地理教学》《地理教育》联合主办的首届全国研学课程设计大赛在云南腾冲举行

① 张金山.研学旅行发展现状、问题及对策建议［EB/OL］.https://gxyxlx.com/news/109.html.
② 中国旅游研究院.中国研学旅行发展报告（2022—2023）［R］.https://www.sohu.com/a/657200413_124717.

序号	时间	事件名称及内容
11	2021 年 7 月	江西省发布《中小学研学旅行》地方标准，涵盖基地（营地）认定规范、课程设置规范、组织实施规范、评价规范
12	2022 年 4 月	教育部印发《义务教育课程方案和课程标准（2022 年版）》，将科学和综合实践活动课程提前至一年级
13	2022 年 6 月	人力资源和社会保障局公示 18 个新职业信息，研学旅行指导师在列
14	2022 年 8 月	国务院印发《"十四五"旅游业发展规划》，要求加快发展研学实践活动
15	2022 年 9 月	教育部发布《职业教育专业简介》，研学 EEPM 进入旅游、教育与体育大类

（三）提升发展阶段（2023 年以来）

2023 年 1 月，国务院对新型冠状病毒感染实施"乙类乙管"，旅游业迎来快速复苏时期，研学旅行进入提升发展阶段。数月之内，湖北宣恩、浙江绍兴、安徽黄山、河南洛阳、浙江富阳、广东罗浮等地纷纷举办研学旅行大会，打造研学旅游宣传推广、合作交流的新平台，加快培育研学旅游新业态、新模式、新产品，促进研学旅游全域化、产业化、市场化、品牌化发展，推动研学旅行高质量发展。据艾媒咨询集团统计，2023 年全国中小学生研学实践教育基地超过 1600 个，研学企业 30000 多家，研学市场规模 1469 亿元。2024 年，四川、山东、湖南分别推出了"多彩研学游四川""见识齐鲁——欢乐假期特色研学旅游""走读湖湘"等主题研学旅游活动（表 1-9）。

表 1-9 我国研学旅行提升发展阶段的重大事件

序号	时间	事件名称及内容
1	2023 年 3 月	2023 年中国研学旅行命运共同体高峰论坛在湖北宣恩举办
2	2023 年 3 月	"中国研学旅行发展报告·绍兴发布"会议在浙江绍兴召开，公布了"中国研学旅行目的地·标杆城市"名单
3	2023 年 3 月	2023 黄山研学旅行大会在安徽歙县举办，推介了徽州古城精品研学课程，发布了"研学黄山"10 条精品线路
4	2023 年 3 月	2023 年四川省研学旅行推进大会在内江市威远县举行，举办了全省研学旅行产品春季推介会和地学研学旅行基地建设成果展
5	2023 年 4 月	2023 安徽研学旅游大会在铜陵举行，发布了《安徽研学旅游宣传片》《长三角一体化旅游联盟研学旅游铜陵倡议》等
6	2023 年 4 月	2023 世界研学旅游大会在洛阳举行，世界研学旅游组织发布了《洛阳宣言——研学旅游促进文化遗产保护传承》
7	2023 年 4 月	2023 研学旅行和营地产业发展大会在浙江富阳洞桥召开，推介发布了研学旅行"趣"富阳、洞桥"共富营"平台

续表

序号	时间	事件名称及内容
8	2023 年 8 月	2023 研学旅行发展大会在青岛国际会展中心举办,共同发起设立"沿黄河流域研学旅游城市联盟"
9	2023 年 11 月	中消协发布"2023 年第三季度全国消协组织受理投诉情况分析—服务领域投诉情况专题报告",研学旅行走样变味问题被点名
10	2024 年 1 月	文化和旅游部科技教育司组织黑龙江省、贵州省等 11 省区举办"多彩研学游华夏——特色研学旅游主题日"活动
11	2024 年 4 月	以"共享世遗 研以致学"为主题的世界遗产研学旅游发展研讨会系列活动在福建省惠安县举行
12	2024 年 7 月	以"同饮一江水 共护母亲河"为主题的 2024 年"暑期第一课"研学旅游启动仪式在湖北武汉举行
13	2024 年 8 月	安徽出版集团研发推出"皖美研学"数字化服务平台,与全省十六地市文旅部门签订"一市一品 特色研学"战略合作协议

当前,我国研学旅行在政策法规、规划计划、标准规范、试点示范、产品线路、节赛会展、课程项目、基地营地、宣传推广、人才培养、学术研究等方面取得了有目共睹的成绩,但也存在一些值得重视的问题。这些问题主要包括:规模比较有限,中小学尚未实现普及化;研学旅行产品开发不足,缺乏高质量产品或服务;研学旅行安全心存隐忧,学校的积极性有待提高。当前,我国已全面建成小康社会,研学旅行处在大有可为的发展机遇期。各地应充分认识体系化、标准化、智慧化的发展趋势,把研学旅行摆在更加重要的位置,朝着基地建设标准化、课程建设科学化、组织管理规范化、教学活动有效化、活动评价合理化的方向不断努力。在实践中,探索实行双轨制,努力构建大市场;开展基地创建,树立典型化案例;强化资金投入保障,构建稳定投入机制;构建安全责任体系,消除学校安全隐忧;丰富研学旅行产品,提高研学旅行质量[①]。

三、研学旅行的内涵与特征

(一)研学旅行的基本含义

2014 年 3 月,教育部在《关于进一步做好中小学生研学旅行试点工作的通知》中,首次对研学旅行进行了界定,即"面向全体中小学生,由学校组织安排,以培养中小

---

① 张金山.研学旅行发展现状、问题及对策建议[EB/OL].https://gxyxlx.com/news/109.html.

学生的生活技能、集体观念、创新精神和实践能力为目标，通过集体旅行、集中食宿的方式开展的一种普及性教育旅行活动。"同年 4 月，教育部基础教育司司长王定华在第十二届全国基础教育学校论坛上发表了《我国基础教育新形势与蒲公英行动计划》的主题演讲，其中提出了对研学旅行的认识——学生集体参加的有组织、有计划、有目的的校外参观体验实践活动，并且强调了研究性学习和旅行体验相结合。两年之后，教育部等 11 部门在《关于推进中小学生研学旅行的意见》中将"中小学生研学旅行"界定为"由教育部门和学校有计划地组织安排，通过集体旅行、集中食宿方式开展的研究性学习和旅行体验相结合的校外教育活动，是学校教育和校外教育衔接的创新形式，是教育教学的重要内容，是综合实践育人的有效途径"。这一里程碑式文件中的界定成为广为引用的官方观点，本书采用这一定义。

这一定义明确了研学旅行的组织机构、开展方式、基本属性与重要意义，为识别、理解、把握研学旅行活动提供了依据。从组织机构来看，研学旅行应由教育部门和学校有计划地组织安排，有别于旅行社、旅游景区或研学服务机构组织安排的同类活动。在研学旅行实践中，也有委托旅行社或研学旅行基地（营地）的情况，但后者只是接受学校委托、处于协助地位的承办方或辅助方。与之相应地，研学旅行的主体包括初等教育阶段和中等教育阶段的小学生、中学生和高中生。在开展方式上，研学旅行应通过集体旅行和集中食宿的方式进行，排除了家长的伴随参与、学生的自由活动。从基本属性来说，研学旅行属于校外教育活动，强调将研究性学习和旅行体验有机结合起来，"研""学""旅""游"不可偏废。在价值意义上，研学旅行式是衔接校内外教育的新形式，是日常教育教学的重要内容，是综合实践育人的有效途径。

（二）研学旅行的主要特征

1. 教育性

研学旅行是校外教育活动，是学校教育和校外教育衔接的创新形式，属于教育教学的重要内容。研学旅行应结合学生的身心特点、接受能力和实际需要，注重系统性、知识性、科学性和趣味性，推进研学旅行课程化，为学生全面发展提供良好的成长空间。为了落实研学旅行的教育性，应合理控制"游"与"学"的比重，注重情境化教学、研究性学习和"潜移默化"式的隐性教育，避免"旅"而不"学"、有"游"无"研"。

2. 实践性

研学旅行属于综合实践活动，与英语、历史、化学等传统的课堂教学活动不同，注重激发学生的积极性、主动性和创造性，强调学生的活动、参与和体验，组织实施

"考察""访谈""实验""探究""反思""分享"等实践活动。因地制宜，呈现地域特色，引导学生走出校园，在与日常生活不同的环境中开阔视野、丰富知识、了解社会、亲近自然、参与体验，通过运用所学知识、发现和解决问题来探索新知。让学生深刻理解"纸上得来终觉浅，绝知此事要躬行"的道理，主动寻找并拥抱知识的"源头活水"，避免填鸭式灌输、被动式参观和封闭式教学。

3. 安全性

研学旅行安排相对灵活，时间长短不一，场所丰富多样，活动丰富多彩，个别项目具有一定风险。加之中小学生好奇心重，心智尚未完全成熟，离开常住地后处于陌生环境，对研学旅行场所及项目的信息了解不充分，道德弱化、纪律松弛等现象不时出现，给线路长、站点多的研学旅行带来潜在的安全隐患。研学旅行要坚持安全第一，建立安全保障机制，明确安全保障责任，落实安全保障措施，增强学生自我保护的意识和能力，制定切实可行的安全预案，确保学生的人身财产安全。

4. 公益性

研学旅行是日常教育教学的重要内容。它不是学生或家长的自愿选择，亦不是旅行社组织的豪华旅游，而是每位中小学生的必修课程。研学旅行必须面向全体中小学生，保障每一个学生都能享有均等的参与机会。通过多种形式、多种渠道筹措中小学生研学旅行经费，探索建立政府、学校、社会、家庭共同承担的多元化经费筹措机制。学校不得开展以营利为目的的经营性创收，工作人员不得从组织学生参加研学旅行的活动中牟取任何利益。对于贫困家庭的学生，还应考虑适当减免相关费用，及时预见困难学生的"研学困境"，做好相应的政策保障，健全研学公益体系和帮扶政策。

5. 综合性

研学旅行是研究性学习和旅行体验的有机结合，在要素、类型、环境、目标等方面都具有较强的综合性。典型的研学旅行活动涉及常住地、途经地、目的地之间的位置移动，囊括行（交通）、食（餐饮）、住（住宿）、游（游览）、购（购物）、娱（娱乐）、学（学习）、研（研究）、情（情感）等基本要素，具有自然类、历史类、地理类、科技类、人文类、体验类等类型的活动课程，需要考虑价值体认、实践内化、身心健康、责任担当等多元目标。这一特点造成了研学旅行的复杂性，给研学旅行管理带来了挑战。应积极探索校内外教育的良性互动方式，着力构建学校、家庭和社会合力育人格局。

（三）研学旅行的现实意义

1. 连接学校教育与社会生活，促进学生的全面发展

研学旅行是研究性学习与旅行体验相结合的学习方式，是全面培养人的有效路径之一。它是一种全方位、全立体的学习形式，是校内学习方式的补充与延伸。在这一学习过程中，能够达到环境与个体相通、相融、相互影响，将文本知识与现实生活相互联系，在场景中感受，在实践中获得教育。"游学博闻"研学旅行将学生的发展放入广大的社会环境中，将学生从学校拉入社区，拉入社会文化生活中，将学生从单一的认知学习系统中，带入以亲身体验为主的丰富的生活环境之中，有利于激发学生的学习动机，调动学生的学习互动性，促进其知识与能力、认知与实践、主体与客体和谐发展观的形成。"不登高山，不知天之高也"，研学旅行能够开启和加深学生对知识的理解与应用，并在研学旅行中扩展知识的边界，学习内容丰富化、综合化，习得社会生活知识。

2. 构建移动学习共同体，提高社会各方的参与力

在研学旅行中，学生自觉参与活动，构成学习共同体，进行自由交流、相互合作。在旅行过程中，伙伴、同学相互依赖，相互帮助，学会相互学习、团结协力做一件事，从而增长学生的社会生活阅历，构成高效率的学习团队，提高学习效率。学习就是一个建构世界观、结识伙伴、建设自身的实践过程。研学旅行使学生在旅行过程中，在团队的合作与交流中，提升合作能力[1]。同时，在这一过程中，经过观察、认识和主动参与探究、感受，学生的学习方式由被动获取转变为主动探究，收获生活体验，学会生活和提高社会参与能力。

3. 实现跨学科融合，形成学生发展的基本素养

在研学旅行活动中，将已有的知识与现实的社会文化生活相连接，将各学科知识相互融合，在整合的基础上进行分析与反思，以获得真情感悟，习得知识与能力，从而生成综合化、总结性、更深化的知识信息。在传统的学校教育活动中，虽然通过课堂教学在一定程度上有助于学生收获系统、完整的学科知识，但会造成学生生存技能和生活能力的薄弱[2]。而在研学旅行的过程中，规范、多元的课程对课程目标的实现，特别是对学生综合素养和学科关键能力的培养具有重要作用；通过丰富的研学活动，让学生的理论知识和实际的社会文化生活相联系，让学生世界、学生身体和学生心灵

① 殷世东，汤碧枝.研学旅行与学生发展核心素养的提升［J］.东北师大学报（哲学社会科学版），2019（2）：155-161.

② 宋晔，刘清东.研学旅行活动的教育学审视［J］.教育发展研究，2018（10）：15-19.

更加具象化、更加生活化，进而能够从更深层次去认识事物、了解事物，进而为发展核心素养奠定基础[①]。

【本章内容结构】

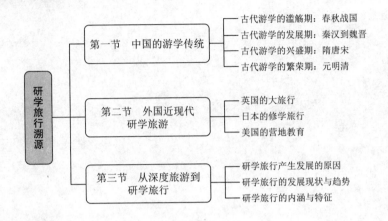

		古代游学的滥觞期：春秋战国
	第一节 中国的游学传统	古代游学的发展期：秦汉到魏晋
		古代游学的兴盛期：隋唐宋
研学旅行溯源		古代游学的繁荣期：元明清
	第二节 外国近现代研学旅游	英国的大旅行
		日本的修学旅行
		美国的营地教育
	第三节 从深度旅游到研学旅行	研学旅行产生发展的原因
		研学旅行的发展现状与趋势
		研学旅行的内涵与特征

【拓展性讨论】

1. 绘制出我国古代游学活动的发展历程，并标明主要代表人物。

2. 分析日本修学旅游和美国营地教育对研学旅行课程设计、实施与评价的启示。

3. 分析研学旅行与大众观光、深度旅游的关系，并阐述我国研学旅行发展的历程、现状与趋势。

---

① 齐天锋.研学旅行纳入教学的现实意义、阻碍及对策［J］.教学与管理，2021（1）：45-46.

第二章

研学旅行课程开发

〔 **本章概要** 〕 ●

　　本章以"研学旅行课程及其开发"为主题，涵盖了研学旅行课程、研学旅行课程化、研学旅行课程开发三部分内容。其一，研学旅行课程是以课程的形式对研学旅行活动的规范与组织，对其含义、属性、特点及理念的厘定，是理解研学旅行课程的前提。其二，研学旅行课程化是促进研学旅行活动的科学化、规范化、有效化与常态化的有效途径，在研学旅行课程化的过程中需要匡正遇到的诸多问题。其三，研学旅行课程开发是建设研学旅行课程，落实研学旅行课程化的重要方式，其开发模式包括目标模式、过程模式、情境模式与支架模式，应基于课程开发的需要与应用情境，选取适切的开发模式以推进课程开发活动。

第一节　研学旅行课程

☞【学习目标】

1.说出研学旅行课程的概念。

2.说出研学旅行课程的属性，理解其基本特点。

3.说出研学旅行课程的理念。

☞【关键词】

研学旅行课程　属性　特点　理念

☞【问题引导】

举例说明研学旅行课程与其他如语文、数学、英语等普通课程有哪些区别？

明确研学旅行课程的内涵与外延，深入把握其性质和特征，是正确认识研学旅行课程的起点，也是进行研学旅行课程的设计、实施和评价的前提。

一、研学旅行课程的含义

《关于推进中小学生研学旅行的意见》提出"精心设计研学旅行活动课程""开发一批育人效果突出的研学旅行活动课程""逐步建立……研学旅行活动课程体系"，此后"研学旅行课程"成为研学旅行研究与实践领域的热词。不少学者基于自己的专业背景、视角和出发点，提出了自己对这一名词的理解。代表性定义见表2-1。

表2-1　研学旅行课程的代表性定义

序号	作者	时间	对"研学旅行课程"的界定
1	钟林凤、谭净	2018年	研学旅行课程是在教师的指导下，以学生集体旅行和集中食宿的方式走出学校，开阔学生的视野，丰富学生的知识，加深与自然和文化的亲近感，增加对集体生活方式和社会公共道德的体验，提升学生的自理能力、创新精神和实践能力的课程形式[1]

① 钟林凤，谭净.中小学研学旅行课程实施的困境及其破解［J］.教学与管理，2018（36）：61-63.

续表

序号	作者	时间	对"研学旅行课程"的界定
2	殷世东、汤碧枝	2019年	研学旅行课程指通过有目的、有计划、有组织的研学旅行，以提升学生生存能力、社会参与能力和创造能力的一系列活动①
3	李凤堂、李岑虎	2019年	研学旅行课程是学校以旅行活动为载体开展研究性学习的一种教学组织形式。它依托广泛的社会资源平台，通过设计各种主题鲜明的实践活动，让学生在观察、感知、体验中认识自然、社会、历史、文化中蕴含的真、善、美，理解人与自然、人与社会、人与人之间交往、互动的基本原则、人文精神和科学方法②
4	李倩	2019年	研学旅行课程是以学生为主体，根据学生意愿确定研学主题、制定课程目标，以集体旅行的方式，有计划、有组织地促进学生全面发展的教育教学活动③
5	许小兰	2021年	研学旅行课程是学校实践活动课程之一，是研学+旅行的有机"耦合"。它需要遵循课程开发的基本理论和规律，突出动手动脑，放松身心、体悟自然和人文④
6	李瑞东、曹欢荣	2021年	研学旅行课程是研究性学习和旅行体验相结合的校外教育活动，是学校教育和校外教育衔接的创新形式，是一种新型的综合实践活动课程⑤
7	张释元、丁勇	2022年	研学旅行课程是一门由学校组织的，以学生增长知识、锻炼能力为根本旨归的校外教育活动课程⑥
8	罗祖兵	2022年	研学旅行课程是指为保证研学旅行活动的顺利开展而设计的需要学生了解、观察、体验或参与的活动、项目⑦

在上述界定中，学者普遍认同研学旅行课程是中小学课程体系的有机组成部分，属于校外教育课程，并且强调了其"活动"属性。与此同时，在课程开发方式、课程教学目标、与综合实践活动课程的关系等方面还存在不同的认识。

本书从课程的含义出发，依据《关于推进中小学生研学旅行的意见》，综合以上各家观点，尝试揭示研学旅行课程的"质的规定性"。研学旅行课程是在教师指导下，以学生集体旅行和集中食宿的方式走出学校，开阔学生的视野，丰富学生的知识，加深与自然和文化的亲近感，增加对集体生活方式和社会公共道德的体验，提升学生的自理能力、创新精神和实践能力的一种课程形式。它不仅属于地方课程、校本课程的范畴，而是中小学课程体系的重要组成部分，服务于中小学整体的育人目标。研学旅行课程通过有目的、有计划、有组织的研学旅行活动，提升学生生存能力、社会参与

① 殷世东，汤碧枝.研学旅行与学生发展核心素养的提升［J］.东北师大学报（哲学社会科学版），2019（2）：155-161.

② 李凤堂，李岑虎.研学旅行课程的性质、实施原则及策略初探［J］.齐鲁师范学院学报，2019，34（1）：51-58.

③ 李倩.国内研学旅行课程研究：回顾、反思与展望［J］.西北成人教育学院学报，2019（1）：79-84.

④ 许小兰.研学旅行课程开发的策略与方法［J］.鄂州大学学报，2021，28（1）：70-72.

⑤ 李瑞东，曹欢荣.基于发展核心素养的研学旅行课程建构——以《庐山白鹿洞书院研学旅行课程》为例［J］.教育学术月刊，2021（1）：98-104.

⑥ 张释元，丁勇.从方案文本看小学研学旅行课程的实施［J］.上饶师范学院学报，2022，42（5）：96-103.

⑦ 罗祖兵.研学旅行课程设计［M］.北京：中国人民大学出版社，2022.

能力和创造能力。此类课程以学生为主体，根据学生意愿确定研学主题、制定课程目标，以集体旅行的方式，有计划、有组织地促进学生全面发展。它是研学＋旅行的有机"耦合"，需要遵循课程开发的基本理论和规律，突出动手动脑，放松身心、体悟自然和人文。

二、研学旅行课程的属性

根据《关于推进中小学生研学旅行的意见》，研学旅行课程既不同于语文、数学、英语、物理、生物等，又不同于劳动、艺术、信息科技、体育与健康、道德与法治等，而是一种新的课程形态，属于发生在多元化真实场景、与旅行生活体验结合、以研究性学习活动为基本方式的校外综合性实践课程。

（一）研学旅行课程属于校外活动课程

从课程内容的属性来看，研学旅行课程属于与学科课程相对的活动课程，旨在带领学生走出校园，在与日常生活不同的环境中开阔视野、亲近自然、了解社会，通过身临其境、五感沉浸、主动参与、积极探索来获取直接经验，而不是在传统课堂上被动地接受现成的间接经验。研学旅行课程的学习方式主要是观察、发现、参与、设计、制作、实验、表达、解释、演讲、省思、总结等多样化的活动，与语文、数学、英语等学科课程有着根本的不同，比艺术、科技、劳动等课程更加丰富多彩。鉴于此，研学旅行课程开发中应注重各类活动的设计与组织，让学生"动"起来，让课程"活"起来。

（二）研学旅行课程属于综合实践活动课程

根据课程的组织方法，研学旅行课程中有自然类、历史类、地理类、科技类及其他专门领域的分科课程，更多的则属于打破传统分科课程的知识领域，组合两个或两个以上的学科领域构成的综合课程，如人文类、体验类、综合类课程。从实践中来，单体研学旅行基地侧重分科课程，如贵州射电天文台观测基地、大型研学旅行基地和研学旅行线路适宜开发综合课程，如北京古北水镇、"跟着课本游绍兴"。这要求研学旅行课程设计、实施和评价中应强化跨学科的思维，遴选多学科背景的教师组成团队，促进跨学科知识整合与学生综合能力的发展。

总之，研学旅行是中小学综合实践活动的重要方式，是各个学段课程方案中的必修课程。研学旅行属于综合实践活动课程，与学科课程并列设置、相互补充，是中小学课程结构不可或缺的组成部分。研学旅行是学科课程内容的延伸、综合、重组与提升，既是学科课程基础知识、基本原理的应用，也是对学生各学科核心素养养成的实践检验、各学科领域学习成果的拓展和加深。研学旅行推进中小学研究性学习的开展，培养学生良好的学习习惯。[①]

（三）研学旅行课程属于学校课程

研学旅行课程属于学校课程，以学校为主体进行管理和开发。学校通过对不同学段学生的需求进行科学评估，灵活利用各类目的地的学习资源，开发出多样性的课程。有时，学校会委托旅行服务企业、专业研学机构、文博场馆或旅游景区来承担相关工作，这些部门根据研学旅行课程标准设计和实施核心事项，包括构建和建设相应的课程资源，涵盖人力资源和各种条件性资源。

这种开发模式决定了研学旅行课程具有鲜明的地方特色，存在校际差异，甚至体现出主导教师的个性。正因为如此，研学旅行能够有效推进中小学地方课程和校本课程的建设和实施，使各学科的地方课程和校本课程突破地域限制，开展异地研学，开阔视野，提升课程的品位和实效。

高中地理课程是唯一将实践力作为学科核心素养的高中课程。地理实践力主要表现为考察、调查和实验，这些活动多通过研学旅行来实现。通过这种方式，学生不仅能够在实际环境中深化对地理知识的理解，还能培养他们的实践能力和创新思维。[②]

（四）研学旅行课程属于拓展—研究型课程

按照课程的任务，研学旅行课程介于拓展型课程和研究型课程之间，既注重拓展学生的知识与能力，开阔学生的知识视野，发展学生不同的特殊能力，并迁移到其他方面的学习，又注重培养学生的探究态度和能力。具体来说，有些研学旅行课程偏重知识与能力的拓展，是传统课程的延伸和补充，有些则强调引导学生探索、发现和表达，培养创新意识和创造能力。合理安排拓展型课程、研究型课程的比重和难度，就可以有效避免"游而不学""行而不研"的问题，让研学旅行有趣且有效。

（五）研学旅行课程属于必修课程

按照课程计划对课程开展的要求，研学旅行课程属于必修课程。《关于推进中小学生研学旅行的意见》明确提出"把研学旅行纳入学校教育教学计划"，要求各中小学

---

① 段玉山，袁书琪，郭锋涛等．地理教学［J］.2019（5）：5.
② 段玉山，袁书琪，郭锋涛等．地理教学［J］.2019（5）：5.

要结合当地实际，将研学旅行与综合实践活动课程统筹考虑，促进研学旅行和学校课程有机融合。教育部要求根据教育教学计划灵活安排研学旅行时间，河南等地明确提出每学年安排一至两次研学旅行。根据《中小学综合实践活动课程指导纲要》，综合实践活动是国家义务教育和普通高中课程方案规定的必修课程，与学科课程并列设置，是基础教育课程体系的重要组成部分。

（六）研学旅行课程多属隐性课程

按照课程的显隐特征，研学旅行课程总体上属于与显性课程相辅相成的隐性课程，主要通过感染、暗示、同化、激励和心理调适等多种路径改变学生的情绪与情感、行为规范和生活方式，对学生起着潜移默化的作用，尤其是理想信念教育、爱国主义教育、革命传统教育、国家安全教育、科学家精神教育。准确把握研学旅行课程这一属性，才能更好地帮助中小学生了解国情、热爱祖国、开阔眼界、增长知识，着力提高他们的社会责任感、创新精神和实践能力，将立德树人的根本任务落到实处。

总之，研学旅行是由教育部门和学校有计划地组织安排，通过集体旅行、集中食宿的方式开展的研究性学习和旅行体验相结合的校外教育活动，是学校教育和校外教育衔接的创新形式，是教育教学的重要内容，是综合实践育人的有效途径。[①]

三、研学旅行课程的特点

研学旅行课程的特点即研学旅行课程的特殊之处，主要表现为研学旅行课程的特有方面，或者与其他类型课程在程度上存在重大差异的地方。研学旅行课程的特点是由其内涵与性质决定的，可以通过演绎、比较及相关方法研究得出。值得注意的是，应当重点从课程本身进行思考和表述，而不是从研学旅行活动整体上着眼。与研学旅行课程定义类似，学者对研学旅行课程特点的认识也不尽一致，代表性观点见表 2-2。

表 2-2　学者对研学旅行课程特点的认识

序号	作者	时间	研学旅行课程特点
1	周璇、何善亮	2017 年	学习情境的真实性、学习内容的综合性、思维培养的整体性[②]
2	黄敏、王露	2018 年	课程的完整性、课程知识的典型性、课程教育的规律性[③]

① 段玉山，袁书琪，郭锋涛，等.地理教学 [J] .2019（5）：5.
② 周璇，何善亮.中小学研学旅行课程：一种新的课程形态 [J] .教育参考，2017（6）：76-81.
③ 黄敏，王露.中小学生研学旅行课程开发探讨 [J] .当代教育理论与实践，2018，10（3）：1-4.

续表

序号	作者	时间	研学旅行课程特点
3	刘继玲	2018 年	实践性强、强调知识间的运用与联系、需充分调动学生积极性与兴趣[1]
4	李凤堂、李岑虎	2019 年	教育性、实践性、安全性、公益性[2]
5	吴颖惠、宋世云、刘晓宇	2021 年	跨学科性、综合性、实践性、活动性、体验性[3]
6	李瑞东、曹欢荣	2021 年	在体验中学习、在生活中探究、在实践中合作、在交往中做人[4]
7	梅继开、张丽利	2021 年	计划性与教育性、实践性与体验性、真实性与开放性、社会性与综合性、生活性与趣味性、公益性与普惠性[5]
8	侯刘起、李帅、肖龙海	2023 年	教育性、研究性、体验性、实践性、综合性[6]
9	刘美娥、罗金华、石良	2023 年	综合性、跨学科性、自主性、实践性、开放性、整合性、连续性、教育性、科学性、知识性、趣味性、体验性、探究性、公益性和安全性[7]

在上表列举的观点中，有些体现的是研学旅行的总体特征，如安全性、公益性、实践性，有些反映的是所有课程的共性，如计划性、教育性、知识性，有的则因追求全面而过于宽泛、难以突出重点，如整合性、连续性、系统性。本书认为，研学旅行课程的最主要特点可以归结为体验性、开放性、探究性三个方面。在此基础上，可以细化延伸出其他方面的特点。

（一）体验性

研学旅行课程实施的前提是人在旅途，身体在场，感官被唤醒，状态被激活。学生不再只是被动地通过眼睛和耳朵接受经过教师过滤的信息，而是主动、全面、自由地吸收目的地场域的信息，形成自己的认知、态度与情感。对学生来说，这是体验式学习；对导师而言，则是体验式教学。精心选择的研学旅行基地（营地），应该能够为学生提供不同于传统校园（课堂）和日常生活的感受，包括典型的教学场景、互动性强的活动项目、沉浸式的具身体验。科学设计的研学旅行课程，应该摆脱单调的学

① 刘继玲.研学旅行中体验式学习评价标准开发与应用［J］.中小学教师培训，2018（9）：42-45.
② 李凤堂，李岑虎.研学旅行课程的性质、实施原则及策略初探［J］.齐鲁师范学院学报，2019，34（1）：51-58.
③ 吴颖惠，宋世云，刘晓宇.中小学研学旅行课程设计与实施策略［J］.上海教育科研，2021（3）：67-71.
④ 李瑞东，曹欢荣.基于发展核心素养的研学旅行课程建构——以《庐山白鹿洞书院研学旅行课程》为例［J］.教育学术月刊，2021（1）：98-104.
⑤ 梅继开，张丽利.研学旅行课程开发与管理［M］.武汉：华中科技大学出版社，2021.
⑥ 侯刘起，李帅，肖龙海.我国研学旅行课程标准的现状与进路［J］.上海教育科研，2023（4）：18-22.
⑦ 刘美娥，罗金华，石良，等.研学旅行课程开发质量评价体系研究［J/OL］.西华师范大学学报（自然科学版）：1-11［2023-04-29］.

习环境和程式化的学习方式，营造逃逸、审美、娱乐、教育四种体验叠加的"甜蜜地带"（sweet spot），为学生带来仪式感、代入感、真实感、兴奋感、成就感乃至使命感、认同感、幸福感，从而留下难忘的印象和美好的回忆。

研学旅行课程应真正将中小学生视为主角，发挥现场的力量，强化故事思维、游戏思维和剧场思维，灵活运用体验营造的方法。研学旅行课程应该具备一个鲜明而独特的主题，一条清晰且流畅的主线，若干支撑力强、关联度高的线索，以及能够发挥视觉、听觉、嗅觉、味觉、触觉作用的活动项目，最好还能提供照片、证书、奖品等具有纪念意义的有形物品。最高境界的研学旅行课程则将研学旅行教学现场转变为有主旨、有舞台、有道具、有情节、有启发的"剧场"，让学生成为主角或观众，通过角色扮演与深度沉浸获得被米哈里·契克森米哈赖称为"畅"（flow）的学习体验。

（二）开放性

研学旅行课程不受各类细致入微的课程标准的规定，甚至超脱升学考试这根"指挥棒"的约束。异地旅行过程充满了不确定性，难以彻底消除信息不对称。与传统的学科课程相比，研学旅行课程在教学内容、环境和目标上具有开放性，不仅表现为综合度高、灵活性强，有时甚至难以通过传统的计划手段进行控制，具有前所未有的复杂性。这既是研学旅行课程的优势与生命力所在，也对学生的学习方式和教师的教学管理包括教学评价带来了挑战。

研学旅行课程秉承陶行知"生活即教育""社会即学校""教学做合一"的教育理念，重新定义课堂、教材和教师，将旅途作为校园，把自然当作课堂，把世界作为教材，把人民视为教师，促进学生自觉进行社会化学习。在教学内容上，涵盖祖国的大好风光、民族的悠久历史、优良的革命传统和现代化建设成就等，自然、历史、地理、科技、人文、体验类内容应有尽有，真正体现了"世事洞明皆学问，人情练达即文章"。在教学环境上，大型公共设施、知名院校、工矿企业、科研机构等皆可成为课程实施场所，旅游景区数字化展厅、红色教育场馆、非遗传习场所、乡村振兴大讲堂、新时代文明实践中心都能开展教学活动，成为开启心智、激发灵感、增长才干的"活水源流"。

研学旅行课程的开放性为教师选择教学内容、确定教学方式、设置教学情景提供了广阔空间和自由选择，也对教师容忍模糊、不确定和未知状况，处置突发事件与紧急状态的能力提出了更高要求。在很大程度上，研学旅行课程的价值是学生、教师、研学旅行导师、同游群体、旅游从业人员、社区居民共同创造的，是学生、教师与研学旅行环境深度互动的结果。这无疑让全体师生对研学旅行课程充满期待和想象，也造成了该类课程难以标准化、模板化、自动化，在课程设计与实施时应该因人而异，因地制宜，适度"留白"。

（三）探究性

研学旅行课程将研究性学习放在重要位置，强调知识、结论应该由学生自己经过探索、思考后获得，在多元化真实场景中培养学生发现的眼光、探索的兴趣、创新的意识，提高发现问题、分析问题、解决问题的能力。这种研究性学习既可以是个体性的，也可以是合作式的；既可以是与学校课程有机融合的，也可以是在学校课程的基础上拓展延伸的。

实践出真知。研学旅行课程打破了传统课程中的单向知识传递和有限信息提供的局面，提供了与传统课堂或实验室迥异的真实情景，引导学生在教师和研学旅行导师的支持下去探索、发现、创造。一种情况是教师提前设计研学任务，提出具有涵括性的问题，让学生带着问题去观察、体验、访谈、试验，有时还要收集与处理信息，最后给出自己的答案。另一种情况是培养学生的质疑精神和批判思维，鼓励学生自己去发现研学旅行目的地存在的鲜活的现实问题，通过自主学习、深入探究、小组交流提出创造性解决方案。

离开常住地熟悉的生活与学习环境，进入研学旅行状态之后，陌生开放的环境会生成许多情境性问题。学生作为"他者"的身份和新奇的视角，也会促使他们发现一些问题。研学旅行课程除了教师自己设置问题之外，还应重点关注学生发现的问题，帮助学生判定问题的价值，引导解决问题的方向，并提供辅助性信息。这一点孕育了研学旅行课程的生成性和动态性，意即许多内容往往是在实施过程中开发出来的，而不是先全部预设完毕、再按部就班地实施。研学旅行课程应注重激发学生的集体意识、合作意识，发挥学生团队的力量，使学生自主、合作、探究的能力得到有力的提升。

四、研学旅行课程的理念

课程理念是人们在教育实践过程中形成的对课程指向性的理性认识和人们追求的理想，是建立在教育规律基础之上的能正确反映课程本质的意识。研学旅行是一种新的课程形态，其理念可以从目标、开发、实施、评价、保障五个方面来表述。

（一）课程目标以立德树人和综合素养为导向

研学旅行课程强调学生置身各种真实的场景，帮助中小学生了解国情、热爱祖国、开阔眼界、增长知识，综合运用各学科的知识，认识、分析和解决现实问题，着力提高他们的社会责任感、创新精神和实践能力。研学旅行课程应立意高远、目的明确、活动生动、学习有效，重在帮助中小学生了解乡情、市情、省情、国情，开阔眼界、提升家国情怀；感受祖国大好河山，感受中华传统美德，感受革命光荣历史，感受改革开放伟大成就，增强对坚定"四个自信"的理解与认同；学会动手动脑，学会生存生活，学会做人做事，促进身心健康、体魄强健、意志坚强，促进形成正确的世界观、人生观、价值观，培养他们成为德、智、体、美全面发展的社会主义建设者和接班人。

（二）课程开发面向集体生活和社会生活

研学旅行主要通过集体旅行、集中食宿的方式开展，注重学校教育和校外教育的衔接。相应地，研学旅行课程应面向学生、面向生活，贴近学生的生活实际，联系社会实际。具体来说，一是要面向学生完整的生活世界，而不仅仅是学习生活；二是适当从学生个体生活转向集体生活，培养学生的团队意识、合作意识和竞争意识；三是引导学生关注经济、政治、文化、科技等社会生活，培养学生的家国情怀。通过上述努力，使学生获得关于自我、集体、社会的真实体验，将学习和生活联系起来，调动学生的学习兴趣，提高学习的积极性。在研学旅行课程设计中，避免仅仅从学科知识体系出发，而是要紧密联系与研学旅行场景相关的集体生活和社会生活。

（三）课程实施注重真实情境和主动实践

研学旅行课程与传统学科课程的最大差别就是摆脱课堂、教材和考试的束缚，带领学生走进校园之外的真实、鲜活、多样场景，用自己的眼、耳、鼻、舌、手、脚去感知、体验、领悟，在此基础上去发现、探索、创造，让学生在没有铃声和黑板的课堂中主动参与实践过程，践行价值信念，增强应变能力。开放的教学环境和学生的主动实践，为激发双方灵感、实现价值共创提供了条件，也给课程实施管理带来了挑战。研学旅行导师要熟练掌握研学旅行目的地的相关情况，准备适应多种变化的教学方案，还要充分利用情景变化带来的教育机会，启发学生突破学科界限，开展独立探究与合作学习。在实施过程中，教师可以指导学生根据研学旅行目的地的实际情况与学生全面自由发展的需要，对课程的目标与内容、组织与方法、过程与步骤等做出适当调整。

（四）课程评价主张多元评价和综合考察

研学旅行课程评价应打破定量评价的模式，从关注学习结果到关注学习过程，从侧重智力成果到关注全面发展，从教师评价转变为多主体评价，从结束后的反馈性评价拓展到开始前的诊断性评价、实施中的过程性评价。要求强化对学生的发展价值的评价，充分肯定学生活动方式和问题解决策略的多样性，鼓励学生进行自我评价、组员之间相互评价，支持他们与同伴进行合作交流和经验分享。提倡多采用质性评价方式，将学生在研学旅行活动中的各种表现和活动成果作为分析考察课程实施状况的重要依据，对学生的观察、思考、探究、表达、交流、合作等活动过程和结果进行综合评价。应充分关注学生的全面发展、持续发展和终身发展，避免将评价简化为分数或等级，一般应有综合性评语和相关建议，对学生的实践补习活动进行整体描述，突出学生的特点和发展潜能，并对今后的教学方法及人才培养方式提出相应建议。

（五）课程保障涉及校内外相关行业部门

研学旅行属于与旅行和景区密切相关的校外教育活动，研学旅行课程的开发与实施突破了校园围墙的限制，进入城乡社区、工矿企业、科研设施、文博场馆、旅游景区、研学基地（营地），涉及交通、住宿、餐饮、游览、购物、娱乐等环节，离不开医疗、保险、安全、信息、科技等要素，与学生、家长、研学导师、旅游从业人员、教育行政管理部门决策者等利益主体密切相关。研学旅行课程开发与实施不仅仅是学校教师的事情，需要全面整合各方资源，尤其是借助各类教育基地（如爱国主义教育基地、生态文明教育基地、科普教育基地）、文博场馆（如各级各类博物馆、城市规划展览馆、非遗传习馆）、研学基地（如青少年活动中心、农业示范园、观光工厂）、旅游景区（如具有教育功能的地质公园、湿地公园、森林公园）已有的设施、课程与活动项目。

第二节 研学旅行课程化

☞【学习目标】

1.比较研学旅行课程与研学旅行课程化的区别。

2.理解研学旅行课程化的含义和作用。

3.说出研学旅行课程化中的问题及其归正建议。

☞【关键词】

课程化 研学旅行课程化

1.我们为什么要强调研学旅行课程"课程化"？

2.研学旅行课程化过程中，我们需要关注哪些方面的问题，如何确保教育效果良好？

一、研学旅行课程化的含义

课程化（Curriculumization）是一个涉及教育领域中的术语，它既可以指代一个过程，也可以指一种课程形态。作为过程，课程化意味着根据课程理论和课程要素来规划课程方案的研制过程以及不断优化的持续改进过程。作为形态，课程化则是一种适度符合课程规范和要求、属于活动课程范畴的准课程。本书研究的课程化旨在将某一教育活动或内容转化为系统化、规范化的一部分，使其更贴近于正规教育课程的标准。这种转化不仅是形式上的，更重要的是内容上的整合与提升，使原本可能较为零散的学习活动变得更有结构和连贯性，从而提高其教育价值。例如，国家从 2001 年开始设置的"综合实践活动"课程，实际上是为强化实践而不再单独强调活动课程，而是强调其作为一种"实践性课程"的性质①。

同理，研学旅行课程化是将研学旅行活动转化为具有明确目标、内容、方法和评价的课程，使其具有系统性和可操作性。研学旅行课程化背后蕴含的是教育理念的更新和教学模式的变革。随着教育现代化的步伐加快，研学旅行课程化逐渐成为连接教育理论与旅游实践的桥梁。与传统意义上的旅游和游学相比，它更强调研学旅行活动教学目标的设定、教学内容的选择与组织、教学方法的应用以及评价体系的构建等多个方面；与传统意义上的课程相比，研学旅行课程更开放，且更加注重实践性和体验性，强调学生的参与和体验，以更好地达到教育目标。

二、研学旅行课程化的作用

课程是育人的蓝图，是教育活动实现育人功能的核心要素。研学旅行的课程化，是实现研学旅行育人功能的中心问题。推进研学旅行的课程化，有助于规避研学旅行活动开展的乱象与误区，进而实现研学旅行的科学化、规范化、有效化、常态化。

---

① 杨骞.课程化——问题探析与解决方略［J］.中小学教学研究，2018（8）：3-8.

（一）提升研学旅行的科学化

研学旅行的设置重在实现学生的科学世界与生活世界的融通，培养学生的创新精神、实践能力与社会责任感等。然而，在研学旅行的开展过程中，部分学校出现了对研学旅行目标与价值定位不清晰、活动方式照搬传统课程教学方式、只"游"不"学"等问题，研学旅行缺乏系统、科学的规划，其开展将走向失序。只有将研学旅行课程化，并纳入学校课程体系中，进行总体设计、系统规划，形成校本化的完整的研学课程体系与制度条件保障，才能实现研学旅行的科学化。

（二）助推研学旅行的规范化

研学旅行课程化是实现研学旅行规范化的重要路径及体现。研学旅行的课程化意味着研学活动将置于学校教学计划之中，成为必修课程，在开展标准、主题、学时、学分、经费、师资、研学基地、研学线路、管理与评价等方面将有明确的规定与系统安排，研学活动将获得明确的课程定位与开设的正当性，实现开展的有序化与规范化，避免沦为一种随意安排的"可有可无"的校外活动。

（三）强化研学旅行的有效化

研学旅行的高质量发展，实现育人成效，离不开其自身的课程化。研学旅行的开展与实施涉及多方面的因素，需要协调多方，获得人力、经费、资源、制度等多方面的保障。研学旅行若未实现课程化、获得其课程定位与开设的合理性，则其组织开展将可能走向无序化、边缘化，并难以得到学校的重视、家长的支持以及教育部门的协助，其高质量的实施与育人目标的达成也将无从谈起。只有实现研学旅行的课程化，获得其课程定位与价值认同，才能协同学校、家长、教育部门等相关各方，协力为研学活动的开展提供多方面的保障，提升其开展质量，最终实现研学旅行的有效化。

（四）保障研学旅行的常态化

研学旅行的常态化实施是指研学旅行像其他学科课程一样，按照自身的性质特点、课程内容体系、实施模式有序开展，形成稳定的课程框架、运作体系和保障系统。[1]其一，只有将研学旅行课程化，纳入学校课程体系，才能使其成为常态课程，推进其常态化开展，进行常态化考评与监管，使其能够不断改进与完善，提升研学旅行的开

---

① 郭元祥，刘艳，马晓华 . 研学实践教育理论与实务［M］. 成都：四川教育出版社，2020.

展质量。其二，只有将研学旅行课程化，使其常态化开展，才能更好地贯通学生的知识世界与生活世界，丰富学生的实践体验，促进学生隐性知识的习得与迁移，增进对自我、社会、自然的理解，涵养个人的素养，实现研学旅行的育人实效。

三、研学旅行课程化中的问题

研学旅行的课程化是实现研学旅行规范化与有效性的必要保障，也是达成其育人功能的有力路径，然而在研学旅行的课程建设中，出现了一系列问题，需要予以正视和规避。

（一）研学旅行课程定位模糊

研学旅行作为全新的综合实践活动课程，学校及教师对其存在认知偏差，主要体现为研学旅行课程的"游玩化"、研学旅行课程与学科课程的关系错位等问题。一是研学旅行课程的"游玩化"。部分学校在开展研学旅行课程建设过程中，由于对研学旅行课程的理念与价值认知不深刻，导致了将研学旅行课程等同于传统的"春秋游"等校外活动，视其为一种放松休闲与游玩的活动，丢弃了研学旅行课程的教育目标与价值定位。二是研学旅行课程与学科课程的关系错位。部分学校在研学旅行课程开展过程中，并未处理好其与学科课程之间的关系，或将其与学科课程割裂开来，视为副课；或将其视作学科课程的延伸，照搬学科课程的实施方式，或忽视学科间的融合，走入了单学科研学的误区。

（二）研学旅行课程规划设计无序

研学旅行课程的建设需要以规范化、系统化的课程政策文本、课程计划与课程设计为前提，而在当前，部分学校在研学旅行课程化建设过程中，忽视了对其进行顶层设计与规划，从而导致研学旅行课程实施的方向性、连贯性不足。具体而言，包括研学旅行课程目标笼统模糊，未依据具体主题活动而具体化，缺少指导性；研学旅行课程的学时、学分、主题、场地、师资等缺乏明确与科学的规划；研学旅行的课程设计缺乏系统性、连贯性与科学性，未充分基于学科课程、学校培养目标、学段特点、学生生活、教育理论等展开科学化设计；研学路线的规划缺乏科学论证，教育资源开发不足等。

（三）研学旅行课程组织与管理缺位

研学旅行课程的组织与管理是研学旅行课程化建设中的重要环节，也是其规范实施与育人成效的重要保障。然而，研学旅行课程在组织与管理中存在诸多问题。一是研学旅行课程实施中的"游""学"失度。一方面，过于追求研学活动形式的多样性与体验性，走入"只游不学"的误区；另一方面，则过于追求计划性与知识获取，重"学"轻"游"，照搬学科课程的学习方式，导致学生的体验性、探究性与生成性不足。二是学校对研学旅行课程实施的组织缺位，一味将活动的组织交由校外机构，校外机构在缺乏教育思维与课程意识的情况下，导致研学课程的开展趣味性有余而教育性不足。三是研学旅行课程的管理机制欠缺。学校并未在协调机制、监督机制、安全保障机制等方面着力建设，导致研学旅行课程的管理机制失灵，研学旅行活动的开展易滑向随意化。

（四）研学旅行课程评价体系不健全

教育评价具有导向、诊断、激励、调节等多方面功能，是教育活动的重要一环，评价的缺失不利于教育活动的规范运行与持续改进。在研学旅行课程建设过程中，部分学校出现了过于重视活动实施而轻视了研学评价的问题，并未针对研学旅行课程建立起健全的评价体系。具体而言，一是在研学旅行课程的评价对象方面，只关注对学生的评价，而忽视了对研学导师、研学基地、研学课程等方面的评价；二是研学旅行课程的评价内容方面，过于重视对学生的知识与技能等智力因素的评价，而忽视了对学生的合作意识、责任感、意志品质、参与意识等非智力因素的评价；三是研学旅行课程评价的方式方面，过于依赖单一的评价方式，评价方式的多元化结合不足。四是研学旅行课程评价的价值取向方面，评价环节过于注重鉴定与评级，甄别与筛选的价值取向有余而发展性、激励性的价值取向不足。

四、研学旅行课程化中的问题归正

研学旅行课程建设的实践场域，在课程定位、课程规划设计、课程组织与管理、课程评价等方面面临诸多问题，研学旅行课程的规范化与科学化建设需要对以上问题进行回应，并提出合理化的纾解策略。

（一）厘清研学旅行课程定位

研学旅行课程建设的前提在于明确其课程定位与价值，一是从宏观层面而言，研学旅行课程的建设需要相应的课程标准作为指导，当前亟须从国家层面出台相应的研学旅行课程标准以规范研学旅行课程的建设与开展，也有部分学者从个人层面编订了《研学旅行课程标准》[①]，可作为课程建设的参考。二是研学旅行课程应"游""学"有度。研学旅行课程应兼顾"研学"与"旅行"，倡导学生在现实生活中展开研究性学习，主动探究、认知与体验；同时，研学旅行课程的"旅行"属性意味着活动中应具有休闲体验的属性，应使学生产生休闲愉悦的体验，研学旅行课程建设应把握两者之间的平衡。三是正确处理研学旅行课程与学科课程的关系。首先，应认识到研学旅行课程不同于学科课程，两者在课程内容的编排、课程的组织与实施以及课程的学习方式上存在较大的差异，不可将学科课程的运行模式照搬到研学课程中；其次，应认识到两者之间的联系，研学旅行课程的主题内容可融合多个学科课程的内容，并考虑学生学科知识的基础，做出适当的补充与延展；研学旅行课程中的探究可融合多个学科的思维方式与方法。

（二）规范研学旅行课程规划设计

纲举目张，研学旅行课程的有序运行需要基于学校层面进行顶层规划与设计。

研学旅行课程的规划应系统考虑各方面因素的安排，如研学旅行课程的目标体系、模块与主题，学段的衔接，学时与学分的设置，研学基地的选择，研学导师的培养与分配、研学线路的设计等，以形成学校层面、学段层面、年级层面、学科层面的融通与体系化；二是研学旅行的课程设计应遵循教育规律，基于科学的课程与教学理论、学习科学理论、心理学理论等，也可与高校、研学基地等多方展开合作，协商讨论，以形成规范科学、环节完整、逻辑衔接的课程设计方案。

（三）提升研学旅行课程组织与管理水平

研学旅行课程开展中的随意化与无序化，很大程度上缘于其组织与管理的缺位。提升研学旅行课程的组织与管理，保障研学旅行有序化、规范化运行是提升研学旅行课程质量的关键。一是学校应主动承担研学旅行课程组织与管理的主体责任。学校作为研学旅行课程组织与管理的主体，不应一味地将组织与管理的权限委托给校外机构，而应与校外机构协调好活动的组织，并在研学活动过程中及时做好灵活安排。二是研学旅行课程实施中兼顾其休闲性、体验性与教育性，保障研学课程的质量。三是完善研学旅行课程的管理机制，包括协同、保障、监管等机制的系统性、全面性。

（四）健全研学旅行课程的评价体系

研学旅行课程评价体系的建设是研学旅行课程建设的重要环节，其建设可从评价

---

① 段玉山，袁书琪，郭锋涛，等.研学旅行课程标准（一）——前言、课程性质与定位、课程基本理念、课程目标［J］.地理教学，2019（5）：4-7.

对象、评价内容、评价方式、评价的价值取向等方面改进。一是评价对象方面，应推进评价对象的全面性，涵盖研学旅行课程运行中的学生、导师、课程等多个要素；评价内容方面，应兼顾各个评价对象内部的多方面要素，并体现不同评价对象间评价的针对性与差异化；三是评价方式的多元化，应侧重研制多样化的评价工具或量规，将质性评价与量化评价、过程性评价与结果性评价等多样评价方式相结合。四是坚持发展性的评价取向。重在发挥研学旅行课程评价对激励学生参与、促进导师专业提升等方面的发挥性功能，促进研学旅行课程的持续改进。

第三节　研学旅行课程开发

☞【学习目标】

　　1. 理解研学旅行课程开发的含义。
　　2. 理解研学旅行课程化的重要意义。

☞【关键词】

　　课程化　研学旅行课程化

☞【问题引导】

　　1. 我们为什么要强调研学旅行课程"课程化"？
　　2. 研学旅行课程化过程中，我们需要关注哪些方面的问题，如何确保学生安全、行程顺利以及教育效果良好？

一、研学旅行课程开发模式的含义

　　"课程开发"是课程领域的重要概念，它是由"课程编制""课程编订"等概念演进而来的，有时学者也将这几个概念通用，其意指课程的持续编订与改进的过程。规范而言，课程开发是指"完成一项课程计划的整个过程，它包括确定课程目标、选择和组织课程内容、实施课程和评价课程等阶段"[①]。

---

　　① 施良方.课程理论：课程的基础、原理与问题［M］.北京：教育科学出版社，2013.

模式可以理解为理论的价值取向与实践操作方式相统一的系统，课程开发模式是"关于课程开发的价值取向及相应的操作方式的统一"[①]。研学旅行课程开发模式可理解为研学旅行课程开发的理论价值取向与实践操作方式的统一，其是连通研学旅行课程开发理论与实践之间的"桥梁"，为研学旅行课程的开发提供了结构性指导。

研学旅行课程开发是包含研学课程诸要素的系统性、持续性的课程改进的过程，其中涉及的要素包括确定目标、选定课程内容、制定课程方案、实验课程方案、评估与反馈、课程的组织与管理等，研学旅行的课程开发模式应关涉以上诸多要素。不同的研学旅行课程开发模式可能会侧重于不同的要素，但是都需要涵盖上述基本要素，如图 2-1 所示。

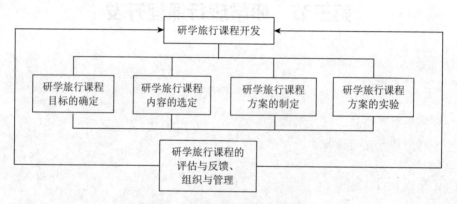

图 2-1　研学旅行课程开发结构

研学旅行课程目标是对学生参加研学旅行活动后身心素质应达到的发展水平的预期，研学旅行课程目标的确定对研学旅行课程方案的设计、实施、评价等要素起到指向与统领作用；研学旅行课程内容的选定包括知识点、技能点、思政点等。研学旅行课程方案是为实现研学活动的目标而产出的具体化、操作性的课程方案，其设计关涉依照一定的课程理论，对研学活动的内容、学习方式、活动工具、资源等课程要素进行组织与安排；研学旅行课程实验是对研学旅行课程方案予以实施的过程，其目的是通过对研学旅行活动中准备、实施与总结等各个阶段的实做，发现方案的漏洞，并进行修改完善。研学旅行课程的评估与反馈是对研学旅行者和研学旅行课程进行诊断，促进学生实践能力与价值观念发展、修正研学活动健康开展、健全评价体系，建立发展性评价理念的必要环节。研学旅行课程的组织与管理为研学旅行课程的规范化、常态化发展提供了条件与制度保障，研学旅行课程的组织主要强调研学导师对研学活动的规划与过程的动态调控；研学旅行课程管理强调学校或地方教育部门对研学旅行课

---

① 张华.课程与教学论［M］.上海：上海教育出版社，2014.

程的开发、实施进行有效调控与督导。

二、研学旅行课程开发的模式

（一）研学旅行课程开发的目标模式

1. 课程开发的目标模式

课程开发的目标模式强调以教育目标为中心来组织课程开发的过程。该模式的奠基者为美国教育学者博比特，他提出了"活动分析法"的课程开发方法；查特斯在《课程编制》一书中提出了课程编制的理论，即"工作分析法"；其后的课程专家泰勒则是目标模式的集大成者，其提出的课程开发理论被称为"泰勒原理"，较为系统、简洁地阐释了课程开发的过程。他认为任何课程开发都必须回答四个基本问题：一是学校应该试图达到什么目标？二是提供什么经验最有可能达到这些目标？三是怎样有效组织这些教学经验？四是我们如何确定这些目标正在得以实现？课程开发的目标模式中，教育目标的确立最为关键，泰勒认为课程开发的目标来源可考虑三个方面：对学习者的研究、对当代生活的研究、学科专家的建议，而后还需经过教育哲学与心理学的筛选，才能成为学校的教育目标（见图 2-2）。

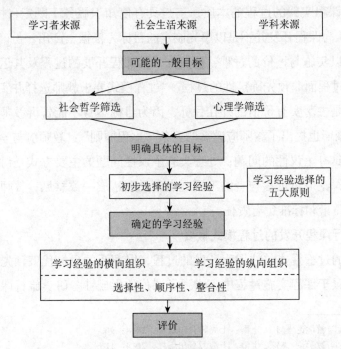

图 2-2　泰勒的课程开发目标模式

2. 研学旅行课程开发的目标模式概要

课程开发的目标模式指出了课程开发的基本问题，也为研学旅行课程开发提供了一般性的课程开发参考框架，其指出了课程开发的四个关键环节：确定教育目标、选择教育经验、组织教育经验、评价教育计划[①]，为研学旅行课程开发的目标模式的建构提供了基本框架。

研学旅行课程开发的目标模式可分为四个有序、内部关联的步骤，一是确立研学旅行课程的目标，其确立时需要考虑研学旅行的教育政策文件、相关标准，学校的办学理念，学生的身心发展水平与特点；二是选择研学旅行课程的资源，思考哪些研学场地、怎样的研学导师与研学任务等研学资源可以实现研学旅行课程的目标；三是确立研学旅行课程方案，将选择的研学旅行课程资源以科学的方式加以组织与安排，生成结构化、有效的活动方案。四是对研学旅行课程的评价，依据构建的研学课程评价体系与评价工具，对研学活动的开展与结果展开评价。

（二）研学旅行课程开发的过程模式

1. 课程开发的过程模式

课程开发的过程模式是由英国课程专家斯滕豪斯基于对课程开发的目标模式的批判与反思而提出的，他认为目标模式存在以下几个问题：一是误解了知识的本质；二是误解了改善课程实践的过程的本质；三是具有使知识服务于既定目标的"工具化"的倾向[②]。他认为课程开发并不是以事先制定的目标为依据，产出一份确定性的计划或方案，然后予以实施与评价的过程，他更加强调课程开展的过程及其运行规范，将其视为尝试性的过程而非预先确定性的过程。"过程模式要求教师选择并实施有价值的教育活动，而不是去落实有价值的外在目标，因为目标本身不能告诉教师在课堂上如何行动。"[③]斯滕豪斯也提出了教师应遵循的五条"过程原则"：教师应与学生一起在课堂上讨论、研究具有争议性的问题；处理具有争议性问题的主要方式是讨论，而不是灌输式的讲授；讨论应尊重参与者的不同观点，无须达成一致意见；教师作为讨论的主持人，对学习质量和标准负有责任。

2. 研学旅行课程开发的过程模式概要

课程开发的过程模式关注课程开发的过程，以宽泛的目标代替预先制定的明确目标，将目标放置于课程实施过程中，增强了课程的生成性。研学旅行课程作为一项具

① 张华.课程与教学论［M］.上海：上海教育出版社，2014：96.
② 张华.课程与教学论［M］.上海：上海教育出版社，2014：116.
③ 罗祖兵.研学旅行课程设计［M］.北京：中国人民大学出版社，2022.

有过程性、生成性特点的课程，可以从课程开发的过程模式中吸纳适切的参考点。

基于课程开发过程模式的研学旅行课程开发，应关注研学活动的生成性、过程性与指导性。一是研学旅行课程开发不宜设置过于细致、封闭的课程目标，在较为宽泛的课程目标的指导下，多关注课程实施中的生成性内容或问题，依据活动情境动态性地调控课程的运行；二是研学旅行课程开发在关注课程目标与结果时，不应忽视研学活动的过程，应关注研学旅行课程各环节的运行情况，关注学生的参与质量；三是研学旅行课程开发应突出教师的指导作用，教师应调动学生的研学活动参与性，及时辅助学生思考研学活动中的问题，并尊重学生在活动中提出的差异性观点。

（三）研学旅行课程开发的情境模式

1. 课程开发的情境模式

斯基尔贝克是英国的课程学者，他提出了基于对学校微观情境分析的学校本位课程开发模式。他主张依据不同学校各自的具体情况，在对学校情境全面、充分分析的基础上，才能研制课程方案，并主张将课程设计置于学校文化的情境脉络之中。"因为课程发展的焦点必须置于个别的学校及教师身上，亦即校本课程的可持续经营，是促进学校真正改变的最有效的方式。"[1] 该模式主要由五个阶段构成：分析情境；确定目标；设计方案；解释与实施；检查、评价、反馈与重建[2]。它并不像目标模式设置直线式进程，而是允许学校教师可以在各个阶段开始，并不预先设定手段与目的的分析。鼓励学校考虑课程开发过程中不同的要素与层面，以一种系统、循环改进的方式进行课程开发。

2. 研学旅行课程开发的情境模式概要

基于学校情境的充分分析，并将课程开发置于学校的文化脉络之中，是课程开发情境模式的显著特点。基于课程开发的情境模式，可以构建研学旅行课程开发的情境模式。一是情境分析，主要分析制约学校研学旅行课程开发的内外部因素，外部因素包括文化、社会及意识形态；家长、教师、教育主管部门、研学基地等的期望；教育政策、教育制度等的要求。内部因素包括学生的特点，研学导师的专业特点（价值取向、技能、知识等），学校文化、物质资源等；研学课程遇到的问题等。二是目标拟定，基于对学校情境中各种影响课程的因素的分析，拟定意在改变某方面情境的课程目标。三是方案设计，依据已确定的目标，选择研学课程资源，制定研学旅行课程方

---

① 蔡清田. 核心素养导向的校本课程开发 [M]. 长春：东北师范大学出版社，2020.
② 郝德永. 课程研制方法论 [M]. 北京：教育科学出版社，2000.

案，包括研学课程的活动、学习方式、时间、研学线路、研学基地等。四是解释实施，对研学旅行课程方案实施过程中可能出现的实际问题进行解释，并在实施中尽力解决。五是评价回顾，对研学旅行课程的整个环节进行系统的分析与评价，不只拘泥于课程目标的达成情况，包括学生的学习表现、课程的运行、研学导师的指导、研学线路的制定等，并以此作为研究反馈和改进研学旅行课程的依据。

拓展阅读 •••••••••••••••••••••••••••••••••••

基于"纵横"方法的地方性研学课程开发与设计
——以庐山山南区域为例

采用"纵横"方法，系统梳理了庐山山南区域的研学课程资源，设计了以庐山"山水文化"为核心的研学课程体系（图2-3）。[①]

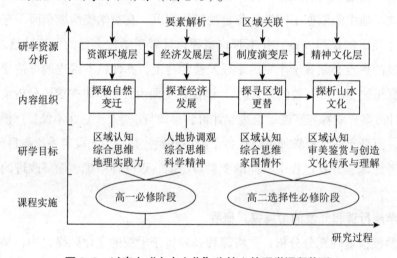

图2-3　以庐山"山水文化"为核心的研学课程体系

"走进山水庐山，传承千年文脉"研学目标如表2-3所示。

表2-3　"走进山水庐山，传承千年文脉"研学目标

实施阶段	具体要求
高一阶段	（1）通过查阅资料、实地走访及参与体验等方式，形成对庐山山南自然环境、经济社会发展的初步认识，结合区域特征探究庐山山水文化形成的原因 （2）通过实践探究，培养合作意识及严谨的科学态度，树立人地协调观和可持续发展观

① 程健，陈实.基于"纵横"方法的地方性研学课程开发与设计——以庐山山南区域为例［J］.中学地理教学参考，2024（19）：71-75.

续表

实施阶段	具体要求
高二阶段	（1）通过实地考察和体验，了解地方的历史文化起源和发展，凝聚共同的文化精神，建构归属于地方的身份感 （2）结合实地调查及信息技术工具，从空间—区域的视角提出庐山山南区域发展存在的关键问题，并以小课题的形式尝试提出解决措施 （3）拍摄家乡风光美景并利用网络进行传播，提升地理审美情趣，成为文化的传承者，形成热爱自然、家乡、祖国的情感

（四）研学旅行课程开发的支架模式

1. "四层一体"理论支架

"四层一体"理论是人文地理学学者周尚意基于吴传钧先生的人地关系地域系统的概念基础上，提出的细化分析区域人地关系系统的理论框架或方法。人地关系地域系统可理解为特定区域内人与地形成的相互关联与作用的动态结构。"四层一体"理论将人与地细分为包括自然层面的自然圈层与人的层面的生计圈层、制度圈层与意识形态圈层，合称为"四层"。自然圈层包括自然环境中的大气圈、水圈、岩石圈、生物圈，自然圈层为较为稳定的圈层，并为其他圈层的发展提供基础条件；生计圈层是区域群体为维持生存与发展而进行的生产与生活活动，其从自然圈层获取物质与能量，也会受到其他圈层的影响。制度圈层是为了更好地组织人们的生产和生活而组成的社会，以及制定的经济制度、法律制度、行政管理制度、俗约等。该圈层通过组织、制度、俗约等影响生计活动，间接地与自然圈层发生联系。意识形态圈层是指导人们在生计圈层和制度圈层实践的世界观、人生观、价值观和审美情趣[①]，该圈层通过观念等对生计圈层与制度圈层产生影响与指导。四层之间是相互影响且统一的不可分割的整体，当一个层发生变动时，其他层也会与之响应，故为"一体"。[②]"四层一体"理论体现了自然圈层与人的圈层的相互作用，也阐释了各圈层之间的相互影响，反映了地理学的地方性、区域性、综合性等特点，为分析地域人地关系系统提供了有力的理论支架。

2. 研学旅行课程开发的支架模式概要

"四层一体"理论为分析地域人地关系系统提供了有效的方法，也为研学旅行课程开发模式的建构提供了有益的借鉴。基于该理论，可构建包括区域要素分析、方

---

① 周尚意.《人文地理学》教材的"113445"框架探讨［J］.中国大学教学，2018（8）：84-90.
② 许伟麟，纪凤仪，苏娴.基于"四层一体"的乡土地理教学案例挖掘——以樟林乡土地理为例［J］.地理教学，2018（11）：4-6.

案设计、区域考察与调查、解释与综合、评价与结论的研学旅行课程开发的支架模式。

该研学课程开发模式始于区域要素分析，一是区域要素分析可以借助"四层一体"理论划分的人地关系系统的四个圈层及其相互间作用关系与动态变化展开，从自然圈层可分析该区域的地形、气候、水文、生物等自然环境特征，区域自然环境塑造与制约了其他区域要素的形成与发展，并影响了人文地理特征的形成与变化。从生计圈层可以分析区域在自然环境基础上形成的生产与生活活动，包括产业类型及占比、分布、条件、动态发展的过程等；从制度圈层可以分析区域的社会经济制度与风俗，这些要素与生计圈层存在动态互动；从意识形态圈层可以分析区域民众在生计活动与制度生活中持有的价值观念等，如经济社会发展理念等。二是方案设计，基于"四层一体"理论，可以从自然圈层、生计圈层、制度圈层与意识形态圈层分别开发研学旅行课程资源，选取合适的研学地点与景观，以"四层一体"的生态系统与自然环境、经济、社会、文化之间的动态互动为主线构建研学课程设计的思路，以形成研学设计方案。三是区域考察与调查，根据研学方案的设计，借助考察与调查的方法，收集区域内关于"四层"的相关探究任务的资料，如野外考察区域的自然地理环境、访谈当地居民的生产与生活情况等，以获取区域特征的资料。四是解释与综合，基于考察与调查获取的资料，对区域的自然、经济、社会、文化等方面的特征及其动态变化予以解释，并对各要素进行综合分析以形成对区域的总体认识以及分析区域内人地关系协调发展的进路。五是评价与结论，在研学旅行课程开展后，借助一定的评价工具与方法，如研学旅行课程评价量表，对其展开总结性评价，关注对学生、研学导师、研学课程等要素展开评价，以促进研学旅行课程的设计、实施、组织与管理的持续改进。

3. 研学旅行课程开发支架模式应用案例

"四层一体"视角下地理研学旅行活动的设计
——以参观晋华宫国家矿山公园为例 ①

一、大同煤矿研学旅行课程内容框架建构

利用"四层一体"理论，进行要素及其关系分析，见图 2-4 和图 2-5。

---

① 郭丽思，李琳."四层一体"视角下地理研学旅行活动的设计——以参观晋华宫国家矿山公园为例 [J].地理教学，2020，（13）：52-55.

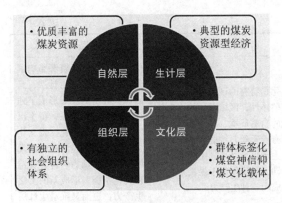

图2-4 大同煤矿的"四层一体"

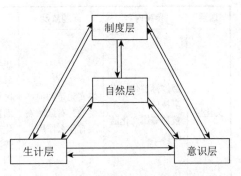

图2-5 "四层一体"相互关系

二、大同煤矿研学旅行课程内容挖掘

深入分析要素，解读"四层之间的关系"，链接行动设计，实现"研有所思、学有所获、旅有所感、行有所悟"的育人目标（见表2-4）。

表2-4 大同煤矿研学旅行课程内容设计一览表（方案）

"四层"	参观内容	问题质疑	答疑解惑	"四层一体"
自然层	煤炭博物馆中"大世界吉尼斯之最"的煤精、煤炭形成所具备的自然条件、地质结构等	煤炭是如何形成的？煤炭属于岩石吗？为什么？	煤炭是由植物的根茎和枝叶经过长期的腐烂、变质、堆积而形成的。地面堆积的腐殖质，随着千百年的地壳运动深埋地下，经过高温高压等反应，形成了一层层黑色可燃的沉积物，称之为煤炭，所以煤炭是沉积岩，它是岩石	体会煤炭形成与自然环境的关系以及大同煤炭的特殊之处
生计层	同煤集团在不同时期煤炭开采利用的历史演变与发展状况	在不同的历史时期，煤炭对大同经济的重要影响是怎样的？	这就涉及煤炭资源型城市的演变过程与发展进程。从最开始的大同矿务局到现在的大同煤矿集团公司的转型发展就是煤炭资源型城市演变进程的缩影	从初期小型私有煤矿对煤炭乱采乱挖的兴起，到煤炭资源及环境问题突出的衰落，再到煤炭工业产业升级、多元发展，无时无刻不体现出自然层对生计层的重要影响
组织层	同煤集团办社会的现象	同煤集团办社会的现象有哪些？	同煤集团对大同地区的影响力是遍布大同人民生活各方面的。有代表大同市最高医疗水平的大同三医院，还有大同市最著名的云冈石窟、晋华宫国家矿山公园、北岳恒山、悬空寺等景区，以及为煤炭行业输送人才精英的机构学校，还有棚户生活区等都是同煤集团深厚影响力的体现	因为大同优质煤炭的自然层，影响其生计层，促使大同煤矿集团公司的发展壮大，强大的集团影响力又逐渐形成了独立的社会组织体系，影响了组织层

"四层"	参观内容	问题质疑	答疑解惑	"四层一体"
文化层	群体标签化、煤窑神信仰、矿工精神等煤文化的体现	煤文化是如何产生的？对区域发展有什么作用？	煤文化是特有的区域文化，区域具有整体性，区域文化的产生与区域的自然环境、经济状况等方面都有着千丝万缕的联系。煤文化产生于煤炭开采利用等生产实践活动，又反作用于煤炭开采利用，成为一种生产力	优质丰富的煤炭资源影响了大同以煤为生的生计层，又因煤炭经济的发展形成了独立的社会组织体系，衍生出区域特有的煤文化。煤文化又为大同地区经济社会的发展提供精神动力、智力支持和文化氛围，形成新的文化生产力，进而又推动生计层与组织层的发展

三、研学旅行课程实施与实验

（一）研学旅行前准备充分

知识准备：在研学活动前，学生可通过线上或线下等学习方式，自行查阅、收集、学习大同煤矿相关知识，做好研学旅行前的知识储备工作，对大同煤矿的"四层一体"有自己的认识或猜想，并在研学活动中验证或纠正。

安全准备：安全责任重于泰山。在研学活动开始前，提前购买相关保险，制定研学途中的安全应急预案，关注安全细节，认真落实责任到人的安全责任制度，加强全员安全教育与意识，并取得相关部门单位的密切配合，力求将安全风险降到零，确保每一个环节不出问题。

制订研学活动计划：研学领导小组进行多次实地考察，反复模拟研学活动实施过程，制订具体的研学活动实施计划，包括研学线路、研学时间、教师责任分工、学生任务分组等工作，并报告相关领导审查批准。

（二）研学旅行中实施有序

参与研学旅行的同学经过前期的简单学习，依据对自然层、生计层、组织层、文化层四个层面的兴趣爱好自行组队，分为四个小组，由组长带队，合理分工，确保拍照、录音、记录等工作有序实施，在研学旅行过程中，不仅要理解大同煤矿的"四层"，更重要的是体会大同煤矿的"一体"。

四、研学旅行后总结评价

研学旅行结束后的工作主要分为以下三个步骤。

第一步，整理与总结。参观晋华宫国家矿山公园后，各小组对相关研学内容进行整理与总结，准备全班的汇报展示工作。

第二步，汇报展示。汇报展示工作分自然层、生计层、组织层、文化层四大模块进行。首先由负责该模块的小组进行汇报展示，之后全体师生共同分享在研学旅途中的所见所闻，对该小组的汇报内容进行补充或纠正，该小组成员可以就同学提出的问题进行交流，并将有益意见进行记录与反思。最后，由同学发言、教师总结的方式，共同探讨挖掘大同煤矿自然层、生计层、组织层、文化层之间相互影响、相互作用的关系，深刻体会地理的区域性与整体性。

第三步，评估反馈，资料存档。在汇报分享结束后，各小组对已有的汇报资料进行修改与完善并提交。教师反思优化行动计划，并将所有资料汇集成册，以备后续使用。

三、研学旅行课程开发模式的异同

（一）研学旅行课程开发模式的差异性

研学旅行课程开发模式各有其主张的理念，其课程设计的不同环节凸显出不同特点，根据其模式特点可适用于指导不同类型的研学课程开发（详见表2-5）。其中目标模式预设性较强；过程模式生成性、过程性较强；情境模式情境性、文化性较强。

表2-5 研学旅行开发模式对比分析

课程开发模式	课程开发基本过程	特点	可适用类型
目标模式	①确定研学目标；②选择研学资源；③设计研学课程方案；④评价学习效果	预设性、控制性、操作性	生活体验类、体验式研学旅行等
过程模式	①设置宽泛的课程目标；②关注课程展开过程；③活动情境中修正与调整	过程性、生成性、指导性	探究类研学旅行等
情境模式	①情境分析；②目标拟定；③方案设计；④解释实施；⑤评价回顾	情境性、文化性、循环迭代	交换学习类、文化考察类研学等
支架模式	①区域要素分析；②方案设计；③区域考察与调查；④解释与综合；⑤评价与结论	探究性、合作性、生成性	探究类研学旅行等

（二）研学旅行课程开发模式的共同特点

上述四种研学旅行课程设计模式具备以下四点共同特征。一是具备计划性和实践性。任何研学课程都需要有一定的计划，必须符合学习者身心发展规律，从学生发展需要选择研学主题和内容，同时强调学生亲身经历各项活动，在身心沉浸体验中提升素养；二是探究性和体验性。研学主题的设置须具备探究价值，有许多问题值得深入探究，场景来源于真实生活，融入情感渲染、角色扮演、职业体验等内容，在活动体验中激发学生的主动性和创造力；三是注重将评价贯穿研学始终。以评价作为研学课程良性实施的保障，在课程实施准备阶段、实施阶段、反馈阶段等各个活动过程都要进行表现性评价、过程性评价和终结性评价；四是坚持通过多元评价优化课程。

【本章内容结构】

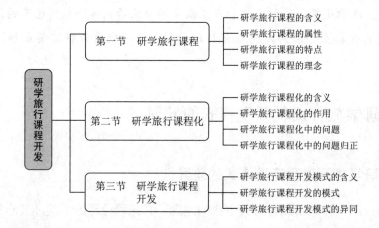

【拓展性讨论】

1.开展辩论赛：你是否同意研学旅行课程化？（温馨提示：辩论目标是怎样解决研学旅行课程化中的问题？）

2.案例分析：阅读"第九章 研学旅行课程开发与教学设计范例"，或者查阅相关论文，例如《基于地理核心素养的世界文化遗产研学课程探究》，深入领会怎样利用研学旅行课程开发的支架模式来开发研学旅行课程。

第三章

研学旅行课程设计基本原理

〔 本章概要 〕

本章介绍了研学旅行课程设计的基本原理，强调了理论对实践的指导作用，并具体探讨了几种教育理论，如人本主义、建构主义、多元智能理论等，以及其对研学旅行课程设计的影响。此外，还介绍了几种研学旅行课程设计模式，包括"三阶段四环节"模式、ADDIE 模型、PBL 模式和 STEAM 模式，并对比分析了它们的特点及适用类型。

第一节　研学旅行课程设计的理论基础

【学习目标】

说出马克思关于人的全面发展、多元智能、具身认知等理论的主要内容，并理解其对研学旅行课程设计的启示与指导。

【关键词】

人本主义教育理论、建构主义教育理论　多元智能理论　具身认知理论　地方本位教育理论　后现代课程理论、马克思关于人的全面发展理论

【问题引导】

1. 研学旅行活动的开展可以依据哪些基本理论？
2. 各个基本理论对研学旅行活动的开展能够提供何种指导？

理论是实践的基础，实践需要理论的指导。研学旅行教学设计应自觉遵循教育、游憩、设计等学科相关理论的指导，如游憩系统理论、设计事理理论、创意策划理论，并结合学情、地情、旅情实际灵活运用，以提高教学设计的科学性、系统性、针对性、创意性、可行性。这里重点介绍教育领域的人本主义思想、建构主义理论、多元智能理论、地方本位理论和后现代课程理论。

一、人本主义教育理论

人本主义教育理论是在人本主义哲学思潮的影响下，批判行为主义的机械论倾向并应用以人为中心的人本主义心理学的产物，其核心思想是以学习者为中心展开，通过自主学习，达到自我实现、全面发展的目的，是指导当前教育实践的重要理论来源之一[1]，典型观点见表3-1[2]。

---

[1] 姜联众.人本主义教育思想的理论内涵与实践意义［J］.教学与管理，2018（9）：5-7.
[2] 张传燧，赵同森.解读人本主义教育思想［M］.广州：广东教育出版社，2006.

表 3-1　人本主义教育流派的代表人物及其观点

序号	代表人物	核心观点
1	夸美纽斯	①自然教育与"泛智教育"；②"和谐发展"的教育目的；③教育阶段划分及其学校制度体系建构思想；④"把一切知识教给一切人的艺术"的课程与教学法
2	雅斯贝尔斯	①教育必须唤醒人的灵魂，"好的教育"在于"促进灵魂的转向"；②教育要培养"全人"；③教育过程是师生之间自由交往、各自自我教育和自我实现、整体精神成长的过程；④学生自由观
3	马斯洛	①教育的目的是创造条件，帮助人"尽所能成为最好的人"；②倡导自发的、创造性的内在学习；③知识是对个体发展起作用的知识，课堂教学应与生活相结合
4	罗杰斯	①培养"全面发展的人"及自我实现的人格；②以学生为中心的非指导性教学；③以自由为基础的自由学习观和意义学习；④交往合作的师生关系观
5	苏霍姆林斯基	①培养个性全面和谐发展的人；②德智体美劳渗透交织、统一完整；③两套教学大纲；④教会学习与自主探究；⑤博学多才与关爱学生；⑥让每个学生都抬起头走路

资料来源：张传燧，赵同森.解读人本主义教育思想［M］.广州：广东教育出版社，2006.

人本主义学派的学习理论认为，学习的动力是内在的、自发的；学到的知识与学生的品德和人格融为一体；提倡学会学习和学会适应变化的学习观；重视学习者的主动性、意识、情感和价值观等心理因素的作用；强调培养学生的创造力；其课程理论则坚持"面向完整的学生"立场，肯定人的情感、情绪和感情的重要性，主张统一学生的情感与认知、感情与理智、情绪与行为，强调开发人的潜能，促进人的自我实现。其课程框架如图 3-1 所示。在教学模式上，人本主义学派倡导以学生为中心，强调内在学习、意义学习、情意学习，主张采用包括询问法、开放教室（开放教育）、合作学习、以主题为重心的相互作用方法等多种教学形式。此外，该学派还注重培育开放、自由的教育氛围，以学生个体为中心，有利于学生自由地选择和接受挑战并表达各种体验[1]。

值得指出的是，作为该学派的代表人物之一，亚伯拉罕·马斯洛的主要研究领域是人本主义心理学，提出的需求层次论具有广泛的描述力、解释力和指导力，为认识中小学生的生活与成长需要、提高研学旅行课程开发的针对性指明了方向。该理论指出，人的需求分为基本需求和成长需求两个层次，每个层次又包括不同的梯级（见表 3-2 和图 3-2）；高级需求出现之前，通常须先满足低级需求；个体对需求的追求有所不同，有时会出现越级现象。

---

[1]　张传燧，赵同森.解读人本主义教育思想［M］.广州：广东教育出版社，2006.

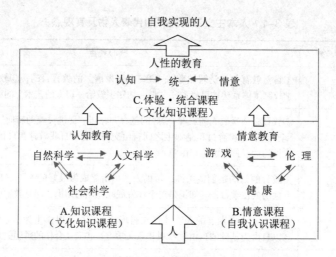

图 3-1　基于人本主义教育思想的课程框架示意

表 3-2　人的两层多级需求

序号	层级及名称	释义及列举
1	基本需求	是人类生存与安全感的基础，包括生理需求、安全需求、归属与爱的需求
1-1	生理	呼吸、吃喝、睡眠、排泄等
1-2	安全	稳定、受到保护、有秩序、免除恐惧和焦虑
1-3	爱和归属	建立情感联系，如亲情、友情、爱情、家国情怀
1-4	尊重与受尊重	尊严、成就、掌握、独立、地位、声望
2	成长需求	侧重个人的心理成熟和潜能实现，包括求知需求、审美需求与自我实现需求
2-1	求知	知识、理解、好奇心、探索
2-2	审美	寻找美、欣赏美
2-3	自我实现	挖掘潜能、实现梦想

图 3-2　马斯洛的金字塔形需求层次示意

根据上述分析，研学旅行本身就体现了人本主义教育思想，人文主义教育思想与教学理论对研学旅行教学设计具有深刻的启示。首先，明确了中小学生的需求类型及其层级关系，为教学设计提供了市场需求依据。要妥善考虑餐饮和住宿需求，特别注意满足安全需求，创造性地满足爱、尊重、求知、审美、自我实现等高层次需求。其次，教学设计中坚持以学生为中心，提供自主空间、自由氛围与开放环境，彰显自主性价值。教师和导师应做好服务、辅助和引导工作，不能喧宾夺主、越位越界。再次，教学设计中应突出主体性教学，注重学生情意教育与认知教育的整合与统一，探索实施真正的意义学习、自发的经验学习与自愿的合作式学习。最后，教学设计中的目标与内容应突破传统课堂与校园的限制，充分利用各类研学场所、旅游空间与社会场景，注重中小学生的整体发展，培养"完整的人"。

二、建构主义理论

建构主义是在行为主义、认知主义的基础上进一步发展的理论思潮，它吸收脑神经生理学、认知发展心理学、现代系统论、社会文化学等领域研究成果，重视"意义建构""情景化"及"自主学习"，被认为是当代学习理论的革命。建构主义流派众多，在知识观、学习观、教学观等方面的观点十分丰富（见表3-3）。从总体上看，建构主义的整体思想可以总括为十大理念，即知识的获得是建构的，知识的建构来源于活动，学习活动的情境是知识的生长点和检索线索，意义存在于个人的心智模式中，人们对现实世界的看法是多元的，问题性、模糊性、不一致性是引发意义制定的触点；知识的建构需要对所学内容进行阐释、表达或展现；意义的建构可以通过交流来进行；意义建构存在于文化交流、工具运用和学习共同体活动中；并非所有的意义建构都是一样的[①]。

表 3-3　建构主义的主要流派及其主张

序号	流派名称	基本主张
1	激进建构主义（radical constructivism）	知识是由认知主体积极建构的，建构是通过新旧经验的互动而实现的；认知的功能是适应，它应有助于主体对经验世界的组织
2	社会建构主义（social constructivism）	强调群体甚于个体，将人与人之间的关系置于首位；个人建构的、独有的主观意义和理论只有与社会和物理世界"相适应"时，才有可能得到发展；强调意义的社会建构、学习的社会情境；强调社会互动、协作与活动等
3	社会建构论（social constructionism）	将社会置于个体之上；真实性/经验是依靠对话的方法建构起来的，对话是形成新意义的心理工具；知识不存在于个体内部，而是属于社会的，是以文本形式呈现的，每个人都以自己的方式解释文本的意义

---

① 钟志贤.建构主义学习理论与教学设计［J］.电化教育研究，2006（5）：10-16.

序号	流派名称	基本主张
4	社会文化认知（sociocultural cognition）	人的心理功能处于文化、历史和制度情境之中；关注学习的社会方面，注重对一定的社会文化背景中知识与学习的研究，将不同的社会实践视为知识的来源；提倡在真实的情境中通过对专家活动的观察、模仿进行主动的/认知学徒式的学习
5	信息加工建构主义（information processing constructivism）	坚持信息加工论的基本范型，但反对信息加工论中的客观主义传统；强调知识是由主体积极建构的，外来信息与已知知识之间存在双向的/反复的相互作用，但不同意知识是对经验世界的适应。这一流派也称为弱的建构主义或折中的建构主义
6	控制系统论（cybernetic system）	强调认识主体不是旁观者，而是置身于行为之中的积极主动的观察者和反省型的参与者；特别重视不同观察者之间存在复杂的互动关系，重视对包括提问方式、看与听的方式在内的各种循环过程的再认识；重视交互的、协作的学习方式

资料来源：钟志贤.建构主义学习理论与教学设计［J］.电化教育研究，2006（5）：10-16.

从学习理论上看，建构主义认为，学习具有情境性、体验性、合作性等六大特征。一是情境性。真实或接近于复杂多变的真实情境有利于学生获取更多的信息，完成意义建构。二是体验性。人的心理发展与实验活动是统一的，应该组织各种活动帮助学生完成社会文化的内化过程。三是合作性。尊重并充分利用学生知识经验的差异性，建构学习共同体，开展合作性学习。四是反思性。学生认识世界的过程伴随着同化与顺应，通过不断反思才能有效地完成自我意义的建构。五是目标性。学生的学习目标取决于在真实情境学习的过程中，由学生自己决定。六是积累性。新知识是在学生原有的知识经验基础上生长出来的，要考虑学生现有水平与潜力，注意新旧知识之间的关联[1]。

建构主义是影响教学设计理论与实践发展走势的重要力量，对研学旅行具有重要而全面的指导意义。研学旅行应注重通过情境体验开展探究性学习，在自我感悟中促进生成性学习，在主动参与下开展合作学习，在教学设计中应充分吸收建构主义的理论营养，聚焦情境、搜索、选择、写作、交流、创新、意义建构等核心要素，坚持主题目标性、情境体验性、学习自主性、团队合作性、实地可行性、总结反馈性理念[2]。具体而言，应坚持以学生为主体，促进学生主动建构知识，注重学生之间的会话和协作，灵活运用采用支架式、抛锚式指导方法，重视研学旅行效果的反馈和意义建构。除此之外，还应深入把握体验塑造方法，熟悉人生意义清单，并结合实际灵活运用。

21世纪是体验经济的时代，旅游是典型的体验产业，旅游活动就是游客在异地的暂时的异态生活体验。根据约瑟夫·派恩二世、詹姆斯·吉尔摩的研究，人们追求的

---

① 黄宇，杨雪.建构主义学习理论视角下研学旅行的特征和原则［J］.地理教学，2019（3）：60-64.
② 黄宇，杨雪.建构主义学习理论视角下研学旅行的特征和原则［J］.地理教学，2019（3）：60-64.

体验主要包括娱乐体验、教育体验、遁世体验和审美体验，让人印象最深刻的体验是四者交叉区域的"甜蜜地带"（见图3-3）。为了营造独特、丰富、深刻的体验，应选择鲜明而独特的主题，以正面线索塑造形象，消除负面因素，重视五种感官刺激，提供纪念品[①]。体验空间的最高境界是营造有主题、有舞台、有情节、有互动、有启示的快乐剧场，它与舞台演出产品一样的构成要素：演员、观众、导演、设施、前台、后台（见图3-4）。"三味早读"情景课堂、柯岩鲁镇剧场《鲁镇社戏》、"沈园之夜"堂会、公祭大禹典礼现场都是研学旅行中不同类型的剧场。通过精心的体验设计（见图3-5）[②]，可以让研学旅行"有说头、有看头、有听头、有玩头、有学头"，充满仪式感、沉浸感、参与感、惊喜感、收获感。

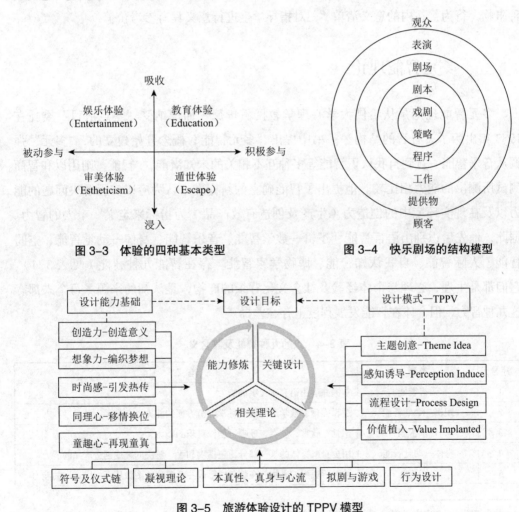

图 3-3　体验的四种基本类型　　　　　图 3-4　快乐剧场的结构模型

图 3-5　旅游体验设计的 TPPV 模型

① ［美］B.约瑟夫·派恩，詹姆斯·H.吉尔摩.体验经济［M］.毕崇毅，译.北京：机械工业出版社，2016.
② 舒伯阳.旅游体验设计［M］.北京：中国旅游出版社，2021.

意义是人之为人的本质核心，人类是追求意义的存在物。寻求意义是人类的基本动机之一，也是个体灵性的一种表达。弗兰克尔将生命意义定义为一种能给予个体方向感和价值感的目标，马丁·塞里格曼将意义感列为人生蓬勃发展的五大支柱之一，Baumeister 则指出了四种带来意义感的方式：有目标、有自我价值感、明确价值系统、发展自我效能感。意义有关理论把自主、胜任和关系需要的满足作为体验生命意义感的必要条件，需求得到充分满足的个体拥有更高的生命活力、创造力、自我管理倾向，专注、探索生活的积极元素，体验到更多的生命意义感和主观幸福感[1]。史蒂夫·迪勒、内森·谢佐夫、达雷尔·雷亚在《意义建构》中提出一份包括成就、美丽、群体、创造力、责任、启迪、自由、和谐、公正、统一、拯救、安全、诚实、认可、惊奇 15 种事物（行为）在内的意义清单[2]，对指导学生进行意义具有参考价值。

三、多元智能理论

多元智能理论是从哈佛大学心理学教授霍华德·加德纳受"零点项目"委托在 1983 年出版了《心智的结构》一书中提出"多元智能"概念开始建立的，"多元"强调从音乐智能一直到自我认识智能等多种互不相关的未知潜能，"智能"则用以和智商测试所测出的能力相比较。他提出了智能确立的新标准，认为应以实际解决问题的能力以及在现实环境中的创造力（生产及创造有效产品）为指标来定义一个人的智力。据此，他先后识别出语言智能、逻辑—数学智能、音乐智能、身体—动觉智能、空间智能、人际智能、自我认知智能、博物学家智能、存在智能九种智能（见表3-4）。它们都是生理、心理与个体经验及社会文化背景的产物，是认知的来源。每个人都有这九种智力，但个体在智能发展程度上存在差异。

表3-4　人的九种智能及其含义

序号	类型	含义
1	语言智能	掌握并运用语言、文字的能力
2	逻辑—数学智能	逻辑推理、数学运算以及科学分析方面的能力
3	音乐智能	感觉、欣赏、演奏、歌唱、创作音乐的能力
4	身体—动觉智能	用全身或身体的某一部分，包括嘴和手，解决问题或创造产品的能力
5	空间智能	针对所观察的事物，在脑海中形成一个模型或图像从而加以运用的能力

① 王晓娜，朱国庆.基本心理需要理论视角下青少年生命意义感的提升路径［J］.现代中小学教育，2021，37（9）：73-77.

② （美）詹姆斯 H.吉尔摩，B.约瑟夫·派恩.真实经济：消费者真正渴望的是什么［M］.陈劲，译.北京：中信出版社，2010.

续表

序号	类型	含义
6	人际智能	了解他人与人合作的能力
7	自我认知智能	深入并理解自己的内心世界并用以指导自己行为的能力
8	博物学家智能	善于观察自然界中的各种事物，对物体进行辨认和分类的能力
9	存在智能	一种与最终命运的关系

时至今日，多元智能理论已经成为风靡全球的发展心理学理论。根据加德纳的预测，该理论今后将会更多地应用到学校以外的博物馆、政府机构、工作场所等地方[①]。多元智能理论对学习和教学理解的新视角，决定了多元智能教学的如下特点。一是教学过程的生成性。加登纳在他关于多元智能学校的设计中就提出了理想中的学校应有"深入社区的学习"（"场景化的学习和探索"），再三倡导和建议应注意吸收两种非学校模式："师徒模式"和"博物馆"的社会场景化学习模式。二是教学目标的全面性。课程内容及目标应涵盖多元智能领域，具备多元化、开放性和发展性等特征，同时还要涵盖基础、拓展和研究三个认知层级[②]。以多元智能为教学上的"多元切入点"（Diverse Entry Points），为所有的学生提供发展的多元途径，实现真正的理解，并使教学与学生的现实及将来的生活真正相连。三是学生角色的主动性。教学过程的师生关系是一种主体间的关系，教学过程是学生主动积极的一种实践活动。加登纳重视自我评估的重要性，主张通过学习活动分析、作品分析、记录分析等进行包含考试成绩、录音带、学习作品、学业作业等内容的"历程档案评量"（Portfolio Assessment）[③]。这些特点与主张都十分契合研学旅行的性质与要求，在教学设计中应给予充分关注，尤其是制定目标和进行评价两个环节，关注学生的个体差异，从更广阔的方面发现并识别学生独特的才能，采取灵活的措施干预学生的弱项智能，促进学生的全面发展。例如，研学旅行课程中常见的九种任务，就分别对应着多种智能（见表3-5）。

表3-5 研学旅行课程任务类型及对应的多元智能表[④]

序号	任务类型	可能涉及的智能类型
1	社会调查	语言交流、肢体动觉、内省自知、人际交往
2	实验	语言交流、数学逻辑、内省自知、自然观察
3	现场考察	语言交流、肢体动觉、内省自知、人际交往、空间视觉

---

① 沈致隆.多元智能理论的产生、发展和前景初探［J］.江苏教育研究，2009（9）：17-26.

② 李颖.运用多元智能理论建构学校课程体系［J］.现代教育科学，2004（4）：26-30.

③ 曾晓洁.多元智能理论的教学新视野［J］.比较教育研究 20，1（12）：25-29.

④ 贾美华.课程开发实践指南——基于北京市中小学生社会大课堂资源［M］.北京：首都师范大学出版社，2011.

序号	任务类型	可能涉及的智能类型
4	样本采集	语言交流、自然观察、空间视觉、肢体动觉
5	讨论与辩论	语言交流、音乐节奏、肢体动觉、内省自知、人际交往
6	计划与实施	语言交流、肢体动觉、内省自知、人际交往、自然观察
7	书面表达	语言交流、空间知觉、内省自知
8	项目/主题探索	语言交流、空间知觉、数学逻辑、肢体动觉、内省自知、人际交往
9	游戏	语言交流、空间知觉、音乐节奏、肢体动觉、内省自知、人际交往

四、具身认知理论

具身认知是在反对传统认知科学之偏误的基础上出现的。它将人视作"整全的人",主张认知是大脑、身体与环境交互作用的产物,强调人的身心整全意义上的发展。它强调"具身性"与"情境化",将对认知的认识从个体加工机制的探讨转向社会实践活动的分析;并认为认知结构具有时间属性,某一时刻的认知状态只是连续动态变化中的一个即时状态,因此主张把实验法和自然法融通起来,在真实、自然的情境中对认知过程做实时的、具体的分析[①]。

具体而言,具身认知具有如下价值与优势。其一,从"离身性"与"去情境化"转向"具身性"与"情境化"。将被经典认知科学抛弃的身体、环境(包括物质环境与社会环境)等因素重新纳入认知研究的界域。其二,从个体加工机制的探讨转向社会实践活动的分析。强调认识是一种以适应环境为目的的实践活动。其三,从静态的表征转向认知的动态发展。强调认知无时无刻不在变化之中。其四,从控制实验转向研究的生态性。主张从真实、自然的情境中对认知过程做实时的、具体的分析[②]。

根据具身认知理论,认知过程进行的方式和步骤实际上是被身体的物理属性所决定的,认知的内容也是身体提供的,认知、身体和环境组成一个动态的统一体[③]。

具身认知理论作为身体哲学的核心价值理念,为研学旅行课程教学设计提供了学理支撑,主要应用在如下三个方面:首先,将完整的身体感知贯穿于研学旅行的整体设计中。完整的身体感知可以让学生对研学旅行中所经历的那些随意的好奇心和零散的启示进行批判性思考并加以整合,有利于建立对学习和生活的整体理解。研学旅行设计应从一个有意义的大主题出发,基于重要的概念,系统地设计研学旅行活动,并

---

① 赵蒙成,王会亭.具身认知:理论缘起、逻辑假设与未来路向[J].现代远程教育研究,2017(2):28-33.
② 赵蒙成,王会亭.具身认知:理论缘起、逻辑假设与未来路向[J].现代远程教育研究,2017(2):28-33.
③ 费多益.寓身认知心理学[M].上海:上海教育出版社,2010.

在活动与活动之间、活动与主题之间建立内在联系。其次，将存在的身体渗透在研学旅行全过程中。将学生带向有意识的身体感觉中，引起促进学生身体意识的觉醒，设计全身心参与的活动项目，关注各感官的体验，促进他们创造性能力的培养。"用眼睛去分辨，用耳朵去倾听，用唇舌去感受，用发肤去触动，用心灵去感悟，从而解放大脑，激活身心，以最自然、最生活化的方式学习至深的道理，探索宇宙万物的规律。"[①] 最后，通过学生的体行、体认、体知实现目标。注重为学生提供趣味性、实践性的活动，通过"游中学、学中游""做中学、学中做""玩中学、学中玩"，让学生能够在沉浸式体验中获得身心的成长和成熟。

五、地方本位教育理论

地方是一种理解人们的生活、经验及其与特定地方关系的方式，其价值不仅涉及人的身份建构，也推动着意义生成。"地方本位教育"（Place-based Education）一词正式出现于格雷戈里·史密斯的论文《地方本位教育：学习我们身处之地》中，通常被定义为以地方为中心的教学过程，目的是有意地将教育的所有方面融入地方生活中。作为美国40年的环境教育经验的总结和全球化背景下新地方主义运动的一部分，地方本位教育旨在通过一系列策略，寻求学习者与地方环境的关联。作为一种新的概念框架，它有利于塑造人的身份和关系，实现学校教育与外部世界的有机融合，倡导将场所视为学习资源，将地方性知识纳入学校课程设计[②]。

总而言之，地方本位教育就是要引导学生走出校园，将校内教学与校外教育相结合、知识学习与生活实践相结合，使学生通过体验来了解所生活的地方，进而提升价值认同[③]。它促使教育者把学习主体身处的地方作为教育的重要元素，地方上的人、事、物、故事、传统、历史、地理、景观、生态等都可以被纳入学习历程中，让学习者通过具体操作和身体力行去亲近、理解和关注地方，提升社区主人翁意识，甚至成为"环境管理员"[④]。地方本位教育有多种开展形式，Smith归纳了地方文化学习、地方自然学习、地方实习和创业、问题调查、问题解决和社区决策等形式，并提出五个参与地方本位教育的共同要素：利用当地现象作为课程开发的基础；强调学习经验，鼓励学生成为知识的创造者；由学生的问题和关注点决定的学习重点；教师作为"经验

---

① 陆庆祥，孙丽.研学旅行基地课程资源的开发之道 [J].湖北理工学院学报（人文社会科学版），2019（5）：8-11.
② 杜芳芳，何洵.重新理解地方及其教育学意蕴.教育理论与实践，2021，41（13）：9-14.
③ 杜芳芳，何洵.重新理解地方及其教育学意蕴.教育理论与实践，2021，41（13）：9-14.
④ 时晨晨.美国：地方本位教育理念兴起 [J].人民教育，2018（8）：11.

丰富的向导、共同学习者和社区经纪人"的角色；资源和学习的可能性在于增加学校和社区之间的渗透、增加师生参与社区活动的频率。在学习目标上，强调学生帮助改善当地环境；在学习环境上，要求学生沉浸到本地环境；在学习条件上，应提供各种环境支持条件；在学习过程上，彰显多部门、多学科、多方式的融合；在学习效果上，力求让知识内涵在多次运用中达到升华①。

作为当地的自然和人文环境作为课程内容和题材而开展的教育形式，地方本位教育应该包括研学旅行在内，尤其是小学生和初中生的研学旅行。根据这一理论，研学旅行教学设计中应立足当地地情与区域特色，开发地方课程，将学生生活社区的实际环境问题呈现给学生，让他们去发现并解决问题，自觉采取行动以保护生态环境。与此同时，结合旅行体验探索生活化教学模式，尽可能地把简单的纯理论问题转变为鲜活、丰满、能唤醒学生人生经验的实际问题，重视用学生身边的生活还原问题真相，培养学生良好的思维习惯，让大脑像肌肉一样得到锻炼和成长的机会②。除此之外，整合当地的科研院所、博览场馆、民间社团的专业资源，用好湿地公园、自然保护区、国家公园、世界遗产地等具有教育功能的游憩地，设计实施丰富多彩的地方研学旅行教学。

六、后现代课程理论

受后现代主义思潮影响，小威廉姆 E·多尔等人在批判以泰勒为旗帜的现代主义课程观的基础上，提出了后现代课程理论。后现代课程观突出课程的个性化、互动性、生成性与创造性③，更加关注人的存在，力求摆脱现代主义教育所带来的一系列问题，为研学旅行课程建构提供了一种研究范式。

多尔提出了后现代课程观中的四个核心标准——4R，即丰富性（richness）、回归性（recursion）、关联性（relation）和严密性（rigorous）。其中，丰富性是指课程应具有适量的不确定性与不平衡性，每门学科都应以多样化的教学元素创造教学的多种可能性。回归性也叫循环性，强调对过去进行积极的反思，促使课程既有稳定性又有不断变化。关联性指不同学科之间的相互联系和同一学科前后内容之间的联系，还强调课程要与其产生的文化背景相联系。严密性即有目的地寻求不同的选择方案、关系和联系，以及自觉寻找这些假设及其协调通道，促使对话成为有意义的和转变性的④。

---

① 刘导，陈实.美国地方本位教育对生活化地理教学的发展启示［J］.地理教学，2022（2）：47-50，58.
② 刘导，陈实.美国地方本位教育对生活化地理教学的发展启示［J］.地理教学，2022（2）：47-50，58.
③ 陈建华.后现代主义教育思想评析［J］.外国教育研究，1998（2）：1-6.
④ 张林林.泰勒与多尔课程观的比较及其启示［D］.天津：天津师范大学，2011：28-29.

在教育目标上，后现代课程理论认为教学目标不应该预先设定，预先设定的目标反而会约束教师和学生创造力的发挥[①]。在课程内容与课程组织上，多尔认为要有多种可能性或多重解释，要有"适量"的不确定性、异常性、模糊性；注重情境化教学，在情境中教师和学生是平等的，师生参与的是一种对话、转变与反思的教学过程。在课程评价上，强调评价标准的多元性、动态性、模糊性，评价结果是下一步教学的反馈。

后现代课程观与研学旅行目标有着许多相似的地方，后现代课程理论可以为研学旅行教学设计提供新的视野。一是学生在研学旅行中会接触到多样化的事物，要求教师妥善处理预定目标与生成性目标，使教与学随情境、时间的变化而变化。二是注重课程评价，发挥评价的反馈与修正作用。三是尊重人与人、人与社会、人与自然的关系，关注学生的内在世界和生活世界，构建一种"人与人"的师生关系。

七、马克思主义人的全面发展理论

马克思主义关于人的全面发展理论，是马克思和恩格斯在研究人类社会发展规律过程中提出的重要思想。该理论认为，在未来共产主义社会中，人将能够充分实现自身潜能，达到身心的全面和谐发展。这一理论的核心内容包括物质生产活动的基础作用、社会关系的重要性、自由发展的必然结果以及教育、科学、文化等方面的作用，为现代教育特别是研学旅行提供了重要的理论基础和实践指南。

（一）物质生产活动的基础作用

马克思认为，劳动不仅是维持生存的手段，更是人与自然相互作用的方式，通过这种互动，人类逐渐形成了自身独特的本质力量。随着生产力的提高和技术的进步，劳动形式不断变化。然而，在资本主义社会，劳动被异化为单纯的谋生手段，人的体力和智力无法得到全面的发展。在未来共产主义社会里，随着劳动时间的缩短和社会财富的增长，人们将有更多时间和机会去发展自己各方面的能力，实现体力和脑力的和谐统一。研学旅行通过实地考察和实践活动，让学生亲身体验社会生产和劳动过程，增强他们的实践能力和动手能力，从而培养基本生活技能和社会实践能力。

（二）社会关系的重要性

马克思指出，人的全面发展离不开社会关系，人在本质上是社会性的存在。这意

---

① 李臣之.后现代主义课程理论试探［J］.教育科学，1999（1）：58-62.

味着个人的发展不能脱离社会孤立进行，而是要通过社会交往来实现。在共产主义社会中，由于消除了阶级差别，人们将不再受制于剥削与压迫，能够在平等的基础上展开广泛的社会交往，促进彼此的共同发展。研学旅行通过团队合作、社会交往等活动，帮助学生建立良好的人际关系，培养他们的团队协作精神和社会责任感，从而促进他们在社会关系中的成长和发展。

（三）自由发展的必然结果

自由发展是人的全面发展的最终目标。只有当每个人都能够自由地展现自己的才能，追求个人的兴趣爱好时，社会才能真正实现和谐。研学旅行通过多样化的学习方式和丰富的体验活动，激发学生的兴趣和潜能，鼓励他们自主探索和创新，从而实现个性化的自由发展。这不仅有助于学生发现自我，也有助于培养他们成为具有独立思考能力和创新能力的人才。

（四）教育、科学与文化的作用

教育、科学与文化是实现人的全面发展不可或缺的因素。马克思主义主张教育应该面向全体公民，打破传统意义上的阶级界限，让每一个人都有机会接受高质量的教育。教育的目标不仅是要传授知识技能，更要培养健康的人格品质、高尚的道德情操及敏锐的艺术鉴赏力。研学旅行结合实际情境，将书本知识与现实生活相结合，丰富了学生的知识体系，提升了他们的科学素养和文化修养，促进了综合素质的全面提升。

综上所述，马克思主义关于人的全面发展理论强调了物质生产活动、社会关系、自由发展以及教育、科学、文化等多方面的作用。这些观点为中国学生核心素养的培养提供了重要的理论支撑。通过研学旅行，学生能够在实践中深化对知识的理解，提升综合能力，最终实现全面发展，为构建更加公平、民主、和谐的社会环境贡献力量。

第二节　研学旅行课程设计的模式

👉【学习目标】

1. 能够准确解释研学旅行课程设计中的关键概念和术语。

2. 能够详细说明研学旅行课程设计的基本模式及其核心内容，比较不同模式之间的异同点，并能够在具体的研学旅行课程设计中应用这些知识。

3.能够运用本节课所学的研学旅行课程设计模式，对给定的研学旅行课程案例进行分析和评价。

☞【关键词】

三阶段四环节　ADDIE　PBL　STEAM

☞【问题引导】

1.什么是研学旅行课程设计模式？

2.四种研学旅行课程设计模式之间有什么异同点？

3.在研学旅行课程设计中，人本主义理论如何体现学生为中心的理念？

4.PBL 模式与 STEAM 模式在研学旅行课程设计中各自适合什么样的研学主题？

5.如何在研学旅行中运用建构主义理论来促进学生主动学习？

6.研学旅行课程设计中的"三阶段四环节"模式和 ADDIE 模型有何区别？它们各自的优势是什么？

7.在设计研学旅行课程时，如何结合多元智能理论来满足不同学生的学习需求？

一、研学旅行课程设计模式含义

模式是理论和实践之间的中介环节，[①] 从本质上来说，模式就是解决某一类问题的方法论，即把解决某类问题的方法总结归纳到理论的高度。将"模式"一词引入研学旅行设计领域，其主要目的是对研学活动的设计进行有效甚至高效的规范化、系统化，因此，研学旅行课程设计模式是一种指导，桥梁般连接着理论与实践。从根本上说，它犹如指南针，引导我们打造优质的研学课程设计，寻得最佳解决方法。

探寻研学旅行课程设计模式，需要基于立德树人的目标，借助学习理论等相关理论的指导，构建稳定的框架，以提高课程设计的科学性。这个设计模式将研学的复杂过程分解为若干易于处理的单元，让研学导师明确各个环节的目标和任务，并分别执

---

① 陈世清.超越中国主流经济学家［M］.北京：中国国际广播出版社，2013.

行。同时，也便于发现哪个环节容易出现问题，从而针对性地解决。

二、研学旅行课程设计模式要素

加强对研学旅行本体的研究，厘清研学旅行在课程领域的形态特征和设计规范，是目前解决研学旅行常态化问题的根本。研学旅行课程设计模式是沟通研学旅行设计理论与研学旅行设计实践的"桥梁"，研学旅行课程设计理论的具体化，也是研学旅行实践活动的理论化。任何一门课程都要经过科学系统的编制过程才能形成，并强调框架内各部分内容、各要素之间的连贯性。一个完整的研学课程设计由三个层面的核心要素构成：研学前准备要素、研学中过程要素、研学后评估反馈要素，如图 3-6 所示。

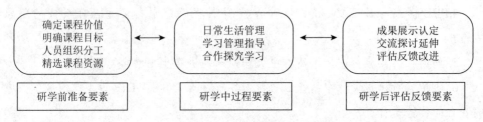

图 3-6　研学要素的基本构成

研学前准备要素中，明确课程目标、精选课程资源是研学旅行课程设计的核心；研学过程要素中，研学中的活动安排是研学课程方案在时间上展开的逻辑步骤及主要做法，是研学课程设计的主体结构；研学结束后的评估和反馈是完成研学过程的必需要素，也是对研学旅行课程设计进行价值判断的重要步骤，可为下一次研学旅行课程设计提供借鉴经验。

三、研学旅行课程设计模式范例

（一）"三阶段四环节"研学旅行课程设计模式

泰勒现代课程理论，即课程编制的确定目标、选择经验、组织经验、组织评价四环节，在第二章第三节已经陈述，在此不赘述。而多尔的后现代课程理论提出 4R 课程标准，即课程的丰富性、回归性、关联性和严密性，这一新思路对研学课程设计进一步精细化、微观化和可操作化做出指引。将泰勒现代课程理论和多尔后现代课程理论结合，从而指导研学课程设计，获得"三阶段四环节"研学课程设计模式。

在深入学习研学旅行课程理论和开展研学实践的基础上，朱洪秋学者建立出一种可操作的"三阶段四环节"研学旅行课程综合模型。[①]"三阶段"是从研学旅行课程实践视角把研学旅行分为课前、课中、课后三个阶段；"四环节"是从研学旅行课程理论视角将研学旅行课程分为确定目标、选择资源、课程实施、课程评价四个环节。四个环节是所有研学旅行课程都具有的共性环节。

1. 研学旅行课程设计"三阶段"

在"三阶段四环节"模式中，实践视角下的"三阶段"是指研学旅行课程的课前、课中、课后三个阶段。与传统的学科课程相比，这里所指的课前阶段是指研学旅行准备阶段，课中阶段是指研学旅行实施阶段，课后阶段是指研学旅行总结阶段，每个阶段任务分工侧重点不同（见表3-6）。

表3-6 实践视角下研学旅行课程设计"三阶段"

研学课程三阶段	具体任务
课前准备阶段	课程目标确定 组织架构确立 研学手册编制
课中实施阶段	乘车管理 食宿管理 活动管理
课后总结阶段	研学作业完成 研学成果展示 研学成绩认定

2. 研学旅行课程设计"四环节"

在"三阶段四环节"模式中，理论视角下"四环节"分别对应泰勒现代课程理论的四个问题，包括确定目标、选择资源、课程实施、课程评价四个环节。[②]这四个环节是研学旅行课程设计的规范性结构，但并不代表适用于所有研学课程设计，课程设计者可以在此结构上加以创新，为学生提供多选择性、生成性、个性化的课程。四个环节具体任务如图3-7所示。

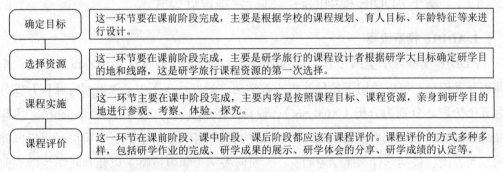

图3-7 理论视角下研学旅行课程设计"四阶段"

---

① 朱洪秋 . "二三阶段四环节"研学旅行课程模型［J］.中国德育，2017（12）：16-20.
② 朱洪秋 . "二三阶段四环节"研学旅行课程模型［J］.中国德育，2017（12）：16-20.

拓展阅读 3-1 •••••••••••••••••••••••••••••••••••••••

科普之旅：一起"触摸"生活中无处不在的光

研学基地：北京光科技

研学主题：深入解读光知识

回溯人类发现光，理解光，
应用光的历程

思考我们看见的世界

太阳行动

「剧本」1个科幻故事
「竞技」5场团队PK
「科普」20个光学科普知识
「元件」30种光学元件
「延伸」40个生活中的光学常识
「科技」1场沉浸式宇宙科普光影

光之起源	追溯宇宙中的第一束光
光之简史	光学发展各个时期的里程碑事件
光与文明	立杆测影，观天授时，人类文明在光影启示下开始萌生
光与节律	"日出而作，日落而息"与色温的关系
光 源	固态光源时代，不同照明材料
光 速	30万km/s，人类已探知的物体速度的极限
光与物理	1.生活中，光沿直线传播现象 2.生活中，光的反射、折射、色散等现象 3.凸透镜、凹透镜成像规律与作用 4.分光/合色棱镜及其他棱镜的实验与应用 5.光传声实验与原理
光 成 像	1.单反相机镜片与棱镜结构 2.相机成像原理与发展
不可见光	不可见光的种类与应用
宇宙探测	射电望远镜与各种太空望远镜

1个科幻故事

以科幻故事为线索开启课程，开启光知识科普的大门：

"......人类赖以生存的"生命之源"——太阳，将渐渐失去普照万物的能量，提前进入可怕的衰竭期。科学家经过大量研究发现，M78光核导弹在太阳里的爆炸可以创造一个新的太阳，让人类走出这场太阳浩劫......"

欢迎来到光科技馆，聚集七色光核能量，就能引爆光核导弹，拯救太阳，拯救人类！

PK—1	七色光
PK—2	凹凸世界
PK—3	神奇的万花筒
PK—4	宇宙探测器
PK—5	科普大比拼

（二）基于 ADDIE 模型的研学旅行课程设计模式

1. ADDIE 模型概要

ADDIE 模型源于美国军方，是以建构主义为基础，以学生为中心设计出的一个课程开发模型，可以适用于各种课程或教学活动的设计蓝图中。该模型将课程开发分为五个阶段，分别为分析（Analysis）、设计（Design）、开发（Development）、实施（Implementation）和评估（Evaluation）（结构关系见图3-8）。这五个阶段又可以归并到三大方面，包括学什么（学习目标）、如何去学（学习策略）以及判断学生学到何种程度（学习评价）。[1] 五个环节相辅相成，评价贯穿在每个环节中，凸显该模型较强

---

① 马蕾，叶茂.基于ADDIE模型的研学旅行课程设计——以"克拉玛依石油研学"为例［J］.中学教学参考，2022（10）：67-69.

的系统性和针对性优势，此模型指导下的课程实施效果呈现出螺旋式上升的态势，前一次的课程实施效果可以为后一次的课程实施改进提供指导和借鉴，如此的迭代循环可促进课程向深度发展。

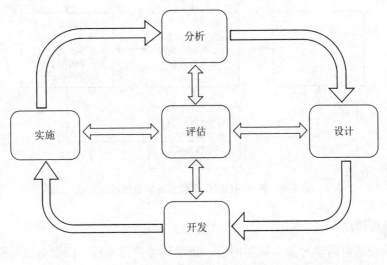

图 3-8 迭代循环的 ADDIE 模型

2. 基于 ADDIE 模型的研学旅行课程设计模式

从课程核心要义上来说，ADDIE 课程设计模型与研学旅行课程设计具有高度契合性。ADDIE 模型要义是满足学生多方面发展的需求，需要在设计之前分析学习者的身心发展规律和特点，并以学习者为中心选择课程资源，通过五个多维交叉的阶段提升学生的综合能力；研学旅行课程核心要义是达到综合实践育人的目的，突破单科课程思维局限，整合多学科素养要求，通过校外综合实践活动提升学习者的核心素养。从课程设计环节来看，研学旅行课程设计涵盖研学主题、研学目标、研学路线、研学内容、研学评价等方面，可与 ADDIE 模型的分析、设计、开发、实施、评价五个阶段分别对应。因此，从课程核心要义和设计环节来看，借助 ADDIE 模型构建出包含分析、设计、开发、实施、评价五个阶段的研学旅行课程设计模式具有独特优势（详见图 3-9）。该模式具备环环紧扣、动态循环的结构特征，其中分析阶段和设计阶段是前提，开发阶段和实施阶段是关键，评价阶段则贯穿始终，起到保障作用，促进研学课程实施效果的良性发展。[①]

---

① 马蕾，叶茂.基于ADDIE模型的研学旅行课程设计——以"克拉玛依石油研学"为例 [J].中学教学参考，2022（10）：67-69.

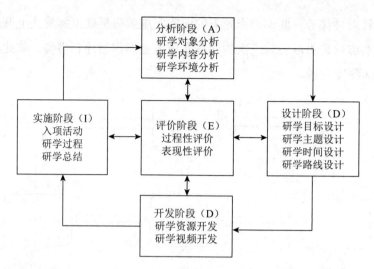

图3-9　基于ADDIE模型的研学旅行设计模式

（1）分析阶段。

首要阶段是对研学对象、研学内容、研学环境进行分析。研学对象是研学活动参与主体，研学课程设计者需要充分分析研学对象的身心发展规律和需求，以便更好地把握研学资源；还需对研学内容进行分析，尽量做到突出本土地域特色，任务设计要与主题贴切，需要考虑是否重视能力培养、是否贯穿实践活动等；在正式实施研学课程前需多次到研学基地踩点，确保研学环境安全。此阶段设计者已经大致勾勒出课程蓝图，可以按照此阶段所得开展设计。

（2）设计阶段。

设计阶段包括研学目标、研学主题、研学时间、研学路线等部分内容的设计。研学目标是课程本身要实现的具体要求，具有重要的导向性和引领性价值，是课程内容、课程实施、课程评价的重要参考标准；研学旅行课程主题是研学旅行教育活动的主旨与核心，在确定研学主题时，需注重主题的教育性、实践性、开放性、综合性等，需要突出研学旅行目的地的地域文化特色；考虑主题内容安排时也需兼顾研学时间安排、研学路线安排的设计，该部分内容的合理性直接影响到研学课程的实施效果。

（3）开发阶段。

当研学旅行课程设计者明晰分析阶段和设计阶段的所有内容后，必须将脑海中的"课程蓝图"生成"课程计划和课程材料"，开发出研学过程中需要用到的材料或视频及其他过程性支撑材料，并将其以研学旅行课程方案或研学手册的形式进行归纳整理展示，这个过程是对前面两个阶段得到的所有材料在课程框架内的填充，需找到所有内容要素之间的逻辑联系，搭建学习者的学习任务。

（4）实施阶段。

课程实施阶段是将研学旅行课程付诸实践的过程。此过程主要包括学习者按照预定顺序参与研学活动、每个项目点所在的具体时间，日常生活管理、研学任务等，参与此阶段的还有研学项目实施负责人、研学导师等。如果发生非预设事件，研学导师需要尝试利用教学机智化解，并将其生成研学亮点。

（5）评价阶段。

评价阶段主要包含过程性评价、表现性评价和终结性评价等形式，将评价作为研学课程实施保障贯穿始终，这是检测课程目标是否达成的重要步骤，也是检测课程成效的重要手段。从评估形式看，需将过程性评价与终结性评价相结合，从评估内容看，需包括对教学者教学活动的测评，对学习者学习效果的评估，还需涵盖对研学课程开发主体和课程方案的测评，评估结果可作为评价与改进课程方案的重要依据。

（三）基于 PBL 的研学旅行课程设计模式

1. PBL 模式概要

PBL 是 Project-based Learning 的简称，是一种基于多元智能理论、建构主义理论和合作学习理论的问题式或项目式学习形式，[①] 是以问题为导向，重视真实问题情境创设，注重社会性互动和协作，强调引发学生深入思考与主动研究，从而使学生获得关键知识与技能的模式。该学习模式实现了从传统学科性学习到综合性学习的转变，对学生和教师都提出了更高的要求，教师在项目式学习中重在发掘和调动学生的潜力，承担学生完成项目的支架角色，判断学生在项目研究过程中的不同需求，使用各种工具或策略支持学生实现目标。该模式也有规范的结构，从课程目标、课程内容、课程形式和课程评价等多维度进行课程设计，项目实施过程中，首先从一个具有挑战性的驱动问题开始，强调问题的真实性并且要与学生的生活或未来密切联系，在开展过程中，尊重学生的声音和选择，鼓励学生大胆表达想法，对于最终形成的公共产品，师生共同进行批判性反思与改进，从而实现学生创造力、团队协作能力、自主规划能力的正向提升。

2. 基于 PBL 的研学旅行课程设计模式

致力于推广项目式学习的巴克教育研究所提出 PBL 学习的七个金标准：一个具有挑战性的问题、持续调查、真实性、学生的声音和选择、反思、评判性和修正、公共

---

① BARROWS H S. TAMBLYN R M. The Portable patient problem pack: a problem-based on learning unit [J] .Joumal of Medical Education，1977，52（12）：1002-1004.

产品。[1]基于此标准，将研学旅行课程设计分为三大模块（见图3-10）。

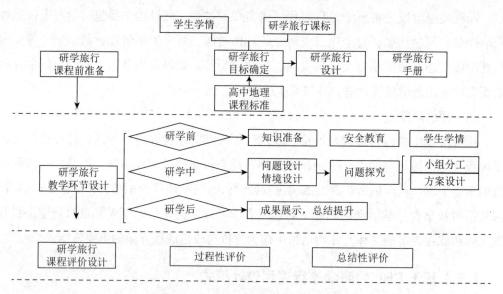

图3-10　基于PBL的研学旅行设计模式

模块一对应研学旅行课程前准备环节，包括开展学情分析、确定研学目标与主题、制定研学方案和手册等；模块二根据万剑敏和朱洪秋的三阶段四环节理论而设计[2]，对应研学实施过程中的教学环节，包括研学前进行安全教育、研学中问题与情境设计、小组分工协作探究等，以及研学后小组成果或作品展示；模块三对应研学结束后的终结性评价与反思。需指出，该模式对研学过程中的问题及任务的设计具有较强指导意义，也可以将成果创造与展示作为研学课程设计的金标准。

（四）基于STEAM教育理念的研学旅行课程设计模式

1. STEAM教育理念概要

STEAM教育的前身是STEM教育。1958年，美国开始实施STEM教育，刚开始主要包括科学（Science）、技术（Technology）、工程（Engineering）和数学（Mathematics）四个学科，[3]后来为解决实践过程中缺乏创新性的问题，将人文社科学科内容加入STEM教育体系中，认为艺术价值与科学技术同等重要，即在原有基础上融入艺术（Art），为

①　冯崇玉，周忠发，刘智慧，徐亚.基于PBL模式的研学课程设计——以平塘FAST天文研学为例［J］.中学地理教学参考，2022（4）：72-76.
②　万剑敏，熊童欣.风景区型科普教育基地PBL研学课程设计研究：以江西凤凰沟景区为例［J］.江西科学，2019，37（6）：997-1001.
③　赵慧臣，陆晓婷.开展STEAM教育，提高学生创新能力—访美国STEAM教育知名学者格雷特.亚克门教授［J］.开放教育研究，2016，22（5）：4-10.

实践提供创意来源。STEAM 教育理念以金字塔形式呈现，共分为五个层级（详见图 3-11），其中学生的全面发展为最终目标，从整体框架上看，蕴含学科融合、问题解决与技术赋能三个核心理念，体现出课程综合化、实践化、活动化等诸多特征。STEAM 教学模式一般以"主题活动"形式开展，开展活动的场域不局限于某一固定地点，可以是任意有探究意义的场域，体现课程回归自然、回归社会、回归生活的本质诉求。

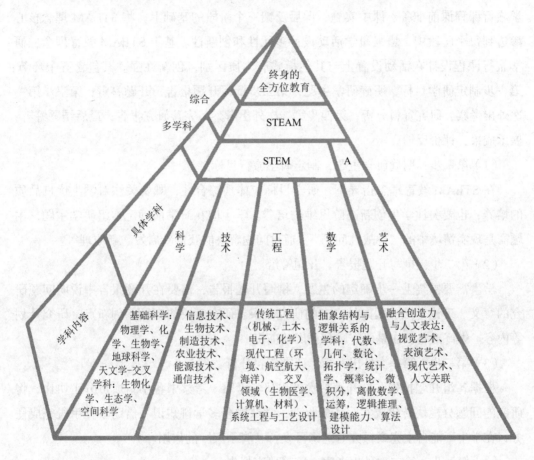

图 3-11 STEAM 教育框架

STEAM 教育的本质是打破学科间的刚性壁垒，实现不同学科之间的统整融合，在现实情境中通过自主、合作、探究等方式交互协同解决问题，此过程联结多学科知识重构认知结构，有助于学生创新性高阶思维的提升，以及隐性课程目标的达成。作为一种超越传统的教育模式 [1][2]，其赋予更多实践功能，从走进现实将所学知识融合运

---

① 崔鸿，朱家华，张秀红.基于项目的 STEAM 学习探析：核心素养的视角 [J].华东师范大学学报（教育科学版），2017，35（4）：54-61，135-136.

② 魏晋龙，马成源."读行金城"初中地理研学旅行活动设计 [J]，地理教育，2019（9）：57-59.

用，缩小青少年未来职业所需技能与现阶段知识技能学习的差距，实现职业生涯规划教育。从某种程度上看，可弥补"职教分离"缺陷。

2. 基于 STEAM 教育理念的研学旅行课程设计模式

STEAM 教育是一种核心理念前卫的教育理念，强调运用多学科知识发现并创造性地解决现实生活中的问题，这与研学旅行课程的定位不谋而合。鉴于此，在保留研学旅行课程课前准备、课中实施、课后反馈三个阶段的基础上，将 STEAM 理念核心渗透到每个阶段中，增强研学活动设计多元性和创新性。基于 STEAM 教育理念的研学旅行课程设计在活动设置上与其他模式有本质区别，创新性强。其包含五个环节：第一步制定研学目标，明确研学主题；第二步撰写开题报告，开题答辩；第三步第一次外出考察，研究资料分析；第四步第二次外出考察，完善研究报告；最后结题答辩，展示成果，评价反馈。

（1）第一步：明确研学主题，制定研学旅行目标。

在 STEAM 教育理念指导下，研学目标应体现综合性，既要关注对学生优良品质的培养，也要关注学生创新高阶思维的培养。学生应在研学前确定本组研学主题，主题需是现实情境中的"挑战性问题"，通过问题解决能获得新启发、新原理等。

（2）第二步：撰写开题报告，开题答辩。

学生需要围绕上一步确定的主题，撰写开题报告，需要在开题报告中说明问题研究的意义、理论基础、国内外现有的研究成果，研究解决的问题、创新点、研究计划等内容。做好准备工作是研究顺利开展的前提。

（3）第三步：第一次外出考察，研究资料分析。

根据各组开题报告，展开第一次外出研学考察。考察中各小组成员分工协作，将研究的问题分模块转化成实践任务驱动，尝试融合多学科知识、借助多种手段完成任务，在学生不能自主完成探究时老师可发挥"脚手架"的作用。

（4）第四步：第二次外出考察，完善研究报告。

在第一次研学考察的基础上，厘清尚未解决的问题后进行第二次考察。考察过程中多视角收集资料佐证观点、多维度观察体验优化成果，小组之间也可以合作交流，发散思维后迁移问题解决的方法，最终完善研究报告。

（5）第五步：结题答辩，展示成果，评价反馈。

此环节往往是在研学结束后进行，学生分组汇报研学成果答辩，并接受教师的提问答辩，研学导师、组间、组内对学生的表现进行评价，并指导学生将研学报告转化成具有应用价值的物化产品，提升研学旅行的学科、经济、社会价值。

美国研学旅行
——提升学生批判性思维能力

研学旅行在美国基础教育有着悠久的历史。几十年来，中小学生在各种校外场所开展研学旅行，包括艺术馆、自然历史博物馆和科学博物馆等，学校认为这是日常教学的核心任务之一，学生不仅需要数学的计算和语言的读写能力，更需要艺术创造和人文素养。[12] 最近美国的一项关于艺术类的研学旅行研究性试验，验证了研学旅行的教育价值——开展艺术博览类研学旅行，扩展了学生在艺术领域的知识，培养了批判性思维能力和跨时代的同理心、宽容心，极大地提升了学生的艺术和人文情怀。

研究方法

本次研究性试验选择在美国阿肯色州的水晶桥美国艺术博物馆进行。这个艺术博物馆是 2011 年建成的，有 4645 平方米的画廊面积和 8 亿多美元的经费。这些经费主要是用于支付学校研学旅行的相关费用，包括交通费、午餐费和研学导师教学的费用。

在最开始的两个学期中，博物馆收到了 525 个学校的研学申请，覆盖了从幼儿园到 12 年级的 38347 个学生。为了开展对比性研究，研究人员根据学段和就读学校等情况将学生分成两组，测试组首先开展研学旅行，比较组则不开展研学旅行。在为期三周的调查中，123 所学校的 10912 个学生和 489 个教师参加了调查采样。学生调查内容包括知识的教学效果、批判性思维、跨时代的同理心、宽容和艺术人文的兴趣。

研究结果表明

研学旅行促进了校内知识的记忆和掌握：在艺术博物馆的研学旅行，帮助学生记住了所参观的画作中大量历史和社会知识的细节。例如，88% 的学生看了 "At the Camp—Spinning Yarns and Whittling" 的画作，记住了废除奴隶制度对制糖业造成的重大影响；82% 的学生看了 "Rosie the Riveter" 的画作，记住了"二战"期间女性大量进入劳动力市场的重要意义。这些数据说明研学旅行是学习知识的重要方式，帮助学生更好地理解和强化记忆了许多课堂中学到的知识内容。

研学旅行培养了批判性思维能力。研究中通过 7 个指标：观察、解释、评价、联想、发现问题、比较和发散性思维，来衡量批判性思维能力。研究结果表明，参加研学旅行的学生在观察方面更加细致，学生们会注意和描述画作中的更多细节；思维也更加敏锐，更多地提出了发散性的观点和意见。

研学旅行建立了跨时代的同理心。参观艺术博物馆影响了学生的价值观。艺术博物馆的研学旅行使学生接触到各种不同的思想、不同的民族、不同的地点和不同的社会时代的内容。让学生学会理解和欣赏生活在不同时间和不同地点的人们不同的生活方式，这也促进了学生对自己所在时间、所在国家的生活方式的重新思考。

资料来源：徐鹏.美国一项针对学生的实验表明：研学旅行提升学生批判性思维能力［EB/OL］.2018–023.https://www.163.com/dy/article/D8RR8SG50518QHDK.html.（有改动）

四、研学旅行课程设计模式的异同

（一）研学旅行课程设计模式的差异性

研学旅行课程设计模式各有其主张的理念，其课程设计不同环节凸显出不同特点，根据其模式特点可适用于指导不同类型的研学课程设计（见表3-7）。其中"三阶段四环节"模式预设性强；ADDIE模型指导性、调整性强；PBL模式研究性、合作性强；STEAM模式具有多学科融合的特点。

表 3-7　研学旅行设计模式对比分析

课程设计模式	课程活动基本过程	特点	可适用类型
"三阶段四环节"模式	①确定研学目标；②选择研学资源；③组织研学课程实施；④评价学习效果	预设性、控制性、操作性	生活体验类、体验式研学旅行等
ADDIE模式	①分析阶段；②设计阶段；③开发阶段；④实施阶段和评价阶段	指导性、系统性、迭代循环性	文化考察类、考察式研学旅行等
PBL模式	①研学前准备，提出驱动问题；②小组分工并设计活动方案；③分析解决问题并展示成果	建构性、情境性、合作性	自然教育类、探索式研学旅行等
STEAM模式	①制定研学目标，确定研学主题；②撰写开题报告答辩；③第一次外出考察，研究资料分析；④第二次外出考察，研究报告完善；⑤结题答辩，集中展示，开展评价	学科融合性、开放性、创新性	交换学习类、观光式研学等

（二）研学旅行课程设计模式的共同特点

上述四种研学旅行课程设计模式具备以下三点共同特征。一是具备计划性和实践性。任何研学课程都需要提升计划，必须符合学习者身心发展规律，从学生发展需要选择研学主题和内容，同时强调学生亲身经历各项活动，在全身心沉浸体验中提升素养。二是探究性和体验性。研学主题的设置须具备探究价值，有许多问题值得深入探究，场景来源于真实生活，融入情感渲染、角色扮演、职业体验等内容，在活动体验中激发学生主动性和创造力。三是注重将评价贯穿研学始终。以评价作为研学课程良性实施的保障，在课程实施准备阶段、实施阶段、反馈阶段等各个活动过程都要进行表现性评价、过程性评价和终结性评价。

【本章内容结构】

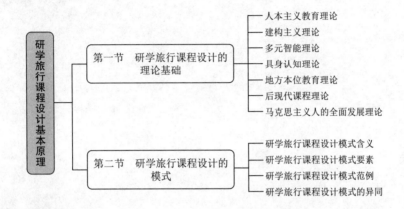

【拓展性讨论】

1. 请结合具体实例，阐述相关教育理论是如何应用于研学旅行的设计过程中的，并说明这些理论如何帮助确保研学活动具备学术严谨性、科学合理性和结构性。

2. 选择一种公认的高质量研学旅行课程模式作为基础，对其进行深入分析与适当调整，最终形成一套符合特定学生群体需求且富有创新特色的个性化研学旅行方案。

3. 选取一到两个具体的研学旅行案例，运用本节课介绍的四种研学旅行课程设计模式对其进行综合评价。在分析时，请明确指出该案例成功之处及值得学习的地方，同时也要识别出存在的不足之处，并提出可能的改进建议。

第四章

研学旅行课程主题及目标设计

〔**本章概要**〕

　　研学旅行课程的主题是其内容的核心，不仅决定着课程的整体基调与主要方向，还应紧密契合国家教育政策、核心素养目标及相关指导文件，并在遵循科学选题原则的基础上提炼出最为适宜的主题。作为人才培养的具体标准，课程目标具有明确的方向性和引领作用，构成内容选定、教学方法选择及效果评估的基础框架。本章将深入探讨两个关键议题：首先，分析研学旅行主题的分类及其设计要素，讨论如何提炼既符合规范又吸引人且适合受众的主题；其次，研究设定研学旅行目标所依据的原则与方法论，旨在构建一套可执行性强、易于观察、实现度高且能够量化评价的学习目标体系，从而为研学旅行课程的设计与实施奠定坚实的理论基础。

第一节 研学旅行课程主题设计

☞【学习目标】

1.说出研学旅行课程主题的含义、类型,以及其设计特性。

2.学会根据国家教育方针、核心素养目标及政策文件确定研学旅行课程主题,并能够根据研学旅行课程的主题设计原则、生成专题的方法和主题命名方法等,对确定的研学旅行课程命名。

3.明确研学旅行课程主题在设计时应考虑的因素,如教育性、公益性和实践性等,理解研学旅行课程主题设计的重要性及其对课程基调和主旋律的影响。

☞【关键词】

研学旅行课程主题 设计、教育方针、核心素养

☞【问题引导】

1.如何选择与确定研学旅行课程的主题?

2.在设计研学旅行课程主题时,需要遵循哪些选题原则?举例说明一些具体方法。

3.可以从哪些角度把研学主题细化生成满足学生需求的研学专题,并命名出来?

一、研学旅行课程主题及类别

主题是一个广泛的词汇,通常用于描述一个讨论或创作的中心思想。课程主题则是特定课程中的主题,它为课程提供了组织和展开教学内容的框架。而研学旅行内容丰富,需要将零碎的主题进行逻辑整合,形成课程主题。研学旅行课程主题就是指在进行研学旅行课程时所关注的特定主题,它可能涉及历史、文化、地理、科技等多个领域,旨在通过实践和体验来加深学生对相关主题的理解和认识。进一步说,研学旅

行课程主题是研学旅行内容的凝聚点，具有核心、焦点、主旨、重心等内涵，决定着研学旅行课程的基调和主旋律。

根据不同的指标，研学旅行可以被划分为多种类型。本书基于活动内容和教育目标的不同，将研学旅行课程主题划分为自然科学主题、人文科学主题、社会教育主题、自我拓展主题以及跨学科主题。每一类主题研学的范围应该与基础教育课本知识有着良好的衔接性，是学校教育的充分拓展，带领学生用研学的慧眼探索、体验教材及其以外的美。表 4-1 是对每种类型的划分及其简要说明。

表 4-1 研学旅行课程主题划分

主题类型	划分依据：活动内容和教育目标	主要活动内容或形式
自然科学主题	侧重于通过直接体验自然环境来学习与研究	生命探索、物理探秘、地球科学、生态观察、灾害教育、科技探索、能源与环保、环境守护等
人文科学主题	注重通过文化体验与历史探索加深学生对人类社会发展的认识	地域文化与民族多样性、历史遗产与社会发展、城乡对比与发展研究、当代社会问题与战略思考、科技创新与未来展望、国际视野与跨文化交流
社会教育主题	主要目的在于培养学生良好的公民意识和社会责任感。通过让孩子们参与实际的社会工作，让他们能够从实践中学习到如何为社区做贡献	红色革命教育、科教、社区服务等
自我拓展主题	重在激发个体潜能、提高个人素质。通过挑战性的任务或游戏设置，促使参与者面对困难时展现出勇气与智慧，同时也能增强团队间的沟通合作	户外探险（如攀岩、徒步）、领导力培训课程等，旨在锻炼学生的意志力及提高身体素质
跨学科主题	打破了单一学科界限，鼓励学生将所学应用于解决复杂问题当中。它要求学生能够灵活运用多方面知识进行思考分析	活动形式可能会设计一些综合性强的任务或项目，如科技创新大赛、模拟联合国会议等，以培养学生的综合能力和创新思维

综上所述，这些研学旅行类型的划分主要是基于它们各自侧重的知识领域（如自然科学、人文科学）、技能发展（如社会实践能力、个人成长）以及对学生综合素质提升的不同侧重点而设定的。

（一）自然科学主题

自然科学主题旨在培养学生掌握自然科学的基础知识和技能，包括生命科学、物理科学和地球科学等领域。通过该主题的学习，学生可以了解自然界的规律和现象，培养科学思维和探究能力，为未来的学习和工作奠定基础。

1. 子主题及其主要内容

自然科学主题下可以细分出生命探索、物理探秘、地球科学、生态观察、灾害教育、科技探索、能源与环保、环境守护八个子主题。

（1）生命探索：这个子主题旨在引导学生对生命进行深入探索，了解生命的起源、发展、多样性等。通过观察、实验和讨论，学生将学习到生物学的知识，包括细胞结构、生物分类、生态系统等。

（2）物理探秘：这个子主题主要关注物质的基本性质、能量转换等方面的知识。学生将学习到物理学的基本概念，如力、运动、能量等，并通过实验和案例分析，了解这些概念在日常生活和科技领域中的应用。

（3）地球科学：这个主题涵盖了圈层（地质学、大气科学、海洋学等）、表层（景观）、地球系统科学等领域，但在这个子主题中，我们将重点放在地球的构造和地质变化，以及地球表面直观体验上。例如，学生浸泡在大自然中，充分调用"五感"（视觉、听觉、触觉、嗅觉、味觉）对大自然进行观察、触摸、倾听，从大自然中发现问题、塑造充盈的内心世界，包括地质地貌景观（主要包括山脉、河流、湖泊、海岸、溶洞、瀑布、冰川等）、自然现象（海浪潮汐、日食月食、天际星空、日出日落、冰雪雨雾、花开叶落等）、自然资源（森林、草原、沙漠、海洋、土地、矿产等）、自然遗产（地质公园、湿地公园等）、自然类博物馆等研学旅行课程内容。

（4）生态观察：这个子主题注重培养学生对自然环境的观察和认知能力。通过实地考察、野外调查和实验，学生将了解生态系统的组成、食物链、物种间的相互作用等，从而培养他们的环保意识和生态素养。在我国迈向社会主义现代化强国的过程中，生态环境恶化是一个十分值得关注的问题，主要体现在水土流失、固体废物污染、大气污染、噪声污染、水污染等方面。生态环境教育可有效推动广大青年参与生态环境保护，投身生态环境建设中来，增强保护身边环境的意识，深化对学生的生态文明方面教育，做生态文明理念的积极传播者和模范践行者。

（5）灾害教育：这个子主题主要让学生了解各种自然灾害的成因、预防和应对措施。学生将学习到地震、洪水、台风等常见灾害的预防和应对方法，增强他们的安全意识和自救能力。灾害教育是指对中小学生进行灾难知识原理以及应对灾难能力的教育，以人的生命为逻辑起点，激发生命潜能，弘扬生命价值，主要包括生命理解教育、灾难常识教育、防灾技能教育、灾害道德教育等，以帮助学生具备灾难认知水平，在灾难来临时，能够具备自救甚至帮助他人的能力，从而尽可能减少灾难对学生及家庭、社会的危害。例如，防震、防洪、防台风等教育，汶川地震博物馆就是非常好的灾难教育研学基地，让体验者在真实还原的场景中亲历灾难现场，产生对生命的敬畏和求生欲望。

（6）科技探索：这个子主题结合了自然科学和技术领域的知识，旨在让学生了解现代科技的发展和应用。学生将学习到最新的科技研究成果，如基因编辑、人工智能等，并通过实践操作和项目设计，培养他们的创新意识和实践能力。

（7）能源与环保：这个子主题主要关注能源的开发、利用和环境保护。学生将学习到各种能源形式（如化石燃料、可再生能源等）的性质和优缺点，以及如何将这些能源应用于日常生活和工业生产，同时保持环境的可持续性。

（8）环境守护：这个子主题强调环保行动的重要性，培养学生从日常生活中做起，保护环境，节约资源。学生将学习到各种环保实践方法，如垃圾分类、节约用水、绿色出行等，并通过实践活动（如环保志愿者活动）培养他们的环保素养和社会责任感。

情境链接 ••••••••••••••••••••••••••••••••••••

一、地球科学主题

目标：鼓励学生通过观察和实验了解自然界的现象和规律。

活动内容：实地考察自然景观（如山川、湖泊、森林等），进行植物识别、动物追踪、岩石矿物采集等活动。还可以包括星空观测、天气记录等天文与气象学的学习。

学习成果：学生能够掌握基本的自然科学研究方法，如观察、分类、测量等技能；培养对大自然的好奇心和探索欲；理解人与自然之间的联系。

二、生态观察主题

目标：增强学生对生态系统运作机制的认识，并意识到环境保护的重要性。

活动内容：参观湿地公园、国家公园或保护区，参与生态监测项目（如水质监测、鸟类计数）。讨论不同生物在生态系统中的角色以及人类活动如何影响这些系统。

学习成果：了解生态系统的组成及功能；认识到物种多样性对于维持生态平衡的关键作用；激发保护自然资源的责任感。

三、灾害教育

目标：增强学生的安全意识，教会他们在面对自然灾害时应采取正确的应对措施。

活动内容：模拟地震逃生演练、洪水疏散演习等紧急情况处理训练。访问地质灾害博物馆或者消防站，听专业人士讲解防灾减灾知识。观看相关纪录片并进行小组讨论。

学习成果：掌握常见自然灾害的基本成因及其可能带来的危害；学会制订个人及家庭的安全计划；提升自我保护能力和社会责任感。

2. 自然科学主题研学目标

自然科学主题的研学目标从价值认同、实践内化、身心健康、责任担当四个维度展开，具体内容如表 4-2 所示。

表 4-2　自然科学主题研学目标

目标维度	具体内容
价值认同	欣赏祖国大好河山，树立爱护自然、保护生态的意识及对祖国大好河山的自豪感；学会生存生活，关注生态、关注生活世界，树立正确的生态意识、生命意识，感知人与自然和谐相处的理念
实践内化	能够在自然中探索发现问题、提出问题、分析问题和解决问题，增强自主获取知识的能力。及时对研究过程及研究结果进行审视反思，在实践中内化，培养批判质疑、勇于创新的科学精神
身心健康	在自然观赏中缓解学业紧张和压力，放松身心，提高审美情趣。提高自我保护和生存能力。形成灾难防护能力，坚定呵护生命、珍惜生命的意志，激发生命潜能，弘扬生命价值
责任担当	在集体研学生活中增强团队意识和互助精神，学会交流和分享研学成果和创意。在恶劣的生态环境中渗透可持续发展理念，倡导绿色的生活方式。掌握应对灾难的正确方法与科学措施，具备在灾难中的求生意志和救助自己、救助他人的技能

每个子主题都旨在通过实践性的学习体验让学生不仅能学到科学知识，还能发展批判性思维能力、团队合作精神以及其他重要的生活技能。在设计研学旅行课程时，可以根据实际情况将上述内容结合起来，提供更加全面而深入的学习经历。

（二）人文科学主题

中华大地幅员辽阔，《汉书·王吉传》书中有"十里不同风，百里不同俗"一说，现今中国共有 23 个省、5 个自治区、4 个直辖市、2 个特别行政区，有 56 个民族、14 亿中华儿女，风土人情千差万别，各地区都有着特色鲜明的民俗文化。人文科学主题的研学需要借助社会科学调查、考察、访谈等方法，依托城乡规划馆、科学研究机构、高等院校、民族聚居地等社会研学基地，重点感知改革开放以来我国社会发展所取得的成就，以及不同地区形成的各具特色的地域文化，探究当前我国转型发展的重大问题与发展战略。提升学生的文化自觉和文化自信，促进其主动适应社会，感受今之幸福生活来之不易，培育学生的家国情怀、世界眼光、社会责任感等素养[①]。

1. 子主题及其主要内容

基于中国地域辽阔、文化多样性的特点，可通过研学旅行来加深学生对国家历史文化的理解，并培养学生面对现代社会挑战所需的各种能力，人文科学研学旅行主题

---

① 郭锋涛，段玉山，周维国，袁书琪. 研学旅行课程标准（二）——课程结构、课程内容［J］. 地理教学，2019（6）：4-7.

可以分解为以下六个子主题：

（1）地域文化与民族多样性。

包括但不限于地域文化体验和民俗文化探究。例如，通过参观不同地区的特色建筑、民俗活动、手工艺品等，让学生亲身感受各地的地域文化，了解不同地区的风土人情；通过社会科学调查、考察、访谈等方法，深入探究各地区的民俗文化，了解其形成和发展过程，挖掘其中的历史和文化遗产。

（2）历史遗产与社会发展。

参观重要历史遗迹，了解从古代到近现代的历史变迁，考察改革开放以来的社会经济成就，探讨这些变化对中国乃至全球的影响。我们可以通过依托爱国主义教育基地、历史博物馆、历史文化遗迹、名人故居等开发研学旅行课程，通过实地参观、情感熏陶、沉浸体验等方式，增强学生对我国历史文化的自豪感和文化自信，培养其爱国主义精神。同时，参观当地城乡规划馆、展览馆，了解城市的发展变迁史，增强学生对家乡的热爱之情。

中华优秀传统文化是我们走向世界的根基。在浓厚的文化氛围中接受熏陶，可以更好地构筑中国精神、中国价值和中国力量。我们可以通过非物质文化遗产体验活动，亲身感受文化形成的过程，传承非遗文化。以文化为艺术载体，向学生传递文化所蕴含的情感、态度、精神。在研学旅行中，我们可以将地方性乡土真实情境作为切入点，让学生在系统的体验中理解脚下这片沃土，培养其家国情怀和文化自信。同时，引导学生赋予至今仍有借鉴价值的文化以新时代意义，通过新生代力量增强优秀传统文化的影响力和号召力。

（3）城乡对比与发展研究。

比较分析大城市与小城镇或农村地区的生活方式及发展状况，探讨城镇化过程中的挑战与机遇。例如，通过参观城乡规划馆、科学研究机构、高等院校等社会研学基地，让学生了解改革开放以来我国社会发展所取得的成就，感受祖国的发展和进步。

（4）当代社会问题与战略思考。

对当前面临的一些关键性社会议题进行深入调查；与相关领域的专家交流，探讨解决策略和发展方向；培养批判性思维能力和解决问题的能力。例如，结合当前我国转型发展的重大问题与发展战略（如人口老龄化、环境污染、人口分布特征、城乡空间布局合理性、城市化进程、区域产业的区位选择、区域可持续发展等），引导学生关注社会热点问题，培养他们的社会责任感和使命感。

（5）科技创新与未来展望。

参访高新技术企业和科研机构，了解最新的科技成果；思考科技如何影响人们的生活方式和社会结构；鼓励创新意识，激发对未来世界的好奇心。

（6）国际视野与跨文化交流。

尽管重点在于国内的文化探索，但也可以适当引入国际元素，比如与海外学生开展线上或线下的互动活动；促进学生之间的文化交流，增加对其他文化的认识和尊重；

每个子主题都旨在帮助学生增长知识，并培养他们的综合素养，包括但不限于文化自觉性、社会责任感以及适应全球化时代的技能。在设计具体的研学项目时，应结合实际情况灵活调整，确保活动既有趣又富有教育意义。

拓展阅读 •

云南十八怪

云南由于其独特的地理风貌、特殊的气候状况、多彩的民族风情、奇特的风俗习惯，产生了许多不同于其他地方的奇异现象，随着远来的游人、匆匆的过客们在这片神奇的土地上留下短暂的足迹并离开之后，他们耳闻目睹的那些奇闻异趣也逐渐流传开来，并每每被冠以"怪"字，也因而流传下"云南十八怪"等说法。

第一怪：鸡蛋用草串着买　　第二怪：粑粑饼子叫饵块

第三怪：三只蚊子炒盘菜　　第四怪：石头长到云天外

第五怪：摘下草帽当锅盖　　第六怪：四季衣服同穿戴

第七怪：种田能手多老太　　第八怪：竹筒能做水烟袋

第九怪：袖珍小马有能耐　　第十怪：蚂蚱能做下酒菜

第十一怪：四季都出好瓜菜　　第十二怪：好烟见抽不见卖

第十三怪：茅草畅销海内外　　第十四怪：火车没有汽车快

第十五怪：娃娃出门男人带　　第十六怪：山洞能跟仙境赛

第十七怪：过桥米线人人爱　　第十八怪：鲜花四季开不败

资料来源：https://baike.baidu.com/item/%E4%BA%91%E5%8D%97%E5%8D%81%E5%85%AB%E6%80%AA/124486

2. 人文科学主题研学目标

从价值认同、实践内化、身心健康、责任担当四个维度分别阐述，每个维度下的具体内容如表4-3所示。

表 4-3 人文科学类主题研学目标

目标维度	具体内容
价值认同	感受中国传统美德，增强对中华民族优秀文明成果的认同和自豪感，坚定文化自觉和文化自信。体验中国特色社会主义建设成就，激发爱党、爱国、爱家乡之情；具备家国情怀、世界眼光
实践内化	深入社会生活，在考察调研中形成搜集处理信息的能力、调查研究能力、方案设计能力、发现和解决问题的能力等，培养批判质疑、勇于创新的科学精神；在文化体验式教育中传承优秀文化
身心健康	体验社会文明建设，养成健康的行为习惯和生活方式。学会生活，提高生活质量和品位，提高审美情趣。在亲身体验考察的过程中，调动多种感官参与学习，加强人文科学素养的养成
责任担当	养成文明礼貌、宽和待人的品格以及积极参与和谐社会建设的意愿和能力。积极传承中华民族优秀文化、中华人文精神，提高自我认知感，树立远大的人生目标。主动适应社会，深化社会规则体验

（三）社会教育主题

社会教育是研学课程内容中不可或缺的一部分，个人的发展与社会的进步和国家紧密相连。政府出资建设的具有公益性、教育性的资源，如博物馆、展览馆、规划馆、公园、高校等，都是研学课程主题确定的重要来源。利用社会资源建设研学旅行课程资源库，可以最大限度地发挥社会教育资源的教育价值。

社会教育资源为研学旅行的实施提供了有利的客观条件，我们可以借助历史博物馆了解中国共产党的历史和光荣传统，理解并践行社会主义核心价值观，体悟个人成长与社会进步、国家发展和人类命运共同体的关系。通过建构社会资源课程资源库，我们可以促进社会资源转化为教育资源，进而转化为促进学生发展的课程资源。

1. 子主题及其主要内容

社会主题下可以细分出红色革命教育、科教、社区服务三个子主题。

（1）红色革命教育主题。

我们的革命先辈在开创新时代的过程中进行了不屈不挠的抗争，彰显出民族革命精神，留下了许多具有深刻意义的革命遗迹，这些宝贵的红色资源，可与研学旅行相结合。根据学生的年龄特点和教育培养重点，设计学生参观红色革命旅游景点，了解革命历史人物，感悟中国近代革命的历程，增强学生对国家的认同感。不同地区的红色革命事迹有所不同，在对主题选取时需侧重历史厚重感，主题鲜明且富有逻辑，能准确传达出历史人物或红色历史事件的精神，从红色革命历史中深刻领会革命精神，增强学生的"四个自信"，促进学生树立社会主义核心价值观。

（2）科教主题。

科技立则国立，科技强则国强。在研学活动中，科技在教育科研、智能制造、生态农林、非遗文化、产业升级等领域都涉及，在考察科技馆、天文馆、航空航天馆、气象观测站、大学实验室等的过程中，可以与科学家零距离接触且聆听大学教授的讲座，可以在气象天文科普馆中体验天空下雨的过程，也可以到工业 4.0 智能装备实验室学习工业自动化生产线知识，每个区域的"科技＋"研学主题各有特色，应推动科技赋能，凸显研学旅行课程与时俱进。

（3）社区服务主题。

社会教育资源类型多样，包括养老院、敬老院、社区居委会、志愿服务机构等，促使学生深入生活，开展社区服务活动，自主参加公益活动，进一步培养和提高"积极奉献、乐于助人、自我管理，自我教育"能力。积极参加社会公益活动，"有困难找志愿者，有时间做志愿者"，回馈自己成长的环境。这些社会服务活动既可以帮助他人，又可以让学生了解社会，这样的人生经验会对他们的未来选择产生潜移默化的影响，有助于提升学生的人生价值。

2. 社会教育主题研学目标

社会教育主题的研学目标从价值认同、实践内化、身心健康、责任担当四个维度分别阐述，每个维度下的具体内容如表 4-4 所示。

表 4-4　社会教育类主题研学目标

目标维度	具体内容
价值认同	了解中国共产党的历史和光荣传统，理解、接受并践行社会主义核心价值观，形成国家意识、文化自信和拥护党的意识和行动。体悟个人成长与社会进步、国家发展和人类命运共同体的关系
实践内化	在爱国主义教育系列实践活动中，发现国家发展的变化，深刻学习革命精神，践行热爱祖国，与祖国共奋进。在社会服务中将理论与实践结合，在实践中内化所学理论
身心健康	从国家、社会、个人三个层面正确认识社会主义核心价值观，深刻理解个人在国家与社会中的地位与意义，树立远大理想，实现人生价值。通过社会活动实现互相体认，调整自己来积极适应社会
责任担当	养成规则与法治意识，明辨是非。传承革命精神和民族精神，培养学生的民族认同感。热心参与社区服务与社会实践活动，增强社会责任意识和法治观念，理解并践行社会公德，提高社会服务能力

（四）自我拓展主题

自我拓展是指学生在原有水平的基础上，通过亲身体验探索新知，对原有的知识体系进行完善，弥补知识和生活经验空缺，更重要的是在这个过程中学生亲身经历困难或挫折，历练心智，培养坚忍不拔、吃苦耐劳的精神，不仅能激发学生的学习潜能，而且能培养学生团结协作的能力。自我拓展研学旅行可以提高学生对各类职业的认识和对社会的了解，对学生职业生涯规划有效引导，从而助力学生职业生涯发展规划的实施。

1. 子主题及其主要内容

自我拓展主题下可以细分出体能拓展、体验考察、国防教育三个子主题。

（1）体能拓展主题。

全面推进素质教育："德、智、体、美、劳"，其中"体"不可忽视，如日常在体育场馆的锻炼。研学活动设计中，最简单且最能锻炼学生体能的方式是"徒步"研学，也可以到野外去，在具备安全保障的基础上训练体能，开展军事训练、定向越野、攀岩、登山、野外餐食、篝火晚会等具有挑战性的项目，通过拓展训练更好地启发孩子们的想象力和创造力，增强团队意识，提高与人沟通的能力，学生可以习得一些野外生存和急救的技能，培养学生在恶劣环境下的生存能力，锻炼他们的意志品质，以体能活动为撬点，促进孩子全面而个性的发展。

（2）体验考察主题。

向学生提供一种真实的情境，让学生在真实情境中观察、调查、考察、动手操作某种事物，给学生带来不同于以往的亲身体验，使学生对所学的知识或技能印象深刻，增加学生的直接经验。依托各种现代农业基地、生态农庄、工业生产制作基地、传统艺术创作及工艺制作基地、综合实践基地、研学基地和营地、野外科学考察区等开发研学旅行课程内容。此类研学活动不仅可以丰富学生的知识、开阔视野、体验课堂以外的生活，而且还能极大程度地培养学生的地理实践能力，落实劳动教育。

（3）国防教育主题。

开展国防研学可以增强学生的国防观念及爱国主义意识，使学生形成科学的世界观、价值观和科学道德，培养学生自强不息、百折不挠的民族性格。依托国防教育可以基于国家安全教育基地、海洋意识教育基地、科技馆、高等院校等向公众开放的机构开展研学，充分发挥实验室和重大科技基地的研学功能。可开展抗日英雄故事演讲、少年英雄事迹话剧表演、武器模型制作、越野攀登等活动，也可开展消防员、工程师、实验员等职业体验活动，促进学生思维的科学性和品格的磨砺性同步提升，从而激发立志投身国防科技事业的热情。

2. 自我拓展主题的研学目标

自我拓展主题的研学目标从价值认同、实践内化、身心健康、责任担当四个维度分别阐述，每个维度下的具体内容如表 4-5 所示。

表 4-5　自我拓展类主题研学目标

目标维度	具体内容
价值认同	明确自我意识，知道强健体魄对自身发展的重要性，具有坚韧不拔、艰苦奋斗的精神。感受各个社会角色的不易，增强社会责任感。维护国家安全，时刻保持忧患意识，振奋民族精神
实践内化	适应集体生活、积极参与集体研学，能够提炼实践经验，整理、总结和展示研学成果，并从中获得成就感，养成动脑探索、动手实践，以及与人合作、师生互动的习惯

续表

目标维度	具体内容
身心健康	通过体能拓展磨练体魄和意志，培养吃苦耐劳的精神和抗挫能力，培养艰苦奋斗的精神、坚韧乐观的心态和良好的心理素质。养成健康的生活方式和积极的生活态度，与祖国的发展共命运
责任担当	自尊自律，强健体魄，体会每种社会角色的重要性，培养社会责任感以及积极履行公民义务的意识和能力，培养集体主义和勇于担当的精神。坚守国家安全，时刻保持忧患意识和危机意识

（五）跨学科主题

1. 含义和内容

跨学科研学旅行课程是一种将不同学科的知识和技能融合在一起，通过实地考察、体验学习等方式来促进学生综合能力发展的教育模式。这种课程设计旨在打破传统学科之间的壁垒，让学生能够在真实的情境中，将不同的知识领域融合在一起，让学生在实践中学习和理解，从而加深理解并激发学习兴趣。这种课程的目标是培养学生的综合素质，包括团队协作能力、创新思维能力、实践能力以及终身学习的能力。

课程内容包括但不限于实地考察、项目研究、角色扮演、实验操作等。学生可以通过亲身体验，从不同学科的角度观察和思考问题，培养他们的多维度思考能力。此外，这种课程还能增强学生的团队合作能力，培养他们的领导力和沟通能力。

以下是两个跨学科研学旅行课程的实例。

2. 案例 A 环保科技之旅

课程目标：通过实地考察和项目研究，让学生了解环保科技的发展和应用，培养他们的环保意识和科技素养。

课程内容：

（1）实地考察：学生参观当地的环保科技企业，了解环保科技的发展现状和未来趋势。

（2）项目研究：学生分组进行环保科技项目研究，如垃圾分类处理、太阳能发电、水处理技术等，从不同学科的角度进行研究和讨论。

（3）角色扮演：学生模拟环保科技企业的工作场景，进行角色扮演和团队合作，培养他们的团队协作能力和领导力。

这个课程将科学、技术、工程、数学等多个学科融合在一起，让学生在实践中学习和理解环保科技，培养他们的环保意识和科技素养，为未来的可持续发展做出贡献。

3. 案例 B 黄河文化与环境保护研学之旅

【背景介绍】黄河是中国的母亲河之一，拥有丰富的自然景观和深厚的文化底蕴。

然而，近年来由于过度开发等原因，黄河流域面临着严重的环境问题。本研学旅行旨在让学生了解黄河的历史文化价值，同时认识到环境保护的重要性，并探索可持续发展的解决方案。

【主要理念】

综合性：结合历史、地理、生态学等多个学科的知识。

实践性：通过实地考察、调研等方式促进学生主动学习。

探究性：鼓励学生发现问题并寻找解决方法。

合作性：团队合作完成任务，增强沟通协调能力。

【活动内容】

（1）历史文化探访：参观黄河沿岸的历史遗迹，如龙门石窟等，了解古代文明的发展历程；与当地居民交流，听他们讲述关于黄河的故事，体验传统生活方式。

（2）生态环境研究：进行水质监测实验，分析污染程度及其成因；观察河流生态系统中的生物多样性，记录不同种类的植物和动物。

（3）环保意识培养：组织清洁活动，清理岸边垃圾，讨论减少塑料使用的方法；设计宣传活动，制作海报或小册子来提高公众对保护母亲河的认识。

（4）创新方案设计：分组讨论，针对当前存在的环境问题提出可行的改善建议；制作模型或演示文稿展示小组的想法，并进行互评。

【研学目标】

基于"黄河文化与环境保护研学之旅"的实例，我们从价值认同、实践内化、身心健康、责任担当这四个维度来详细阐述研学目标的具体内容。

（1）价值认同。

文化自豪感：通过探访黄河沿岸的历史遗迹和了解相关的故事传说，增强学生对中国悠久历史文化的认识，培养对中华文明的自豪感。

环境保护意识：在实地考察中认识到环境问题的严重性，形成尊重自然、爱护环境的价值观。

可持续发展观念：理解人类活动与自然环境之间的关系，树立人与自然和谐共处的理念，支持绿色低碳的生活方式。

（2）实践内化。

知识应用能力：将课堂上学到的历史、地理、生物等学科的知识应用于实际情境中，如通过水质检测实验验证理论知识。

科学研究方法：学习并掌握基本的科研技能，如如何设计调查问卷、如何进行数据收集与分析等。

解决问题技巧：面对具体环境问题时能够提出创新性的解决方案，并通过团队合作完成项目任务。

（3）身心健康。

身体锻炼：参与户外清洁活动及远足探险等活动，不仅可以让学生接触大自然，还能起到锻炼身体的效果。

心理调适：通过与同伴间的交流互动以及与当地居民的沟通，学会调整情绪状态，提高人际交往能力。

情感体验：感受自然之美带来的愉悦心情，同时通过对文化遗产的学习增加个人的文化底蕴，促进心灵成长。

（4）责任担当。

社会责任感：意识到每个人的行为都可能对环境造成影响，从而主动参与到保护环境的行动中去。

公民意识：理解作为社会成员应当承担的责任，积极参与公共事务讨论，为建设美好家园贡献力量。

领导力培养：在小组活动中担任不同角色（如组长、记录员等），锻炼组织协调能力和领导才能，学会带领团队共同达成目标。

通过上述四个维度的目标设定，"黄河文化与环境保护研学之旅"旨在全面培养学生各方面的能力，使他们在增长见识的同时也成长为有责任感、有担当的新时代青年。这样的研学旅行不仅是一次简单的旅行经历，更是一次深刻的教育过程。

总的来说，跨学科研学旅行课程旨在通过实践和体验，让学生从多学科的角度理解和解决问题，培养他们的综合素质，为未来的学习和职业生涯做好准备。

二、研学旅行课程主题设计的核心要素

（一）教育性与综合性

以中小学生的个人发展需求为中心，设计具有吸引力且富有教育意义的主题，旨在调动学生参与研学活动的积极性和主动性。这不仅有助于学生获取知识，还能够培养他们的创新思维、批判性思考以及解决实际问题的能力。

强调跨学科融合，打破传统单一学科界限，通过综合性的学习内容促进学生多角度理解和掌握知识，同时鼓励学生在不同领域之间建立联系，实现全面发展。

（二）开放性与时效性

提供多样化的学习路径和解决方案，允许学生根据自己的兴趣、能力和生活经验选择适合的学习方式，激发其探索未知领域的热情，并通过自主探索获得成就感。

随着时代的发展变化，研学旅行课程主题应不断更新，紧跟国家乃至全球社会经济的发展步伐，确保教学内容贴近现实，帮助学生为将来面临的挑战做好准备。

（三）层次性与因地制宜性

根据学生的年龄阶段设定研学活动的空间范围和内容深度，小学阶段侧重乡土乡情，初中阶段关注县情市情，而高中阶段则扩展到省情国情，逐步增加活动的复杂性和挑战性。

深入挖掘本地自然环境、历史文化和社会经济等特色资源，设计符合当地实际情况的研学项目，让学生更好地了解自己生长的土地，增强地方归属感及文化认同感。

（四）休闲性与自然性

重视休闲教育的价值，通过研学旅行帮助学生学会科学合理地安排闲暇时间，享受丰富多彩的生活体验，进而提升生活满意度和个人幸福感。

结合中国悠久的自然主义教育传统，强调与自然界的亲密接触，引导学生观察自然现象、认识生态规律，树立环境保护意识，成为未来社会负责任的公民。

（五）生活性与实践性

教育不应局限于教室之内，而是要面向广阔的社会生活，让学生从日常生活中的各种场景中汲取营养，提高其社会实践能力。

突出学生的亲身参与和沉浸式体验，在真实情境中进行探究、实验、制作等活动，使学生能够在实践中发现问题、分析问题并解决问题，从而加深对所学知识的理解和应用。

三、研学旅行的主题与专题

研学旅行是一种结合了教育和旅游的活动，它旨在通过实地考察、体验学习等方式让学生在游玩中增长知识、开阔视野。在设计研学旅行时，确定主题和专题都是非常重要的步骤。以下来探讨研学旅行中"主题"与"专题"的异同以及它们之间的关系、研学旅行主题生成专题的方法，以及主题命名方法。

（一）研学旅行的主题与专题的关系

1. 相同点

目的性：无论是主题还是专题，都是为了围绕特定的目标或内容展开活动设计，帮助参与者达到一定的学习目标。

指导作用：两者都对整个研学旅行的设计具有导向作用，能够帮助组织者明确方向，为后续的具体安排提供依据。

整合资源：基于主题或专题的选择，可以有效地整合相关的教育资源（如博物馆、科技馆等）和人力资源（如专家讲座），以增强研学旅行的效果。

2. 不同点

范围不同：主题通常指的是一个更加广泛的概念或领域，如历史文化、自然科学探索等。它可以作为一次研学旅行的整体框架，覆盖多个方面。专题则更侧重于某一具体的知识点或者技能训练，它是针对某个特定话题深入研究的部分。例如，在历史文化这一大主题下，可能会有"古代建筑艺术"这样的专题。

深度差异：主题往往给出的是一个宏观上的指引，对于实际操作层面来说相对较为笼统；而专题则是从主题出发进一步细化得到的结果，更加聚焦具体内容的学习与探究。

3. 关系

在很多情况下，一个大的研学旅行项目会首先确立一个或几个主要的主题，然后根据这些主题再细分出不同的专题进行深入挖掘。这样既保证了活动内容的丰富多样，又能确保每个小单元都能达到良好的教学效果。有时也可以先确定一些感兴趣的专题，然后再反推适合包含这些专题的大主题是什么样的。这种方法适用于那些希望通过特定知识点的学习来达到某种教育目的的情况。

总之，主题和专题之间存在紧密联系又有所区别的关系。合理地利用好这两者，将有助于更好地规划和实施有意义的研学旅行活动。

（二）研学旅行的主题生成专题的方法

研学旅行课程主题选题方法主要有整合学科资源法、融合学校活动法、教育目标达成法、发掘社区资源法、运用社会热点法、生活与职业体验法、指导师经验提炼法、学生自主选题法等几种。

1. 整合学科资源法

整合学科资源法通过将多学科内容围绕一个主题统整，有效促进了学生的综合能力和多元智能发展。研学旅行课程采用这种方法，打破传统学科界限，设计综合性、开放性和多样性的活动，旨在让学生不仅掌握知识，更学会应用，同时注重品德和能力的全面提升。

2. 融合学校活动法

《中小学德育工作指南》强调设计主题明确、内容丰富、形式多样的教育活动，以积极的价值导向和激励促进学生品德和行为习惯的养成。研学旅行课程可以通过结合节日纪念日、植树节、劳动节等校园德育主题活动，拓宽学校德育的途径，丰富研学旅行的课程内容，进一步完善和发展学生的德育工作。

3. 教育目标达成法

立德树人、学生发展核心素养等是对当前我国教育目标的精练描述。核心素养是一种跨界素养，学生核心素养的发展是多维度的，涉及人文、科学、生活、实践等多方面因素。培育学生核心素养，无论是学校课堂教学还是社会实践活动，在实施过程中都需要设立明确的主题，或者围绕教育目标遴选研学旅行课程课题。教育目标的达成是一个综合、实践的过程，弘扬爱国主义精神，是研学旅行的核心使命，也是研学旅行的主题。尊重和传承中华民族悠久的历史和深厚的文化底蕴，是培育爱国主义情感、厚植家国情怀的重要条件。在以爱国主义为核心的研学旅行主题引领下，其要义可以是家国天下、人文特色、教育理想等。

4. 发掘社区资源法

社区资源是学生学习生活的场所，他们对社区既熟悉又陌生，熟悉是指天天接触，陌生是指对于身边的社区类型、运作及服务功能缺乏全面系统的了解和接触，不仅仅是学生，指导师也同样面临这些问题。为此，指导师可以充分发挥和利用这些资源开展丰富多样的研学旅行课程，其主题也需要根据社区资源的特点进行选择和组织。将区域特色文化有机融入活动教学，可以突出活动的教育目的和学生的成长指向，让学生在各种活动中感受文化魅力，在文化熏陶中增强人文素养。因地制宜发掘社区教育资源，是遴选课程主题的好方法。红色教育基地、中华传统文化、古代著名工程、民居民俗、科普场馆、博物馆、艺术馆、非遗馆、传统农业和工矿企业、各类高校及科研院所、实验室等身边的社区资源均可以遴选出合适的研学旅行课程主题，社区资源也是研学旅行课程的主要主题来源。

5. 运用社会热点法

研学旅行的一项重要内容是让学生感受祖国大好河山，感受日新月异的科技给人们生活带来的变化，从而增强学生的国家认同感。高速铁路刚刚运行时，可以及时选取和挖掘社会热点资源——乘坐高铁，感受祖国科技的飞速发展。

研学旅行可以将文化熏陶与知识能力的发展有机结合起来，在实施过程中面向全体学生，遵循教育规律，注重知识性、科学性、文化性及趣味性，研学旅行让学生有机会走出教室、走进自然，在此过程中，指导师应精心设计、妥善安排，将自然文化、社会文化与学校文化融合起来，充分挖掘文化的内隐性和旅行的趣味性，让学生素养在轻松愉悦的文化氛围中得到发展，使学生可以感受、吸收社会热点和时代最新进展，亲身体验社会、时代对于人才的需要，以利于教育目标的实践达成。

6. 指导师经验提炼法

研学旅行主题设计过程中，不仅应当充分发挥学生的自主性，还要重视指导师的经历、爱好和特长。指导师在设计活动主题时，可以从个人的经验出发，并且与自身的兴趣和爱好相结合。使用含有指导师个人经验的主题时，指导师对于要开展活动的内容相对比较熟悉，同时由于指导师对自己和学生的知识、能力及兴趣方向等比较了解，这样设计出来的主题活动在实施时会更有保证。如果指导师能够结合业余爱好和兴趣设计活动主题，那么在开展活动时指导师将会更加积极、热情地投入活动之中，并且通过自己的热情激发学生的兴趣，使活动能够持续开展。同时从指导师兴趣出发指导学生开展活动，也有利于指导师发挥自身的特长和潜力，使活动的效果更加理想。

7. 学生自主选题法

研学旅行主题设计过程中，指导师也可以发动学生独立自主地发现和寻找问题，然后师生共同来筛选问题，把问题转化成活动主题。指导师通过创设情境，激发学生的创造性思维，引导和启发学生从多方面发现和寻找研究课题，鼓励学生在自己所处的自然、社会和生活环境中留心观察、用心体会、细心辨析，探寻自己感兴趣的问题或课题，并将问题及时记录下来，再经过讨论转化为研学旅行的主题。譬如，学科教学所涉及的与实践有关或学生非常感兴趣且想进一步了解的内容，学生个人生活和学习中遇到的问题，学校、家庭、社区生活中学生感兴趣的现象，科技与社会热点问题等，都可以作为研学旅行课程的主题来选择。对于自己选择的主题活动，学生参与的积极性和效果自然是不言而喻的。

课程主题的选题方法多种多样，这就需要指导师、学校、研学基地、研学营地等机构或部门根据资源的实际情况和本部门、本单位的实际情况统筹考虑，选取可行性强、具有教育价值和意义的课程主题。

（三）课程旅行的主题命名

研学旅行课程最先映入师生眼帘的是标题，也就是课程主题的名字。研学旅行课程名称的选取是一个"取名"过程，也是内容提炼过程，名称的选取一定要聚焦研学内容，要和研学旅行课程的设计息息相关。在名称设计和选取时要坚持内容为王，即"名副其实"。一个好的主题名称就是一个好的教育素材。郑板桥曾说过："题高则诗高，题矮则诗矮，不可不慎也。"

1. 基本要求

准确规范、简洁醒目、新颖有趣、贴近实际是主题命名的四个基本要求。

（1）准确规范。

①课程名称要内容准确，表述规范，"有其名必有其实，名为实之宾也"；

②课程名称的外延必须与正文一致，即要做到课程主题名称将研学旅行课程研究核心内容交代清楚，与研学目标相吻合；

③课程名称的内涵不能太大，也不能太小，要把研学内容准确地表达清楚；

④课程名称不能用口号式、结论式、疑问式句型，而应以陈述式句型表述；

⑤课程名称表述不能含糊笼统，应尽可能突出主题的研学内容和核心概念；

⑥课程名称不能出现并列式、对仗式词组，能不要的文字尽量删掉。

（2）简洁醒目。

标题是一个"语句"，简洁是其显著特点。《现代汉语词典》对标题的解释是"标明文章、作品等内容的简短语句"。标题要做到简洁醒目，请注意以下几点：课程名称长度不要超过20字；课程名称要新颖独特，富有新意；课程名称宜简不宜繁，宜短不宜长，尽量避免概念化语言，多用形象化、具体化语言；课程名称表述方式要符合阅读习惯，避免晦涩的学究语言。

（3）新颖有趣。

创新是推动事物发展的重要力量，新颖生动、不落俗套的课题名称往往更能引起学习兴趣。新颖让人难忘，但不能哗众取宠；有趣就有吸引力，但不能为了有趣而偏离研学目标。

（4）贴近实际。

课程名称要贴近学生的生活实际，适合学生的年龄特征。研学旅行课程在小学、中学都要开设，因此需要充分考虑到学生的年龄和身心特点，小学生更适合趣味性、生活化的标题，初中生更需要新颖、有挑战性的标题，高中生更适合思考性强一些的标题。这就需要根据不同的学情和研学内容特点选择适合的标题。

2. 基本步骤

研学旅行课程方案是研学旅行活动的重要行动指南，直接决定着研学旅行课程线路的设计和研学资源的选择。研学旅行的主题、内容及环节设置，目的地选择，甚至人员配备、服务支撑等，均要以研学旅行课程方案为基础并在其指导下进行。一个好的主题会让研学旅行课程方案富有吸引力和导向性，命名的过程就是对研学课程内容的提炼过程。

（1）明确教育目标。

教育目标是遴选课程内容、设计研学课程方案的依据，也是课程主题设计的首要考虑因素，有针对性地拟定教育目标是做好研学旅行工作的第一步。教育目标需要明确而具体，尽量保证可行性，不能大而全，过于空泛。譬如，结合学校德育教育目标开展的红色革命历史教育、劳动教育、感受中华传统美德教育等目标就较为明确。反之，诸如培养学生创新精神、实践能力，让学生热爱大自然等就相对空泛，不适合作为教育目标。

（2）遴选关键词。

根据教育目标遴选研学内容、设计研学活动是为了突出研学旅行课程主题，为此需要从课程内容、活动组织方式等方面选取关键词，或者凝练主题内涵来进行创新，从而选取列入标题的相关内容。如果选用的是教育部推荐的活动主题，也需要针对推荐主题的聚焦内容提取关键词或者凝练研学内涵并加以创新。

（3）选择表述方式。

如前所述的文学手法、对比手法、辩证法、抽取法等，都能让主题名称具有可读性，且充分体现课程的主旨及教育目标。

（4）锤炼标题文字。

用压缩标题的内容、删除标题中多余的字词、改变标题的叙述方式、适当采用简称等方式反复推敲和锤炼标题，可以让课程主题变得准确、简洁、新颖，从而适合参与研学的学生和对象群体。

（5）确定课程主题名称。

经过上述程序之后，就可以把拟定的课程主题名称交给研学旅行课程设计师资团队商议了，如无异议，便可确定下来。如有异议，再次根据以上步骤思考，直至被师资团队认可。

我们常说"功夫在诗外"，研学旅行课程主题的命名更是如此，一个好的课程主题还需要一个好的主题名称来呈现。最关键的还是研学旅行课程主题的选定与明确。

（四）研学旅行主题与专题赏析

1. 研学旅行主题赏析

主题名："皖皖不类卿——皖流风华，皖异缤纷，皖美如画"

这个主题明显是围绕安徽省的文化、历史和自然风光来设计的，达到了准确规范、简洁醒目、贴近实际的基本要求。也可以猜想到，作者创作题目时，尽量明确教育目标、遴选关键词、选择表述方式、锤炼标题文字、做到新颖有趣，所以，最终让受众听起来的确是一个富有诗意且具有地方特色的主题。下面是对该主题的一些具体的评价和建议：

（1）优点。

地域特色：主题明确指向了安徽（简称"皖"），突出了地域文化的特点。

文化内涵："皖流风华"暗示了对安徽历史文化的研究；"皖异缤纷"可能指的是安徽多样的民俗文化和非物质文化遗产；"皖美如画"则强调了安徽美丽的自然景观。

语言美感：整个主题用词优美，读起来朗朗上口，容易给人留下深刻印象。

（2）可能的改进点。

清晰度：对于初次接触的人来说，"皖皖不类卿"这部分可能会让人感到有些晦涩难懂。可以考虑是否需要进一步解释或简化，以确保所有参与者都能快速理解主题的核心意义。

目标群体：确定这一主题的目标受众是非常重要的。如果是面向中小学生，可能需要更加直观易懂的语言；如果是针对成年人或有特定兴趣爱好的人群，则可以保留一定的文学性和深度。

具体性：虽然主题富有诗意，但可能缺乏具体的活动指导。在策划研学活动时，应该进一步细化每一部分的具体内容，如将"皖流风华"转化为对徽州古建筑的学习、"皖异缤纷"与当地手工艺体验相结合等。

2. 尝试修改

基于对原始主题"皖皖不类卿——皖流风华，皖异缤纷，皖美如画"的分析，以及希望保持一定的文学美感和直观性，我来研究一个新的主题名，并分析如下：

新主题名："徽韵探幽 —— 皖地风华，文化与自然的交响"

（1）主题解析。

徽韵探幽：这个短语既保留了安徽（简称"皖"，也称"徽"）的文化特色，又传达了一种探索和发现的精神。"徽韵"指的是安徽独特的文化韵味，而"探幽"则表达了深入探寻、发现未知的意味。

皖地风华：强调了安徽这片土地上的历史风华和文化遗产。

文化与自然的交响：将文化和自然风光结合起来，形象地比喻为一场美妙的交响乐，既有文化的深度，又有自然的美丽。

（2）优点。

清晰度：新主题更加直观易懂，能够快速传达研学旅行的核心内容。

吸引力：富有诗意的语言能够激发参与者的好奇心与兴趣。

全面性：涵盖了文化、历史和自然三个方面，适合综合性的研学活动。

互动性：使用"探幽"一词，鼓励参与者主动探索和体验，增加互动性和参与感。

（3）适用场景。

历史文化探访：参观徽州古村落、徽派建筑、博物馆等，了解安徽的历史文化。

自然风光游览：游览黄山、九华山、巢湖等自然景观，感受安徽的自然之美。

非物质文化遗产体验：参与制作宣纸、徽墨、歙砚等传统工艺品，体验非遗文化。

生态教育：进行生态保护教育，学习当地的生物多样性及环境保护知识。

这个新的主题名称不仅简洁明了，而且富有文化底蕴，能够很好地概括研学旅行的主要内容，并且易于理解和记忆。

3. 研学旅行专题设计

根据上述主题，我们可以提炼出安徽丰富的文化、历史和自然风光的核心要素，并尝试创造一组既简洁又富有吸引力的子主题名，也就是专题名。每个专题都有其侧重点，可以根据具体的研学内容和目标受众来选择最合适的专题名称（表4-6）。

表4-6 "徽韵探幽——皖地风华，文化与自然的交响"之专题简介

专题（子主题）	简介
1. 徽韵风采——文化之旅，自然之美	直接点出了安徽的文化（徽韵）和自然风光（自然之美），简洁明了
2. 皖地探秘——古今交融，多彩安徽	强调探索安徽的古今文化以及多元化的特色，适合综合性的研学旅行
3. 江淮画卷——人文与自然的交响	江淮指的是长江与淮河之间的地区，这个主题突出了安徽作为江南水乡的独特魅力
4. 徽州印象——历史足迹，山水诗篇	针对徽州地区的研学旅行，强调历史文化遗产和美丽的自然景观
5. 安徽之魅——从古至今，多彩多姿	以"魅力"为核心，涵盖了安徽从古代到现代的各种文化和自然特色
6. 徽墨丹青——传统与现代的对话	结合安徽著名的文房四宝之一"徽墨"，寓意着传统文化与现代生活的交融
7. 皖梦奇缘——寻找历史的印记	带有一点梦幻色彩的主题，鼓励学生去发现并体验安徽的历史遗迹和文化故事

第二节　研学旅行课程目标设计

☞【学习目标】

1.学会根据《研学旅行课程标准》的要求，结合不同学段的特点，设计具体且可操作的研学目标。

2.能够识别并避免研学目标设计的常见误区；学会应用 ABCD 模式编写研学目标。

3.理解研学课程目标设计的策略和方法，确保目标的综合性、实践性和精准性。

☞【关键词】

研学目标　课程设计　核心素养　ABCD 模式　学段目标　设计原则

☞【问题引导】

1.研学旅行课程目标设计的重要性和基本原则是什么？

2.什么是系统性原则、针对性原则和发展性原则？它们在研学目标设计中如何体现？

3.《研学旅行课程标准》对研学目标有哪些具体要求？

4.研学目标设计的主要依据是什么？

5.研学目标设计中常见的误区有哪些？如何避免这些误区？

6.什么是 ABCD 模式，它的四个要素分别是什么？举例说明如何使用 ABCD 模式来编写一个具体的研学目标。

7.研学课程目标设计的策略和方法有哪些？

　　研学目标是研学旅行活动预期要达到的行为或结果，是研学旅行活动开展的出发点和归宿点，并贯穿于整个研学旅行过程中，起着提纲挈领的重要作用[1]。不仅如

---

[1]　宋世云，刘晓宇.中小学研学旅行课程建构的基本要素［J］.教学与管理，2020（31）：36-38.

此，研学目标还是研学活动的方向，对研学内容、研学资源和研学线路等选择起着指导作用。研学内容的确立、研学资源的选用、研学线路的设计，都是为了达到研学目标而服务[①]。当前，我国研学旅行要实现的根本目标是立德树人、提升学生的综合素质。以下从"《研学旅行课程标准》中对研学目标的要求""研学目标设计的依据和原则""常见的研学目标设计误区"以及"研学目标设计的策略和方法"四个方面对研学目标设计进行阐述。

一、研学课程总目标的设计要求

《研学旅行课程标准》规定了研学旅行课程的总目标，即通过亲近和探究自然、接触和融入社会、关注和反省自我以及体验和感受集体生活，培养中小学生的价值认同、实践内化、身心健康和责任担当等意识与能力。[②] 基于这一总目标，课程标准进一步细化了四个维度（价值认同、实践内化、身心健康、责任担当），并根据不同学段的特点制定了具体的目标和要求，以确保学生在研学旅行过程中能够达成预期的学习成果。具体来说，小学阶段以感受性、体验性目标为主，弱化知识性目标。学生可以在校外的真实情境中，感受大自然的美好，体验获取知识和技能的乐趣；初中阶段以理解性、探究性目标为主。学生可以在研学旅行过程中习得知识，理解现象背后的原理和规律，开展多种探究活动。高中阶段则以实践性、应用性目标为主。学生要在复杂的校外真实情境中开展实践，将课堂中所学习到的一些基础知识、基本理论，运用到现实情境中来，能够解释和分析现实问题，并能通过自然考察和社会调查等发现问题、解决问题，增强高阶思维能力。

二、研学课程目标设计的依据与原则

（一）研学课程目标设计的依据

泰勒（Taylor）指出，目标的制定应基于五个主要信息来源：对学习者本身的研究、对当代校外生活的研究、学科专家对目标的建议、哲学视角下的目标选择以及学

[①] 李岑虎.研学旅行课程设计［M］.北京：旅游教育出版社，2020.

[②] 段玉山，袁书琪，郭锋涛，周维国.研学旅行课程标准（一）——前言、课程性质与定位、课程基本理念、课程目标［J］.地理教学，2019（5）：4-7.

习心理学的选择。[①]其中，学习者的需要、学科的发展和当代社会生活的需求是最重要的三个来源，并且这些观点在教育目标研究领域已经得到了广泛的认可。研学旅行的目标设计也应该从这三个方面出发，尽可能全面地考虑到各方需求。

学生个体发展的需求。学习者作为"完整的人"的身心发展需要，即学生的人格发展需要[②]。这种需要是学习者目前的发展现状与未来预期状态之间的差距，随着旧的需求的达成，又会产生新的需求，学习者的需求会一直处于发展变化中。泰勒认为，确定学习者的需要一是要了解学生的现状，二是将学生的现状与公认的理想常模做比较[③]，现状与常模之间的差距即学生的发展需求。而常模的确定则往往是由"教育专家"或"学科教师"根据自己的教育价值观与信仰做出的判断。但随着人们对学生个性化发展需求的认识不断加深，这种无视学生个性差异的做法一直饱受后人诟病。

社会发展的需求。教育目标的设定必须把新时代对"培养什么人、怎样培养人"的要求作为一项基本依据，这是社会发展对教育提出的要求，既包含了社会生活在当下的现实需要，还囊括了随着社会生活变迁而不断发展的未来需要。当前，我们全面深入推进素质教育的根本目的，除让青少年掌握更多的科学文化知识和基本技能实践外，更重要的是把他们培养成能为社会主义现代化建设服务的德才兼备的栋梁之材[④]。在这一时代背景下，研学旅行首先也必须以"立德树人"作为根本任务，促进学生理解和践行社会主义核心价值观，激发学生对党、国家、人民的热爱之情，着力提高他们的社会责任感，培养他们成为德、智、体、美全面发展的社会主义建设者和接班人。

学科发展的需求。学科知识即学科的逻辑体系，包括学科的基本概念和基本原理、学科的探究方式、该学科与相关学科的关系等[⑤]。一方面，学科知识是人类历史文化发展过程中长期积累下来的宝贵遗产，需要得到传承和发扬；另一方面，学科知识中蕴含了大量的在社会生活中必备的基本常识、基本技能，并且通过学科知识的学习还能锻炼学生的各项能力。因而，学科知识及学科的发展通常被作为教育目标的基本来源之一。在当代社会背景下，知识仍然是学生在学校教育中应掌握的主要内容。研学旅行课程既然已经被纳入教育计划，那就必须发挥学校教育的作用，助力培育学生的科学文化知识，促进学科的发展。

---

① ［美］拉尔夫·泰勒.课程与教学的基本原理［M］.罗康，张阅，译.北京：中国轻工业出版社，2016.
② 张华.课程与教学论［M］.上海：上海教育出版社，2000.
③ ［美］拉尔夫·泰勒.课程与教学的基本原理［M］.罗康，张阅，译.北京：中国轻工业出版社，2016.
④ 柯政，等.从整齐划一到多样选择［M］.上海：华东师范大学出版社，2018.
⑤ 张华.课程与教学论［M］.上海：上海教育出版社，2000.

（二）研学课程目标设计的原则

1. 系统性原则

在撰写研学目标之前，首先教师需全面了解当前研学旅行活动的实施情况，分析学生的实际情况与期望水平之间的差距，确定总的研学旅行目标，解决"为什么教"的问题；其次根据研学旅行总目标，撰写具体适切的课程目标，并进一步对学生特征进行分析，如确定学生的初始能力、分析学生的学习风格等，解决"教什么""达到什么要求"的问题；最后把研学内容分解成很多具体的研学旅行小目标，用具体可操作、可测定的行为术语准确地表达，形成完整的研学目标体系。[①]

2. 针对性原则

教师应结合学校的具体情况、学生的特点、主题特点、地区资源特点及相关政策来制定研学目标。例如，根据学生的实际情况分析其需求和初始能力，确保目标具有针对性。又如在依据课程的主题来制定研学目标时，教师首先就要明确当地可以支撑本次研学旅行活动开展的主题类型有哪些，各个主题类别下可以挖掘的研学资源又有哪些，以此有针对性地设计研学目标，而不至于让目标变得似是而非，难以指导活动的开展。

3. 发展性原则

教师在制定研学目标时，应从学生的发展出发，重视目标的生成性和创造性，设计开放性的研学目标，引导学生运用分析、归纳、比较和概括等思维方式解决实际问题。或者说，既要能体现研学目标的多元化和精确性，也要能体现各目标之间的关联性和进阶性。

三、常见的研学课程目标设计误区

（一）不考虑实际情况，简单套用模板

许多学校在设计研学目标时，未能充分考虑自身实际情况，而是简单套用模板，导致目标缺乏针对性和创新性。这种做法往往使研学目标流于形式，无法真正指导实践活动，最终使研学旅行变成了"走马观花"，背离了研学旅行的初衷（表4-7）。

[①] 李岑虎.研学旅行课程设计［M］.北京：旅游教育出版社，2020.

表 4-7　存在问题的研学目标示例 1

研学目标示例	通过实地考察和参与体验，理解当地生态环境的重要性，并提高解决问题的能力与团队协作精神
来源	探秘江南水乡·体验生态和谐 – 初中部"西溪湿地"研学旅行课程
存在问题	目标较为宽泛，缺乏具体的活动导向和成果预期
修改优化后的目标表述	通过对西溪湿地的实地探访，学习湿地生态系统的特点及其对维持生物多样性的作用；分组完成一项小型环境调研项目（如水质检测、植物种类识别等），并提出保护建议，以此提升学生的科研素养及团队合作能力

修改优化后的目标是更加具体且可操作的学习目标，确保学生能够从活动中获得实际的知识和技能，同时也强调了生态保护意识的培养。

（二）目标表述不清晰，行为动词较模糊

使用模糊的行为动词很容易使学生出现似是而非的现象，教师会主观认为学生已经达到了预想的目标，已有所收获，但实则不然，因为目标设定的过于模糊，教师也无法判定学生是否真正达成了本次研学的目标，进而无法做出客观中肯的研学评价，阻碍学生的发展（表 4-8）。

表 4-8　存在问题的研学目标示例 2

研学目标示例	了解苗族的传统服饰与银饰制作工艺；理解非物质文化遗产对于民族身份认同的重要性
来源	贵州黔东南苗族侗族自治州——苗疆古韵　非遗传承
存在问题	目标表述较为宽泛，缺少具体的行为动词和明确的成果预期，不易于评估学习效果
修改优化后的目标表述	通过参观当地的手工艺品作坊，并亲自参与体验苗族传统服饰与银饰的制作过程，学生能够识别并描述至少三种不同的苗族服饰风格及两种银饰技艺；通过小组讨论和个人反思，阐述非物质文化遗产对增强个人与集体民族身份认同感的作用，并提出至少一项保护或促进这些文化实践传承的具体建议

修改优化后的目标表述不仅明确了具体的行动（如参观、体验、讨论），也设定了可衡量的学习成果（如识别描述特定的文化元素、提出保护建议），使得研学目标更加清晰且具有可操作性。

（三）目标设计不切实际，体量控制不到位

很多教师在设计研学目标时，总会出现体量控制不到位的问题。一是目标过大、过多，在有限的时间内不容易实现，二是目标过于简单，不具有挑战性，导致学生学习缺乏探究热情，影响学习效果。因此，想要设计出体量适宜且精准有效的研学目标具有一定困难。

四、研学旅行课程目标设计的步骤和范式

（一）课程目标设计的步骤

研学旅行课程目标分为主题课程总目标和专题课程目标。主题课程总目标是根据教育目的和培养目标制定的，是教育目标在教育活动中的具体化，是研学旅行课程设计的上位指导。研学旅行专题课程目标，是根据研学课程总目标、不同学段学生特点、课程资源属性制定的，是研学旅行课程总目标在具体专题课程中的细化目标。与研学旅行课程总目标不同，专题课程目标更具针对性、灵活性、可测性和可操作性。

1. 主题课程总目标的设计步骤

主题课程总目标受三方面因素的影响：对学生身心发展的研究、当代社会需求的研究、学科专家的建议。主题课程总目标的设计一般要经过六个基本步骤。

（1）研究教育目的与培养目标。

（2）分析课程目标来源因素。

（3）分析研学旅行课程的性质。

（4）形成目标草案。

（5）进行论证与修改。

（6）确定总目标。

2. 专题课程目标设计的步骤

具体专题课程目标要考虑不同学段特征和具体的课程资源两个方面的因素。专题课程目标的设计一般经历以下六个基本步骤。

（1）分析不同学段的学生身心发展水平和认知规律。

（2）分析具体课程资源的属性和特点。

（3）撰写具体课程目标。

（4）根据课程资源开发情况进一步审查目标。

（5）修订完善审查后的目标。

（6）确定具体可操作的目标。

（二）核心素养视域下课程目标设计的范式

美国学者布鲁姆说："有效的教学始于准确地知道教学目标"，因此，研学旅行课程设计中科学叙写教学目标至关重要。微观层面的研学课程目标必须从核心素养出发，

以具体研学事件为依托，将三维目标陈述范式与体现核心素养的要求有机整合，最后形成核心素养要求下的研学课程目标设计范式。其中，建议在叙写研学课程目标时采用"ABCD"模式，即完整的学习目标应该包括四个要素：行为主体（Audience）、行为动词（Behavior）、行为条件（Condition）和表现程度（Degree），每一要素具体要求如下：

A（Audience）：行为主体，此处所指的行为主体是学生，是目标表述中的主语。目标指向学生通过学习后的预期结果，即通过研学活动，学生的学习行为会发生什么变化，注意不要使用祈使句"使学生、引导学生、让学生"等表述，这样的描述将学生放在被动的语境中学习，不利于发挥学生的主体作用。

B（Behavior）：行为动词，是学生在该环节要进行的具体学习行为，是目标表述中的谓语和宾语。行为动词尽可能具体、清晰、可观察和测量，不能含糊其词，否则无法给予学生清晰的指导。例如，可以用"举例说明""列表对比""分析"等，不能使用"了解""学会""掌握"等不可测量的词语。

C（Condition）：行为条件，说明上述行为在什么条件下产生，有什么限制，是目标表述的状语，是对学习情境、工具、时间以及学习方式等有关的因素的指定。例如，"通过小组合作形式、结合×××地图、利用问卷调查形式……"等词语对学生如何学生进行清晰说明。

D（Degree）：表现程度或标准，规定学生学习过程中为实现上述目标应达到的最低标准，不同的学生表现程度有所不同，该标准可用来衡量学生的表现是否达到预期效果，也可用于学生自查自身行为与预期目标之间的差距。例如，"能用100字左右概括……、能用3种以上形式描绘……"等标准清晰表述；再如"说出3种喀斯特地貌类型，并具体描述其外貌特征"，主题明确，范围清楚。

五、研学课程目标设计的策略和方法

（一）兼顾核心素养目标，突出综合性

1. 以学科核心素养为主的研学旅行教学目标设计与叙写

教师在撰写研学目标时，必须确保目标表述清晰明确。这不仅包括使用恰当的行为动词，还应详细说明行为条件和预期结果，从而使目标具体、完整、简洁且易于操作、观察和评估，从而强调目标的实践性。此外，还需兼顾对学科核心素养目标的各个维度，多角度多层次设计目标，注重学生综合能力的提升，促进学生的全面发展。

就地理学科来说，教师在设计和撰写目标时可以从人地协调观、综合思维、区域认知和地理实践力四个方面来考虑（表 4-9）。

表 4-9 表述正确的研学目标示例

研学目标示例	结合红土地的自然环境特征（如地形、气候、土壤、水源及生物多样性等），探索其自然与人文旅游资源的独特性，能够阐述红土地旅游资源形成的背景及其重要价值（区域认知）
	从自然、人文环境各要素分析东川红土地旅游景区人类活动与旅游活动的相互影响。能够在认识东川红土地景区区域特征的基础上，分析旅游业对社会、区域、经济、文化发展的带动作用（综合思维）
	从人地关系的角度分析红土地旅游业对区域经济、社会、文化发展的带动作用，归纳相关部门、开发商、旅游地居民、游客对待旅游地开发与保护的立场，思考并提出红土地旅游景区可持续发展的措施（人地协调观）
	能够独立设计旅游活动路线及考察方案，并针对性地开展旅游实践活动。在解决区域旅游资源开发和旅游活动中遇到的问题时，能提出建设性建议，并在旅游地理实践中展现出较强的执行力（地理实践力）
来源	东山再起 川流不息（东川区研学旅行设计）
值得学习借鉴的方面	根据地理核心素养的四个维度来进行目标的表述，清晰具体，且行为动词使用恰当，可操作、可检测性强

2. 以中国学生核心素养为主的研学旅行教学目标设计与叙写

《中国学生发展核心素养》的框架体系于近年来（具体年份可能因不同版本或解读而异，但通常指 21 世纪初以来的教育改革进程中）被提出并广泛讨论，并作为中国教育领域的一项重要政策导向。它旨在培养"全面发展的人"，围绕文化基础、自主发展、社会参与三大方面，提出六大核心素养及十八个基本要点。

文化基础：强调人文底蕴与科学精神，要求学生具备人文积淀、人文情怀、审美情趣以及理性思维、批判质疑、勇于探究的能力。

自主发展：注重学会学习与健康生活，鼓励学生乐学善学、勤于反思、信息意识强，同时珍爱生命、拥有健全人格和自我管理能力。

社会参与：强调责任担当与实践创新，倡导学生具备社会责任、国家认同、国际理解，同时培养劳动意识、问题解决能力和技术运用能力。

这些素养和要点旨在促进学生的全面发展，不仅关注学生的知识技能，还注重学生的情感态度、价值取向和行为方式，旨在培养具有宽厚文化基础、明确人生方向、社会责任感和创新精神的未来公民。这一框架体系的提出，体现了中国教育对人才培养的深刻理解和前瞻布局，为推动教育事业的持续发展和学生的全面成长提供了重要指导。

（二）精准表述目标，突出实践性

完整的课程目标体系包括三类：结果性目标、体验性目标、表现性目标。教师在撰写研学目标时，必须表述清晰，不仅要使用恰当的行为动词，还要有行为条件和行为结果的阐述，使目标尽可能地具体完善、简洁清晰，达到可操作、可观察、可检测的要求，突出目标的实践性。[①]

在撰写目标时，一些可选用的行为动词如表 4-10 所示：

表 4-10　研学课程目标可选用行为动词汇总

目标	维度	目标水平	行为动词
结果性目标	了解水平	包括再现或回忆知识；识别、辨认事实或证据举出例子；描述对象基本特征等	说出、背诵、辨认、选出、举例、列举、复述、识别等
	理解水平	包括把握内在逻辑联系；与已有知识建立联系；进行解释、推断、区分、扩展、提供证据；收集、整理信息等	解释、说明、比较、分类、判断、区别、预测、转换、收集、整理等
	应用水平	包括在新的情境中使用抽象的概念、原则；进行总结、推断等	应用、使用、质疑、设计、解决、撰写、拟定、检验、总结、推广、评价等
结果性目标	模仿水平	包括在原型示范和具体指导下完成操作；对所提供的对象进行模拟、修改等	模拟、重复、再现、模仿、例证、扩展、缩写等
	独立操作水平	包括独立完成操作；进行调整与改进；尝试与已有技能建立联系等	制定、解决、拟定、安装、绘制、测量、尝试、实验等
	迁移水平	包括在新的情境中运用已有技能；理解同一技能在不同情境中的适用性等	联系、转换、灵活运用、举一反三、触类旁通等
体验性目标	经历（感受）水平	包括独立从事或合作参与相关活动、建立感性认识等	经历、感受、参加、尝试、讨论、交流、分享、参观、访问、考察、接触、体验等
	反应（认同）水平	包括在经历基础上表达感受、态度和价值判断；做出相应的反应等	遵守、认同、承认、接受、同意、愿意、欣赏、称赞、尊重、爱护、珍惜、拥护等
	领悟（内化）水平	包括具有相对稳定的态度；表现出持续的行为；具有个性化的价值观念等	形成、养成、具有、热爱、树立、建立、坚持、保持、确立、追求等
表现性目标	复制水平	在指导师的提示下重复某项活动；利用可得到的资源，复制某项作品、产品或某种操作活动；按指导师指令或提示，利用多种简单技能完成某项任务等	从事、做、说、画、写、表演、模仿、表达、演唱、展示、复述等
	创作水平	按照提示，从事某种较复杂的创作；按照自己的思想和可得到的资源完成某种服务，利用多种技能创作某种产品	设计、制作、描绘、涂染、编织、雕塑、收藏、表演、编曲、扮演、创作等

---

① 魏巴德，邓青.研学旅行实操手册［M］.北京：教育科学出版社，2020.

【本章内容结构】

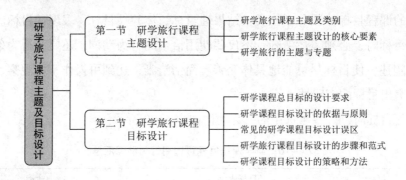

【拓展性讨论】

1.根据课程主题命名的基本原则，对下面提供的研学旅行课程主题名称进行评价，并给出理由。例如，"徜徉春城画卷，探秘古滇文化""奇趣汉字游"等主题名称是否合适？为什么？

研学课程主题	判断理由
徜徉春城画卷，探秘古滇文化	
寻黄河之美，做有根少年	
一颗枣的旅行	
从砺剑山野到踏云步天	
奇趣汉字游	

2.请结合下面材料和气象卫星成果转化（广州）基地的实际，为高中生编写以《大国航天梦·科技少年强》为主题的研学课程目标。

材料：国家气象卫星成果转化（广州）基地与南粤航空航天科技创新研究院坚持以人为本，以教育为根，基地占地面积约50亩，建筑面积达6000平方米。其中规划建设北斗博物馆（1200平方米）和无人机展览馆、航空航天体验馆（400平方米），沉浸式AR/VR体验中心（350平方米）、科技课室等功能室（1000平方米），可同时容纳1200名青少年开展航空航天科技及航天农业等研学活动。在不同区域进行各项体验项目，科普讲座、无人机操作组装、北斗科普、卫星总装、VR体验、人工智能体验等活动，多角度认识了解航空航天全过程。

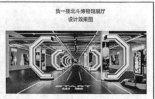

| 基地布局 | 北斗博物馆 | 北斗、气象卫星科普大厅 |

| 无人机展览厅 | 星际迷航沉浸式及 VR 体验 | 微型教育卫星组装室 |

| 航天主题展览 | 人工智能体验室 | 太空餐厅 |

| 航天文化长廊 | 无人机 3D 模拟训练室 | 无人机展示区 |

国家气象卫星成果转化（广州）基地研学旅行考察路线：无人机科技（无人机发展史与行业应用科普、无人机模拟操控、无人机构造与拆装、无人机实操飞行与航拍）——卫星工程（北斗博物馆、气象卫星科普、教育实验卫星组装、北斗追踪、搜捕）——星际迷航 VR 体验（沉浸式体验、VR 体验）——人工智能（机甲大师体验、智能机器人、3D 打印、智能纸电路）——航天农业科普（太空农业科普、农耕体验）。

3.探讨如何结合泰勒现代课程理论、ADDIE 模型、STEAM 理念和 PBL 模式等多种理论，基于某一地区的资源来确定研学旅行课程的主题、教学目标，并绘制出相应的课程结构图。

第五章

研学旅行课程内容设计

〔本章概要〕

　　研学课程内容是研学课程的基本要素，与课程目标之间有着内在逻辑联系，影响着课程实施教与学的方式，研学课程内容的好与坏直接影响着学习目标能否实现以及教育质量能否全面提高。本章从"研学旅行课程内容概念入手"，逐步澄清研学旅行课程内容与传统意义上的学校学科课程内容的区别与联系，明确了研学旅行课程内容的选择原则，梳理了研学旅行课程内容的特点和主要类别，介绍了研学旅行课程内容结构及构建方法。

第一节　研学旅行课程内容概述

【学习目标】

1. 说出课程内容与研学旅行课程内容的含义。
2. 理解研学旅行课程内容与传统学校学科课程内容的联系与区别。

【关键词】

课程内容设计　研学旅行课程内容体系　教育性、实践性与体验性　学科课程拓展与融合

【问题引导】

1. 请解释研学旅行课程内容的设计原则及其具体含义。
2. 研学旅行课程内容如何体现教育性、实践性和体验性?
3. 研学旅行课程与传统学科课程在内容上有哪些联系和区别?

一、课程内容含义

课程内容是指课程设计专家以课程目标为依据,遵循学生身心发展规律和学生认知活动特性,考虑教育教学改革进程中的历史经验,将一系列最有价值、满足学生发展需要的直接经验和间接经验系统选编构成学校分科或综合课程的学习材料(纲要或教科书等)。课程内容主要回答"教什么"的问题,是对学生应当学习的课程内容的总体谋划和预设,一般包括特定形态课程中学生需要学习的事实、概念、原理、技能、策略、方法、态度及价值观念等。

在对课程内容进行选编时应注意系统性和科学性。①系统性:课程内容必须是系统的知识体系,各部分内容之间有紧密的内在逻辑联系。学生通过对某一学科课程内容的学习,除掌握基本学科知识外,还应学会从该学科的视角运用所学知识发现问题、分析问题和解决问题,在此过程中思维进阶深化并发展学科能力。中学课程中每个学

科都对应具体的核心素养，某一学科课程完整的知识体系可以培养学生在该学科领域的核心素养，进而促进学生综合素养的养成。②科学性：课程内容要具有科学性，主要是指作为课程内容的材料必须科学准确，课程内容的安排顺序必须逻辑清晰、结构严谨。

二、研学旅行课程内容含义

研学旅行课程内容是指研学旅行课程设计者以研学课程目标为依据，遵循不同学段学生的身心发展规律和认知活动特性，对研学资源深度挖掘，将学生需要学习的内容选编构建出研学旅行课程内容体系。它包含了学生旅行参观、考察和体验研学基地、活动场馆、主题公园、博物馆等的资源及其承载的文化、技术、原理及其传递的思想和价值观念。

在对研学旅行课程内容选编时应注意内容的教育性、实践性和体验性。研学旅行的过程不同于一般的观光活动，其有具体的课程目标，从而减少了研学过程的随意性和盲目性。①教育性：社会是个大熔炉，也是全方位的育人场所。走出去，耳闻目睹，亲力亲为，触景生情，比起借助文字和图片的宣讲，更具有感染力和说服力。在设计研学课程内容时可以从不同的角度分类考虑其蕴含的教育性，如家国情怀类涉及革命精神教育、爱国主义教育、国家安全教育和党的政策方针等，个体发展类涉及职业规划教育、理想信念教育、自我管理教育等，内容的教育性由多种教育类目组成，不同类型之间交叉融合，达到综合育人的效果。②实践性：研学旅行课程内容学习的场所是真实的情境和场所，不同于教科书中的语言表达，也区别于理想状态下的实验操作，是在复杂的情境中实操，在真实的场景中实践，在活动中引导学生亲近自然、参与生活、体验文化、感悟社会变迁、提升自理能力，产出真知和追寻人生的意义，这些都在弥补学校场域育人方式的缺陷，意义非凡。③体验性：研学课程内容要全面考虑学生的游历体验、生活体验和情感体验。古人所讲的"行万里路"就是积累游历体验，包括异质环境体验、旅游路线设计体验和时空变化体验等；学校环境相对于自然、社会环境更单一，缺乏生活经验是当代中学生的共性问题，研学旅行可亲近自然，获得自然体验，参与复杂多变的社会生活，增加社会体验，这对于学生来说，是一笔人生财富；研学过程中经历的、看到的和听到的一些事件或物件会引起学生的情绪和情感发展变化，这种反应和变化应该包括喜、怒、哀、乐、惧等情绪转变，也包括对人、事、景、物、家、国的情感激荡。

三、研学旅行课程与学科课程的关系

研学旅行作为连接校内外教育资源的一种创新方式，其与学科课程之间存在紧密的内容链接和融合关系。一方面，研学旅行可以成为学科知识的实际应用平台，帮助学生深化理解；另一方面，它也能够补充课堂教学中难以实现的部分，提供更加丰富多元的学习机会。

（一）研学旅行课程内容与学科课程内容的链接

1. 形成拓展课程体系：将研学课程作为学科课程的拓展—深究

学校学科课程内容相对于学生而言，是从典例中获得知识，若想触类旁通地解决同类问题，需要不断改变情境练习，最终在真实情境中加以巩固，让素养得以提升。研学课程的真实场域为学科课程的拓展—深究提供了良好的空间条件，学科课程中因学习场域条件不支持而难以解释或难以探究的内容可以延伸到研学课程中。在研学课程中引导学生运用学科知识分析解决问题，使学科知识在研学课程中得以运用、综合、重组和提升；学生在研学旅行活动中发现的问题也可以在学科课程中解决，可作为课程的先导部分，并在学科课程中拓展加深。这部分内容的深广度是不可估量的，研学课程设计者可以系统挖掘，编制成与学科课程相衔接的研学拓展课程体系，并将这部分内容结构化处理，梳理时按照学科课程教材编排次序进行，将横向跨学科融合和纵向学科深究理念贯彻其中，达到研学课程与学科课程的同频共振。

2. 形成互补课程体系：将研学课程作为学科课程的补充—转移

任何课程的实施都需要一定的基础条件，学科课程同样如此。对于那些对实施条件有较高要求或在研学旅行环境中能取得更佳效果的学科内容，可以将"教室静态场域"中的任务转移到"研学动态场域"中完成。例如，一些贴近学生生活的生物实验、地理学的人文研究方法等内容，在研学课程中不仅可以补充学科课程未涉及的部分，还能为后续活动打下坚实的知识基础。

作为学科课程的有效补充，研学课程能够提供更广阔的问题解决视角，帮助学生适应日益复杂的社会问题和综合化的知识应用需求。研学设计者可以通过系统化梳理这些内容，构建研学课程的补充体系，使之与学科课程的知识结构相契合，并按照学科素养框架进行组织。这样不仅促进了从课堂到实地的知识迁移，还实现了能力与素养的逐步提升，最终达到全面提升学生综合素质的目标。

（二）研学旅行课程内容与学科课程内容的融合

1. 根据不同学段特征量身定制研学课程

不同学段学生具有个性化特征，应根据其身心发展规律设置研学课程内容。小学学段的学生，具有善于模仿、好奇心强烈、敢于尝试、喜欢沟通交流的性格特点；初中学段的学生，开始建构自我同一性，逻辑思维、动作技能和运动能力得到发展，能在教师的帮助下承担具有挑战性的学习任务；对于高中学段的学生，是进入成人期的关键阶段，科学推理、辩证逻辑思维和创造性思维占优势地位，能接受多种多样形式的学习活动，自主完成难度大的学习任务。总的来说，研学课程内容若超出学生的认识水平，学生则无法理解任务要求从而难以开展研学；若低于学生的认知水平，则无法激发学生的探究欲望、提升学生的素养和促进学生认知结构的发展。

2. 根据不同学科特色组合优化研学课程

建立跨学科的知识和视野，比只懂读书更重要。以往的教学模式更倾向"分科式学习"，在工业化时代细致的社会分工下，大家只需要掌握一门技术就能在社会上生存，不同人掌握不同的技术与能力，组成完整的社会运转模式，而如今正处于信息爆炸时代，分科式教育理念带来的问题逐渐浮现，当纷繁的信息扑面而来，需要孩子有足够的综合知识体系去理解和接收信息，并解决问题，此时单单某一学科的知识不足以支撑和适应新时代。通过跨学科学习，可以提升学生的跨学科思维能力，看待问题的视角更加多元，决策更加科学合理，在遇到复杂问题时，能够提出创造性解决方案，这是培养具有综合胜任力人才的重要手段。研学旅行是一门综合性课程，可满足跨学科设计的需求，在课程内容选择时应跨越学科边界、资源边界、时空边界，助力跨学科思维养成。

第二节　研学旅行课程内容的选择原则

☞【学习目标】

1. 说出研学旅行课程内容选择的原则。

2. 遵循研学旅行课程内容选择的原则，组合出不同研学主题的课程资源，并在此基础上设计出科学、完整、规范的研学旅行课程方案。

☞【关键词】

赋存性　可行性　针对性　典型性　价值性　整合性

☞【问题引导】

1.研学旅行课程内容具有什么特殊性与普遍性?

2.研学旅行课程内容选取应坚持哪些原则?

　　研学旅行课程内容的开发资源丰富多样,其呈现形式也多种多样,按照主题大致可以分为地理、自然、历史、科技、人文和体验等类别。面对如此广泛的内容选择,如何科学合理地进行筛选成为我们在构建课程内容前必须解决的关键问题。本节将以研学旅行课程内容的基本要求为基础,提炼出六个具体的选择原则,旨在增强课程内容选择的指导性和规范性。

一、总体要求

　　研学旅行课程通过情境的真实性体验、知识的自主性建构、过程的科学性实施、素养的趣味性发展、结果的实效性评价,保证学生学有所得,行有所悟,实现知行合一。使学生能够接触到学校以外的真实生活情境,增加日常生活、社会生活和自然世界的实践经验,认识到自我、社会与自然之间的联系,形成价值认同、实践内化、身心健康、责任担当等方面的意识和能力。在研学活动中落实立德树人的根本任务,全面培育具有人文底蕴、科学精神、责任担当的时代创造者,多层次发展学生学会学习、健康生活、实践创新的核心素养,最终为国家富强、社会进步输送德、智、体、美、劳全面发展的社会主义建设者和接班人。

二、基本原则

(一)赋存性原则

　　研学旅行是研究性学习和旅行体验相结合的校外实践活动,具有"研""学""游"结合的性质。研学旅行课程内容不必局限于教材的书本知识,可突破时空限制,正确评估研学旅行目的地中课程资源的赋存性。

赋存性反映了课程资源的丰富程度。当研学旅行目的地的课程资源非常丰富时，可选择的课程内容也会相应增多，这有利于拓展学习活动的广度，并可以延长研学旅行的停留时间。相反，如果课程资源相对较少，这并不意味着课程内容的价值较低，而是更有利于深入挖掘和拓展学习活动的深度。研学旅行课程资源的数量分布，在区域内表现出一定的集群组合状况。若一个区域内的课程资源集群组合过于分散，将会耗费大量的路程时间，从而减少体验和活动的时间，影响研学旅行的课程学习效果。在选择研学旅行课程内容时，除了同性质课程资源的强强联合之外，还要注意不同性质的课程资源搭配组合，形成优势互补和相互促进的关系，如自然科学课程资源与人文社科课程资源组合、历史传统文化课程资源与现代科技课程资源组合、动态课程资源与静态课程资源组合。研学旅行课程内容组合的形式可以多种多样、别出心裁、灵活变通、富有创意的课程内容组合能给学生带来深刻的学习体验，激发求知欲和探索欲。

（二）可行性原则

研学旅行课程内容可行性是指研学组织人员对研学旅行目的地区位条件进行系统分析的基础上，选择的课程内容应做到区域可行、人员可行、距离可行、时间可行、经济可行和安全可行（图 5-1）。

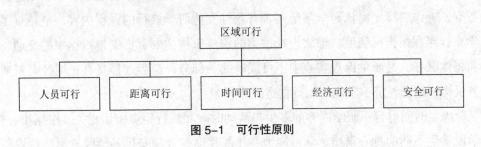

图 5-1　可行性原则

区域可行：研学旅行目的地区位条件是自然环境要素与社会经济条件要素综合作用的结果。利用研学旅行目的地区位条件评价指标体系对研学目的地进行评估（见表 5-1），可以全面、系统地认识目的地优势与劣势，做到扬长避短，合理选择课程内容，有序安排课程活动，科学设计课程方案。

表 5-1　研学旅行目的地区位条件评估指标 [①]

系统层	要素层	指标层
研学旅行目的地区位条件	自然环境条件	自然环境研学旅行适宜性
		研学旅行环境容量
		适活动期长度
	社会经济条件	依托城镇等级
		交通通达度
		基础设施条件
		旅游配套设施条件

人员可行：研学旅行课程的参与主体是一个多元化复合型主体，涉及研学导师、学生、家长、教管部门、研学基地、研学营地、服务机构和社会非营利组织等众多人员，需要协调好不同人员的关系，统筹各个主体的任务职能，得到各方主体的密切配合。研学旅行课程建设的最佳选择是形成以学校为主导，研学基地、服务机构等多方主体协同机制 [②]。在研学旅行课程内容制定之前，要根据学情、校情，充分了解教师、学生、家长的意愿，科学评估学生的学习需求和兴趣，让教师、家长、学生代表和社会人士参与进来形成多元化的研学旅行课程工作团队，明确研学主题、研学内容、研学活动，形成切实可行的研学课程方案。研学基地不仅是研学旅行的实际载体，也是研学课程活动的场所。学校与研学基地进行合作时，教师要亲自走进研学基地进行实地考察、工作对接，确认研学基地是否有条件实施研学旅行的课程内容，坚持规范的研学旅行课程招投标制度。像旅行社这类的服务机构主要负责安排行程中的交通、住宿和餐饮服务，是研学课程实施中不可或缺的一部分，应当选择具有正规经营资质的服务机构，精选经济、质优的旅行食宿交通方案。

距离、时间可行：研学内容的多少与活动时间和旅行距离密切相关。根据小、初、高学段学生不同的身心素质、学习能力、接受程度，合理安排各学段研学旅行课程的距离和时间 [③]（见表 5-2）。研学旅行课程内容的学习体验、成果收获还与时间有密切关系。一般来说，在一个研学旅行目的地的停留时间不宜过短，避免学生"走马观花""浮光掠影"式的学习，给学生留下充分的学习活动时间，帮助其自我探索和自我建构，实现有意义的学习。

---

① 吴智钊.区域文化遗产资源旅游开发适宜性研究［D］.华侨大学，2018.
② 杨保健.中小学研学旅行课程化的问题与对策［J］.现代教育，2019（11）：28-30.
③ 宋世云，刘晓宇.小、初、高不同学段研学旅行课程设计方法——以北京市海淀区研学旅行课程建设为例［J］.基础教育课程，2020（17）：12-18.

表 5-2　小、初、高学段对应的研学距离与时间

学段年级	距离范围	天数
小学低年级（1~2 年级）	小区域范围内学校附近的公园、果园、菜园、动物园、植物园、博物馆等	半天
小学中年级（3~4 年级）	市域范围内离学校较远的公园、果园、菜园、动物园、植物园、博物馆等	1 天
小学高年级（5~6 年级）	单一省域范围之内或相邻省份的研学旅行目的地	1~5 天
初中年级	多个省域范围之内或相邻省份的研学旅行目的地	3~6 天
高中年级	国内、国外范围的研学旅行目的地	7~10 天

经济可行：研学旅行课程的实施需要有一定的人力、物力、财力作为支撑，为了保证全体学生都能享受优质的研学旅行课程，要合理控制研学旅行成本，做到经济可行。一方面，研学旅行课程涉及教育消费，适当的消费支出有利于促进文旅产业发展；另一方面，研学旅行课程具有公益性的特点，不得开展以营利为目的的经营性创收，对贫困家庭的学生要减免费用。所以，控制好研学旅行活动的成本是促成课程落地的关键之一。目前，国内游学、研学人均团费在 4200 元，国内游学家庭年收入一般在 15 万~30 万元[①]。实际上，研学旅行对来自不同家庭、不同地区的学生具有一定的经济要求。特别是家庭困难或乡村地区的学生，要根据其家庭情况和需求，通过政府、学校、社会多种渠道筹措研学旅行经费，减免或减少研学旅行开支，弹性开发研学旅行课程内容，让城乡共享优质的研学旅行课程资源，推动教育公平。

安全可行：安全性是研学旅行课程内容得以实现和推广的根基。研学旅行，安全先行。《关于推进中小学生研学旅行的意见》文件中指出，研学旅行要坚持安全第一，建立安全保障机制，明确安全保障责任，落实安全保障措施，确保学生安全。真正做到活动有方案，行前有备案，应急有预案。为了实现安全研学，必须着眼于专业队伍保障、安全培训保障与实地监督保障这三个方面。首先是专业队伍保障，成立一支专业扎实、经验丰富、责任心强的研学旅行服务队伍，除配备基本的研学导师、安全员、专职教师以外，有条件的情况下还需配备户外急救的医师、心理辅导教师、带团旅游经验丰富的导游等。其次是安全培训保障，对研学旅行团队的人员开展行前、行中、行后的安全培训，培训的内容不仅包括安全法律法规、安全管理制度、安全操作流程、安全岗位职责等法规制度，还要涉及研学旅行实践相关的乘车安全、交通安全、消防安全、餐饮安全、住宿安全、心理安全、旅游安全等方面。最后是实地监督保障，要提前开展实地调查摸底工作，排查研学旅行活动区域的安全问题和危险隐患点，制定详细可行的安全防范预案，并开展实际模拟演练，及时、妥善处理行程中出现的安全事故，做到对于研学旅行安全性认识到位、责任到位、执行到位。

---

① 朱雪晶. 经济增长背景下研学旅游产品的发展［J］. 中国商论，2019（21）：79-80.

（三）针对性原则

研学旅行是面向小学、初中、高中学段的学生开展的活动课程，每个学段的学生认知水平、学习方式和兴趣爱好都不同，这就造就了不同学段之间研学旅行课程的差异特征。为了确保研学旅行课程目标的有效实现，面对不同的学生群体，要根据阶段选择研学主题，梯度化设定学习目标，针对性选择课程内容，多样化展示学习成果，采用多主体评价方式，实现学段研学旅行课程的进阶性开发[①]。

小学学段：对于小学学段的学生，具有善于模仿，好奇心强烈，敢于尝试，喜欢沟通交流的性格特点。研学旅行课程学习目标以价值体验为主，置身真实情境，体验校外生活，了解家乡历史，收集简单信息，探究简单问题，感受乡土河山风貌。研学课程的内容更侧重于简单的体验性活动，侧重感知，以接触、感知、行为培养、文化浸润和情感熏陶等方式发展其好奇、活泼的天性，激发学生的"五感"体验，通过自然观察、亲身体验、讨论交流、动手制作、简易实验、故事启发等方式展开学习。小学生的研学旅行课程学习成果可以采用不同的形式展示，如以体验日记、游学感悟、观察日志、摄影、绘画、标本制作、小论文为主。针对小学生的学习评价应以质性评价的评语为主，量化评价的等级分数为辅。

初中学段：对于初中学段的学生，开始建构自我同一性，逻辑思维、动作技能和运动能力得到发展，能在教师的帮助下承担具有挑战性的学习任务。研学旅行课程的学习目标提升至价值体悟层面，要求学生能够调动已学的学科知识解决问题，在实践中掌握研究方法，经历研究过程，包括收集信息、阅读文献、听导师讲授、实验探究、观察记录、社会调查等。研学课程内容的难度要进一步提高，具有研究性和探究性的学习特点，初中阶段研学旅行与学校教学内容结合得更加紧密。初中生的研学旅行学习成果应体现学生的综合素质，以小课题研究报告、主题研究论文、创意设计作品、科学探究作业等为主。初中生的学习评价具有促进其实现自我完善、全面发展的功能，要做到质性评价与量化评价相结合，过程性评价与终结性评价相结合。

高中学段：对于高中学段的学生，是进入成人期的关键阶段，科学推理、辩证逻辑思维和创造性思维占优势地位，能接受多种多样形式的学习活动，自主完成难度大的学习任务。研学旅行课程学习目标将达到价值认同的高度，要让学生学会健康的生活方式，践行社会主义核心价值观，提升创新意识，积极参与社会建设。对高中生提出明确的研究性课题，完成质量标准，以学生自主选题、完成研究为主，教师适时适

---

①　钟伟杰. 小初高一体化研学旅行课程设计［D］. 广州大学，2022.

度指导。高中生的研学旅行课程学习成果应该是具有一定完整性、创新性和规范性的研究报告，需要规范地运用文献研究法、实验研究法、测量研究法、比较研究法、调查研究法等多种研究方法完成课题、汇报、答辩，最终实现学生的能力提升和素质发展[①]。针对高中生的学习评价要发挥促进高阶思维、能力发展、深度融合学习和生活的技能，评价维度更加丰富，评价量表更具有科学性。

需要注意的是，小、初、高不同学段在选择研学目的地时可以有区分，也可以相同。但是面对同样的课程资源，针对不同学段的学生，研学旅行课程内容设置的学习重点和难度要有所不同，学习方式、学习任务、成果展示和学习评价也应具备进阶性，以此构建出小、初、高不同学段相衔接的特色研学课程体系。

拓展阅读 5-1 ●●●●●●●●●●●●●●●●●●●●●●●

北京市海淀区小、初、高学段研学旅行课程内容建设

北京市海淀区教科院带领 70 余所中小学探索研学旅行课程建设，通过对百余条研学线路和典型案例进行内容分析，构建了一系列小、初、高不同学段的研学旅行课程，在全国研学课程建设经验中起到重要的示范作用，具有广泛的影响力（表5-3）。

表5-3 北京市海淀区小、初、高学段研学旅行课程内容情况

主题类别	领域	小学—初中京内基地	初中—高中京外基地
历史文化类	文化遗产	皇宫、古典园林、长城等世界文化遗产	西安、南京、开封、杭州等古都，戍边古城、江南古镇、各地古村落等
		圆明园、卢沟桥等国家、市、区级文物保护单位	古寺、古塔、古桥等各类古建筑，古代书院等
		国博、首博等博物馆	省、市级典型历史博物馆
	红色教育	李大钊烈士陵园、香山等革命纪念地	西柏坡、井冈山、延安革命纪念地及烈士陵园等
		抗日战争、解放战争纪念馆等	抗日战争、鸦片战争、抗美援朝等纪念馆
		焦庄户地道战遗址等	狼牙山等革命纪念地
	非遗教育	戏曲博物馆、民族艺术博物馆、工艺美术馆等	景德镇瓷器文化、徽州文房四宝、苏州刺绣、茶文化、中草药文化基地等
	国情教育	中关村科学城、新中国发展成就展、改革开放成就展等	各省展览馆、改革开放专题展览等

---

① 宋世云，刘晓宇.小、初、高不同学段研学旅行课程设计方法——以北京市海淀区研学旅行课程建设为例[J].基础教育课程，2020（17）：12-18.

续表

主题类别	领域	小学—初中京内基地	初中—高中京外基地
历史文化类	历史名人	北大校史馆（蔡元培）、清华校史馆、鲁迅纪念馆等	南京中山陵、湖南毛泽东故居、福州林则徐纪念馆等
	历史探究	明长城、十三陵，辽金遗迹、元大都遗址、燕都博物馆、北京猿人遗址等	西安古城墙、骊山西安事变发生地、汉唐帝王陵墓、赤壁位置考证等
科技创新类	航天科技	北京航天城	西昌、文昌、酒泉等发射基地
	海洋科技	北京海洋馆	青岛、海南、广西等
	生命科学	北京动物园、植物园、高新生物产业基地等	大熊猫栖息地、秦岭生物多样性考察、制药厂等
	天文科技	北京天文馆、古观象台、中国科学院北京天文台	贵州天眼、紫金山天文台、中国科学院（外省）天文台等
	科技成就	中关村科技园区、高铁技术等	港珠澳大桥、隧道工程、大亚湾核电站、水电站等

资料来源：宋世云，刘晓宇.小、初、高不同学段研学旅行课程设计方法——以北京市海淀区研学旅行课程建设为例［J］.基础教育课程，2020（17）：12-18.

（四）典型性原则

根据学科类别、实地场景和综合主题在研学旅行课程中的不同呈现，研学旅行可分为典型性研学旅行和非典型性研学旅行[①]。两种类型的研学旅行课程都是对于研学旅行实践的有益尝试，可以根据实际情况和学生需要，选择其中一种研学旅行课程内容。

典型性研学旅行课程具有跨学科性质，通过开展多学科主题融合的研学旅行活动，能让学生获得综合学习体验。典型性研学旅行需落实跨学科研学目标，因此可以选择空间尺度较大、研学资源涉及面广的区域，选择满足多学科交叉的项目式研学内容，设计综合性较强的线路，开展形式多样的研学体验。例如，云南大理具有丰富的研学旅行课程资源，能够依托苍山洱海的自然资源和民族文化的人文资源，探秘苍山洱海的自然地质成因，欣赏高原的山水风光，学习白族的传统非遗文化，领略绚烂多彩的民族人文风情，开展典型性研学旅行。

非典型性研学旅行是单一学科的课程内容，对于深挖学科本质、体现学科特色、掌握研究方法和学科规律具有重要作用。非典型性研学旅行的研学目标要突出学科特色与学科贡献，所以要选择学科特色突出的区域，利用具有学科特色的探究性实践活

---

① 岳大鹏，王明明.野外场景式研学旅行的内容设计及过程指导——以秦岭太白山研学为例［J］.中学地理教学参考，2020（1）：4-9.

动开展研学体验①。例如，浙江绍兴鲁迅纪念馆具有深厚的文化底蕴，适合语文学科开展"走进百草课堂"的研学旅行；故宫博物院是历史文化沉淀的结晶，适合历史学科开启感悟千年古都之旅。

（五）价值性原则

研学旅行课程不仅是对学科课程的补充和拓展，更是学校教育和校外教育衔接的创新形式。它具有超越课堂教学的优势，将实践面向现实社会生活，为研学旅行市场注入活力，对促进研学区域的经济社会发展和文化保护传承具有独特的社会价值。

教育价值：研学旅行课程的教育价值是本体价值，也是课程内容选择的根本取向。研学旅行不同于一般的旅游活动，而是一种带有教育性质的校外综合实践活动。研学旅行课程内容必须具有一定的教育价值，否则将会和旅游、休闲、娱乐活动混为一谈。教育价值体现在提升学科知识和能力、塑造正确价值观、促进个体发展三个方面。

提升学科知识和能力：通常学生获取新学科知识的渠道只有书本和课堂教学，而研学旅行课程则拓宽了认知渠道，学生能够通过亲身体验和实地实践来增加认知，提升了学生的思维能力、实践能力。研学旅行课程内容要为学生提供不同的社会环境和丰富多样的学习素材，学生将其与书本、教室里获得的各种知识进行横向比较、分类、排序等，既能加强对课堂知识的深度理解，又能扩充自我认知的广度与深度。

塑造正确价值观：自然情景中的开放学习不同于课堂上的封闭学习，会带给学生更多不一样的新奇特殊体验。因此，在研学旅行课程内容中，要让学生受到丰富的情感熏陶，如爱国教育、价值观教育等。一方面，研学旅行能够落实宏观层面的爱国教育，教师在带领学生游览一些历史文化遗迹时，可以激发他们心中的爱国主义情怀，有助于深化中小学生对于自然、社会、家乡、国家的认识与理解，从而在现实层面促使爱国教育培养具体化。另一方面，研学旅行可以培育个体层面的价值观教育，研学旅行是中小学生有组织的集体性、探究性、实践性、综合性活动，是对中小学生进行集体主义教育、生活教育、行为习惯养成教育的有效载体，可以帮助中小学生学会生存生活，学会做人做事，促进中小学生形成正确的世界观、人生观、价值观。

促进个体发展：学生是研学旅行的主体，在研学旅行课程的实施过程中扮演着重要的角色。在一项完整的研学旅行课程中，从旅行前研学课程主题的确定到旅行结束时的课程评价，学生的主体性得到了充分的体现。在课程实施过程中，各个组的组长

---

① 夏圣荣，岳大鹏.项目式研学旅行的内容选择与实施程序——以峨眉山景区为例［J］.天津师范大学学报（基础教育版），2020，21（4）：69-73.

带领组员进行各项活动，进行旅行经费的预算，同时对活动的纪律与组织做了重要的规定，明确了每个人的任务与角色。保证研学任务的圆满完成。课程结束后，各小组自行组织评价活动，通过一些成果的展示来评价此次课程的完成情况，包括照片、作文等形式。由此可见，在研学旅行课程实施的前期、中期、后期，学生始终是主体，教师仅作为活动的辅助者，各项活动都需要学生自己来设计和进行，从而促进其个体的自主发展[①]。

社会价值：研学旅行课程的社会价值是关联价值，社会价值与教育价值是相辅相成的关系。一个好的研学旅行课程必然在研学领域有良好的社会效益，研学旅行课程是文化的载体，能够有效利用研学区域的文化旅游资源，建设特色研学基地。既能将研学区域的博物馆、文化馆开辟为研学基地，又可以把本土文化资源整合为研学课程内容，打造本土地域性研学旅行基地。以文、旅、教融合方式推动优秀传统文化的传播、传承与保护、开发，并且，研学旅行是教育产业和旅游产业的融合，延长产业链，具备良好的产业经济价值，能够带动消费，增加旅游收入，创新区域旅游发展模式。因此，研学旅行课程内容的选择要考虑到社会价值，特别是经济欠发达的乡村地区，能够通过研学旅行基地建设和研学旅行活动的实施，为乡村带来人流、物流、资金流，促进文化和旅游业态融合、产品融合、市场融合，打造红色研学、文化遗产研学等多元化研学类型，助力乡村振兴。

（六）整合性原则

研学旅行课程需发挥研学旅行的课程特色，强调课程内容的整合性，对研学课程、研学主题、跨学科领域进行整合开发，以促进研学旅行课程的有效实施。

整合设计研学旅行课程，可以建设跨学校整合课程、跨区域整合课程、跨国界整合课程的三大主题课程[②]。这些课程能够充分利用不同地区之间的研学资源，根据不同学段学生的身心发展和学习认知差异，整合为一个覆盖全学段学生的研学体系，满足学生的学习需求。

跨学校整合课程分为校内整合研学课程和多校整合研学课程，利用不同学校的资源和场所，加强校际横向联系，互通优质教育资源，促进共同发展。这样的设计能够充分利用不同学校的优势资源，加强校际的合作与交流，共同推动教育的发展；跨区域整合课程分为本区域研学课程和跨区域研学基地课程，每个区域都有独特的地理、

① 周璇，何善亮.中小学研学旅行课程：一种新的课程形态［J］.教育参考，2017（6）：76-81.
② 周春梅.整合设计，让研学旅行课程更有深度——以太仓市实验小学研学旅行课程设计为例［J］.江苏教育研究，2019（11）：28-30.

历史、文化特质，共同构成了一个丰富多彩的研学资源库。这样的设计能让学生体验到不同地区的地理、历史、文化特色，带来独特而深刻的体验，同时也能带动区域旅游经济的发展；跨国界整合课程分为国内研学课程和国外研学课程，既有走遍中国的研学旅行，厚植家国情怀，又能游历国外的人文自然风貌，开阔国际视野。

研学旅行的主题整合体现在对于研学旅行目的地、研学路线和研学内容的整合上，通过高效利用研学旅行的空间和时间，对研学课程资源进行整合集约利用，制定特色研学主题。例如，科教主题的课程，可以利用科技馆、博物馆、大学实验室、科技产品展等科技资源进行整合设计；生态主题的课程，可以结合农业生态园、国家森林公园、自然风景区等自然资源进行整合设计。

学生在研学旅行中通常面对的是真实的复杂情境问题，单一学科知识是无法解决问题的，需要调动多学科的知识和技能，所以要把研学旅行课程内容作为跨学科学习的载体，进行跨学科知识、跨学科能力、跨学科价值观的整合开发。研学旅行课程内容能够把外界社会环境变成学生的"第二教室"，应综合不同学科的知识，应用到复杂问题情境中去，加强迁移运用的能力。研学旅行课程给学生提供了一个开放、多元的环境，延伸了学习空间，扩展了学习活动类型。学生能够在跨学科研学旅行课程内容中，通过体验不同的学习活动，提升不同学科的技能。例如，在云南茶马古道的主题研学中，古代马帮人民长途跋涉穿越崇山峻岭，运送茶叶、马匹、布料等商品的历史情境中，就融合了历史、地理、语文、美术、数学、生物等多个学科的知识。研学旅行课程是学生接触现实社会场景的"窗口"，既能够游历祖国壮丽的山川河海，受到深厚的历史文化熏陶，又能亲身体验人们的生产生活实践，促进个体社会化过程，有助于激发学生的热爱祖国、服务社会的情怀，培养学生正确的世界观、人生观、价值观，实现学科价值观的融合、内化。

第三节　研学旅行课程内容的分类与特征

☞【学习目标】

1. 说出研学旅行课程内容的分类依据，并能够区分不同类别的研学旅行课程内容。

2. 理解研学旅行课程内容的综合性与开放性，掌握研学旅行在现实情境中的应用。

3. 了解探究性和体验性在研学旅行中的重要性。认识进阶性和默会性对不同年龄段学生的影响。

4. 明确本土性和生成性在研学旅行中的作用。

【关键词】

综合性　开放性　探究性　默会性　本土性

【问题引导】

1. 如何利用当地资源来增强学生的学习兴趣？
2. 不同年龄段的学生在研学旅行中的学习内容应如何调整？
3. 研学旅行课程内容有哪些主要特征？
4. 如何通过研学旅行让学生获得不同于传统课堂的知识和体验？
5. 在研学旅行中如何激发学生的主动探究精神？

一、研学旅行课程内容的分类

研学旅行课程内容可以根据不同的指标来分类。本书介绍了三种依据的分类，即依据教育目标和学习领域的分类、依据研学资源的分类、依据学段特征的分类。

（一）依据教育目标和学习领域的分类

1. 学术知识类

（1）历史与文化：参观历史遗迹、博物馆、文化遗产地等，了解当地的历史背景和文化特色。

（2）科学与技术：访问科技馆、天文台、实验室等，参与科学实验或互动展览，学习科学原理和技术应用。

（3）自然与环境：探索自然保护区、国家公园、动植物园等，进行生态观察和环境保护教育。

2. 实践技能类

（1）手工艺与艺术：参加陶艺制作、绘画工作坊、传统工艺品制作等，培养学生的艺术创造力和动手能力。

（2）体育与户外运动：开展徒步、攀岩、划船等户外探险活动，增强学生的体质，培养学生的团队合作精神。

（3）生活技能：如烹饪课、急救培训、野外生存技巧等，提高学生的生活自理能力和紧急情况下的应对能力。

3. 社会实践类

（1）社区服务：参与志愿服务项目，如帮助老人、环保清洁、公益宣传等，培养社会责任感和服务意识。

（2）职业体验：访问企业、工厂或专业机构，让学生亲身体验不同职业的工作环境和要求。

（3）文化交流：与当地学校的学生进行交流互动，增进跨文化的理解和友谊。

4. 思维发展类

（1）批判性思维：通过案例分析、问题解决等活动，培养学生的问题识别和批判性思考能力。

（2）创新与创业：组织头脑风暴会议、创意竞赛等，激发学生的创新思维和创业精神。

（3）领导力训练：设置角色扮演、团队建设项目，提升学生的领导力和团队协作能力。

5. 情感与态度培养类

（1）情感教育：通过团体游戏、心理辅导等方式，促进学生之间的情感交流和相互支持。

（2）价值观塑造：结合实地考察和讲座等形式，讨论诚信、责任感、尊重等核心价值观。

（3）自我认识：引导学生反思个人经历，更好地理解自己，树立正确的人生观和世界观。

这些类别可以根据具体的研学目的和学生的需要灵活组合，以确保研学旅行能够全面促进学生的综合发展。每个类别下的具体活动都可以进一步细化，以满足不同年龄层次和兴趣爱好的学生的需求。

（二）依据研学资源的分类

根据教育部等十一部门联合发布的《关于推进中小学生研学旅行的意见》，本书采纳了郭锋涛、段玉山等专家所制定的《研学旅行课程标准（二）——课程结构、课程内容》。该标准将研学旅行的课程内容系统地划分为六大主要领域：地理探索、自然观察、历史文化、科学技术、人文交流以及亲身体验。书中不仅详尽阐述了各个领域的具体内容标准，还提供了丰富的活动建议，对于研学旅行课程内容的设计与实施具有重要的指导价值。[①]

1. 地理类

地理类研学旅行内容包括地理位置与地名、地理要素与景观、地理环境、地理标志、人地协调观与地理审美等方面，主要体现地理、科学、艺术等学科在研学旅行中的作用，借助地图、地理信息技术等工具，依托自然和人文地理环境，通过自然考察、实验、社会调查等形式，探究地质地貌、气象水文、土壤植被等自然要素，人口、聚落、经济、文化、社会等人文地理事象，进而发现该区域存在的人地关系问题，并提出相应的解决方案。通过地理类研学旅行课程使学生认识到理论与实践相结合的重要意义，从中培育学生的综合思维、人地协调观、地理实践力等核心素养。

【内容标准】

1.1 地理位置与地名

1.1.1 实地确定地理位置与地名，认知和评价区域地理位置特征，了解当地地名与政区沿革的关系。

1.1.2 实地确定旅行线路、区域范围，制作简易地图。

1.2 地理要素与景观

1.2.1 实地认知地理要素与景观，了解其区域特征及成因。

1.2.2 了解地理要素与景观对区域发展的影响。

1.3 地理环境

1.3.1 实地认知地理环境的整体性与差异性。

1.3.2 评价当地地理环境与区域发展的相互关系，对区域决策提出初步建议。

1.4 地理标志

1.4.1 实地认知和应用区域地理标志。

1.4.2 实地了解和推广地理标志产品。

1.5 人地协调观与地理审美

1.5.1 践行人地协调观，检验和提升核心发展素养。

1.5.2 认知和实行地理审美。

---

① 郭锋涛，段玉山，周维国，袁书琪．研学旅行课程标准（二）——课程结构、课程内容［J］．地理教学，2019（6）：4-7.

【活动建议】

●遵循野外作业规范，使用地图、定位仪器、测绘、观察、观测等装备，获取第一手自然地理信息。

●遵循社会调研规范，使用调查量表、统计工具等，获得身临其境的社会地理信息。

●遵循取样、实验规范，使用取样、实验装备，采集岩矿、空气、水、土壤、生物、资源、物产等实物样品进行地理实验。

●遵循图文收集规范，收集自然、人文、区域的地理资料、文件、文献等的纸质、电子版本。

●走访社区、部门、机构、行业、企业等，开展观察、体验和访谈。

●遵循有关规范，对实践活动进行文字记录、填图、简易地图和统计图表绘制、声像摄取录制等，使用地理信息技术等建设地理信息库。

●参与生态、经济、文化、社会、政治等的建设实务。

●遵循安全规章，使用安全防护、救护装备，保障研学旅行安全有序。

●采取小组合作与个人分工独立作业相结合的方式，全面开展考察、调查、实验、体验、旅游，探究、讨论、辩论、分析、评价、鉴赏、发现，创作、交流、展示等活动。

●提交考察、调研、实验、评价、建言等报告和绘制的地图、创作的作品等，展示、交流研学旅行实践成果。

2. 自然类

自然类研学旅行内容包括欣赏自然现象与景观、自然资源与灾害、自然生态、自然规律等方面，主要体现地理、生物、科学、艺术等学科在研学旅行中的作用，借助生态、林草、地质、水利等学科的科学研究方法，依托自然保护区、风景名胜区、地质公园、矿山公园、森林公园、湿地公园、水利风景区、生态旅游区等自然保护地，深入了解自然环境与人类发展的关系，协调人地关系机制，进而宣传保护环境的理念，参与和体验环境保护志愿者工作，从中培育科学精神、社会参与等学生发展素养。

【内容标准】

2.1 自然现象与景观

2.1.1 现场识别自然现象与景观，认知其成因。

2.1.2 发现、欣赏当地自然现象与景观的美学特色。

2.2 自然资源与灾害

2.2.1 现场认知自然资源与灾害的价值与危害，了解其成因。

2.2.2 认知当地自然资源与灾害的区域特征、提出对当地对策措施的初步评价和改进建议。

2.3 自然生态

2.3.1 实地感受自然生态状况，了解区域自然生态特征及成因。

2.3.2 提出对当地生态建设的意见、建议。

2.4 自然规律

2.4.1 实地印证所学自然规律，分析综合性案例。

2.4.2 应用自然规律，发现、分析、解决具有当地特殊性的自然科学问题。

【活动建议】

● 遵循野外安全防护规范，通过考察、采样、实验等方法，开展合作学习，深入探究当地自然现象与景观。

● 借助电子数码设备，摄录自然现象与景观声像，经后期制作，加以展示。

● 走访政府发展改革、自然资源等部门，调查代表性企业，访问相关网站，收集当地文献资料、统计年鉴等，考察资源赋存地，召开模拟意见咨询座谈会，评估当地自然资源开发利用和保护现状，提出整改意见。

● 走访政府应急管理等部门，调查地质、地震、气象、海关检疫、图书、档案等相关机构，访问相关网站，收集当地文献资料、灾害及救灾记录，考察灾害遗迹，访谈相关居民，举办模拟论坛，探讨当地自然灾害的成因，提出防灾、减灾建议。

● 走访政府生态环境保护等部门，实地调查生态环境破坏与修复问题，运用相关测量和实验设备实测和分析空气、水、土壤、植被等的理化性状，访问相关网站，收集当地文献资料，作为志愿者，参与生态环境保护工作。

● 以"负氧离子浓度变化""植物精气与人类健康""生物入侵及防治""蔬菜生产安全"等为主题，举行专题模拟听证会，提交会议备忘录。

● 开展"跟着物理（化学、生物、地理、语文）课本去旅行"活动，通过考查、调查，比较课本上与真实情境中的自然规律及其表现，应用自然规律，发现、分析、解决实际问题。

● 提交、展示、交流及相互评价研学实践成果。

3. 历史类

历史类研学旅行内容主要包括历史遗迹、文物与非物质文化遗产、历史聚落、纪念场所、历史题材艺术、家国情怀等方面，主要体现历史、思想政治、社会、语文、地理等学科在研学旅行中的作用，借助历史考证、社会调研、人文探究、文艺鉴赏等方法，依托历史遗迹、革命遗址、博物馆、纪念馆、文艺展馆等人文遗产，欣赏、体会中华优秀传统文化、哲学智慧、道德伦理、文学艺术特色、传统科技工艺创造、历史名人名事声誉等，引导学生坚定文化自信、传承和弘扬革命传统。

【内容标准】

3.1 历史遗迹

3.1.1 现场识别历史遗迹，认知其年代。

3.1.2 还原遗迹的历史环境，了解名人名事。

3.2 文物与非物质文化遗产

3.2.1 现场识别、认知文物与非物质文化遗产。

3.2.2 感受和体验文物、非物质文化遗产的历史背景与文化传统。

3.3 历史聚落

3.3.1 了解历史聚落的文脉与文化价值。

3.3.2 体验历史聚落的文化传承与现代生活。

3.4 纪念场所

3.4.1 了解纪念场所的历史观念。

3.4.2 评价、弘扬纪念场所的精神和价值观。

3.5 历史题材艺术

3.5.1 感受、欣赏历史题材艺术。

3.5.2 初步学会历史题材艺术创作。

3.6 家国情怀

3.6.1 践行、提升家国情怀素养。

3.6.2 传承优良传统，树立文化自信。

【活动建议】

● 参观古聚落、古遗址，访谈当地居民，走访政府住房和城乡建设、侨务、民族、宗教、文化与旅游等管理部门及图书、方志、档案、谱牒、文史、建筑设计、文化创意、艺术创作和演艺等相关机构，访问相关网站，收集当地文献资料，实地拍摄、测量，复原历史，举办专题研讨会、模拟考古发现发布会等活动。担任志愿者，参与寻根恳亲、乡愁体验等活动。

● 参观老革命根据地、革命活动和战争遗址、红色名人名事纪念场所，访谈当事人和相关人员，走访宣传、党史、民政、文博等部门及图书、方志、档案、文史、艺术创作和演艺等相关机构，访问相关网站，收集当地文献资料，实地体验环境与生活，担任志愿者，参与革命文化整理、革命文物保护、老革命根据地扶贫等工作，举办革命节庆或纪念活动、革命传统传承培训营、红色故事会、红色文艺创作班、红色文化采风展等丰富多彩、喜闻乐见的活动。

● 观摩非物质文化遗产和历史题材艺术展示和演艺，参与抢救、整理民间语言文学、故事传说，学习和实践工艺、演艺，举办文化遗产传习拜师，传统工艺、演艺宣传展示和传承学习汇报演示活动。

● 提交、展示、交流及相互评价研学实践成果，召开学校、学生和家长参与的总结、交流汇报会。

● 召开学校、学生和家长参与的恳谈会，以汇报、交流、展览等形式展示研学成果。

4. 科技类

科技类研学旅行的内容主要包括科技发展、科技研发、科技建设、科技伦理等方面，主要体现数学、科学、物理、化学、生物、信息技术等学科在研学旅行中的作用，借助现代人工智能、VR、AR、3D打印等技术、科学探究和实验方法，依托科技馆、科技活动、科研机构、高等院校、国家重大工程、现代产业园区等场所，通过参观、培训、实验等形式，培育学生的科学伦理、创新意识、劳动观念等素养。

【内容标准】

4.1 科技发展

4.1.1 实地认知科技发展过程及区域特征。

4.1.2 评价科技发展成果对当地社会发展的贡献。

4.2 科技研发

4.2.1 初步学会科技研发程序、方法。

4.2.2 参与、实践科技创新。

4.3 科技建设

4.3.1 现场体验重大建设项目中的科技应用。

4.3.2 参与科技建设，对当地科技建设提出意见建议。

4.4 科技伦理

4.4.1 评价现实科技项目中的科技伦理，在实践中提升科技伦理素养。

4.4.2 感受、创造科学美。

【活动建议】

● 参观科技场馆，体验科技实验、游艺设施，听取解说，参与互动，走访政府科技等管理部门及图书、科技情报、档案、方志等相关机构，访问相关网站，收集当地的文献资料，调查科技重大项目的当地受众，撰写科技发展调查报告、科技实验报告，举办科技伦理讨论、辩论会，举办模拟科技立项论证会，结合校内设施开展小发明、小创新活动及举办成果展示汇报会。

● 参观高新技术开发区、高科技企业、高新农业园区、重大工程建设项目、科研机构和台站，体验实验、生产设施，听取解说，开展调查，走访政府科技工业和信息化、农业与农村、交通运输、生态环境保护、国防、教育等管理部门及图书、科技情报等相关机构，访问相关网站。

● 收集当地文献资料，调查科技成果的当地受众，撰写科技应用调查报告、举办以"科技与生活""科技与社会""科技与城乡""科技与环境""科技与海洋""科技与军事""科技与艺术""科技与人生规划"等为主题的讨论、辩论会，举办模拟科技立项论证会，结合校内设施开展与科研机构和高科技企业合作的科技活动，定期举办成果展示汇报会。

● 参加学校与社会合作举办的以物种培育、农产品二维码追溯、无人机、3D 打印、机器人、绿色用品、互联网营销、艺术科技等专题科技竞赛。

● 参加国际、国家和地方科技社团、机构举办的各种专题科技考察、团队、课题、竞赛等活动。

5. 人文类

人文类研学旅行的内容主要包括人文特色、社会发展、人居环境、文化建设等方面，主要体现思想政治、历史、社会、地理等学科在研学旅行中的作用。借助社会科学调查、研究、评价、决策等方法，依托爱国主义教育基地、社会发展展馆、城乡聚落、战略发展项目、社会科学研究机构、高等院校、民族聚居地等社会研学基地，重点感知中华人民共和国建立以来，尤其是改革开放以来我国社会发展所取得的成就、国际地位的提升、人民生活水平的提高，探究当前我国转型发展的重大问题与发展战略。培育学生的家国情怀、世界眼光、社会责任感等素养。

【内容标准】

5.1 人文特色

5.1.1 实地感知、欣赏人文特色，了解其成因。

5.1.2 初步评价区域人文特征及其发展前景。

5.2 社会发展

5.2.1 了解当地经济社会发展过程和现状。

5.2.2 初步评价区域社会及其发展质量，发现其问题，提出意见和建议。

5.3 人居环境

5.3.1 体验当地生活条件及其与城乡建设的关系。

5.3.2 评价区域人居环境质量，提出改进意见。

5.4 文化建设

5.4.1 感受当地文化建设成果，欣赏文化艺术特色。

5.4.2 评价区域文化融合传承与发展创新及其与社会发展的相互影响。

【活动建议】

● 参观博物馆、文化馆、艺术场馆，开放的民族、宗教文化场所，访谈当地社区居民，走访文化与旅游、侨务、民族、宗教、台港澳事务等管理部门及图书、方志、档案、文史、建筑设计、文化创意、艺术创作和演艺等相关机构，访问相关网站，收集当地文献资料和艺术作品，实地摄录当地代表性人文景观与活动，参与民俗节庆、文化艺术活动，旅居当地民宿体验生活，参与中外、祖国大陆与台港澳的文化交流活动和担任志愿者，举办文化交流会、文化专题研讨会、文化旅游展示会等活动。

● 游览市容乡景，参观城乡社区、城乡规划场馆、商业娱乐场所、休闲健身场所、地方特色服务餐饮场所、教育培训机构、医疗养生机构、体育运动场所、温泉服务设施等地，走访政府相关部门，访问当地社区居民，到图书、档案、建筑设计、文化创意等相关机构，访问相关网站，收集当地文献资料，参与当地社会活动、社区活动，举办社会、城乡、生态等建设的展示会、研讨会、辩论会，为当地社会发展作出评价，出谋划策。

● 观摩文化创意、工艺、演艺、竞技，收集文化艺术作品，学习和实践工艺、演艺、运动，举办艺术推介展示和学习成果汇报演示等活动。

● 参观各行各业的企业、专业市场、物流场站，乘坐各种交通工具观摩各种业态的商务活动，走访相关政府管理部门及图书、档案、生产性服务业、各行业协会等相关机构，访问相关网站，收集相关文献资料，实地摄录经济、商务活动，参与各行各业专业研讨、营销、交易等活动，参与体验开放的生产、服务工作，举办经济发展专题研讨会、模拟商务营销会、模拟投资洽谈会等活动。

6. 体验类

体验类研学旅行内容主要包括体育与拓展运动、劳动与创业、集体生活等方面，主要体现劳动技术、信息技术、体育、艺术等学科在研学旅行中的作用，借助现代生产方法和技术、身心发展理论和方法，依托综合实践活动基地、劳动教育基地、团队拓展基地、国防教育基地、军营、体育训练基地、现代生产企业等场所，通过从事生产劳动、军事训练、团队拓展、职业体验、体育培训等形式，达到身心体验、精神提升和团队协同等目的，培育自我发展、健康生活、勇于拼搏、团队合作等素养。

【内容标准】

6.1 体育与拓展运动

6.1.1 参与、体验社会体育运动，学会减压放松，养成健康的生活习惯。

6.1.2 参与、体验竞技体育、军事训练与拓展运动，提升刻苦拼搏的意志、团队合作竞争意识以及相应能力。

6.2 劳动与创业

6.2.1 参与、体验劳动与职业训练，培育劳动与职业素养和技能。

6.2.2 参与、体验创业训练，激发潜力，培育创新意识和能力。

6.3 集体生活

6.3.1 体验、感受集体旅行、生活和研学活动。

6.3.2 培育集体荣誉、团结互助、遵守纪律等意识和习惯。

【活动建议】

●走进体育场馆，观摩体验赛事和运动训练，参与体验运动，接受运动培训，组织团队进行集体竞赛。听取、体验、宣传健康生活和运动养生培训。

●走进野外训练基地、营地，观摩、参加力所能及的野外拓展训练、军事训练、野外生存训练、山地运动、野外探险、定向行军、骑行驾驶等具有挑战性的活动，组织团队，集体竞赛。

●走进劳动实践基地、营地，厂矿、乡村，亲身践行劳动过程，体验创业、工匠、团队等精神。

●走进创意工作室、创业孵化基地等场所，观摩创业、创意工作，体验个性化创意、集体创新的过程。

●集体参加志愿者活动，服务社会、社区、弱势群体。

●应用体育、通用技术、信息技术等课程的学习成果，学习、践行安全防范规则和措施。

●举办体验活动实践成果汇报、展示会。

（三）依据学段特征的分类

1. 小学学段研学课程内容

小学生研学旅行内容的设置，要从小学生的生理、心理特点及认知能力出发，重点是引导小学生走出课堂，融入自然与社会，经历感受与体验，学会发现问题、动脑思考，体验课题研究过程与方法，提出自己的想法，获得有积极意义的价值体验，学会理解并遵守公共场所基本行为规范。根据国家教育部门的相关规定和各地的实践[1]，小学研学旅行课程内容可重点从以下方面考虑。

---

① 王嵩涛. 中小学生研学旅行课程指引［M］.北京：首都师范大学出版社，2019.

（1）自然景观类研学。

从游览自然景观、领略祖国山河等角度确定研学内容。例如，参观地质公园，了解地质构造与地理知识；参观天文馆，了解天文知识；参观环保项目，了解环保的意义与作用；游览动物园，了解动物知识，培养动物保护意识；参观农业科研院所，了解农作物生长常识等。

（2）人文历史类研学。

从人类文明和历史文化角度确定研学内容。例如，参观红色旅游景点，接受革命传统教育，培养对中国共产党的朴素感情，参观历史遗迹，了解社会历史发展，培养家国情怀，为自己是中国人感到自豪；参观非物质文化遗产项目，培养传统文化保护意识等。

（3）地理建筑类研学。

从地理及建筑特点等方面确定研学内容。例如，参观古代建筑，了解地形、地势对建筑物的影响、建材与气候的关系，发现并提出自己感兴趣的问题，提出自己的想法，形成对问题的初步解释。

（4）模拟体验类研学。

从现场模拟体验确定研学内容。例如，参观科技场馆，参加馆内各种模拟体验，学会运用信息技术设计并制作有一定创意的数字作品，运用常见、简单的信息技术解决实际问题；参加绘画、音乐、戏剧等艺术体验；参观和参加企业生产经营体验、商业营销职业体验、高校学习生活体验等，学习处理生活中的基本事务，初步养成自理能力、自立精神，服务于学习和生活。

2. 初中学段研学课程内容

随着研学主体的成长变化，初中研学课程与小学研学课程相比，应当更进一步突出研学主体的意志自觉、责任担当、观察能力、实践能力和交流能力。根据国家教育部门的相关规定和各地实践，初中研学旅行课程内容可重点从以下方面考虑。

（1）深入了解社会。

通过研学旅行活动，了解当前社会的现实问题，如环境、交通、饮食、卫生、网络、就医、入学，以及动植物保护、人口老龄化、就业压力等。通过职业体验活动发展兴趣专长，养成积极的劳动观念和态度，初步培养生涯规划意识和能力。

（2）开展素质教育。

通过组织学生参加红色之旅活动，参观纪念馆、档案馆、科技馆和博物馆活动，亲历社会实践和场馆体验，学会主动分享体验和感受，培养责任担当意识，形成国家认同观念，强化爱党爱国意识。通过组织市内外、省内外、国内外友好学校互访，访问知名学者、成功人士，以及开展相关的游学职业体验活动，发展兴趣专长，形成积极的劳动观念和态度，培养初步的生涯规划意识和能力。

（3）开展科学探索。

通过研学旅行活动，开展涉及数学、物理、化学、生物、地理、语文、英语、政治、历史、通用技术、信息技术、音乐、体育、美术以及交叉学科知识的探索，深入思考并提出有价值的问题，将问题转化为有价值的研究课题，学会运用科学方法开展研究，能够运用所掌握的知识理解与解决问题，形成规范的研究报告或相应研究成果。

（4）研学科技应用。

通过参加研学旅行，学习和研究科学技术在生活、生产实践和科学实践领域的应用，如环境保护、生态建设、节能、新能源的开发和利用、纳米技术、灾害预报等。学会运用一定的操作技能解决生活中的问题，将一定的想法或创意付诸实践，通过设计、制作或装配等，制作和不断改进较为复杂的制品或用品，提高利用信息技术分析和解决问题的能力，逐步培养数字化产品的设计与制作能力。

（5）组织校外活动。

通过组织研学旅行活动，引导学生走出校园，参与校外实践活动，组织学生开展社团活动、爱心活动、安全演练活动、校外义务劳动等，增强学生的服务意识，养成独立的生活习惯，增强服务学校和社会的行动能力，初步形成对自我、学校、社区负责任的态度和社会公德意识，强化法治观念。

（6）开展国防教育。

通过组织参观军营，参与军事训练，学习军事知识，接受军队纪律教育，加强国防教育、强化国防意识等。

3. 高中学段研学课程内容

结合学生的年龄特点和个性特征，以促进学生的综合素质发展为核心，均衡考虑学生与自然的关系、学生与他人和社会的关系、学生与自我的关系是高中阶段研学课程内容设置的着力点。高中阶段课程内容设置上，应更多地体现专业化、规范化、体系化、效能化。国内外研学旅行的经验表明，高中阶段研学课程的基本内容，可以从以下方面加以考虑。

（1）自然教育研学旅行。

总体上说，每个学生无外乎都是由自然的教育、事物的教育、人为的教育培养起来的。其中，自然的教育能够用各种各样的考验促进学生涵养性情、训练体格、陶冶情操，正是从这个意义上说，自然环境是研学旅行课程中的一项重要资源，自然本身就是最好的研学导师。通过开展以自然景观为内容的研学旅行，让学生在自然中体验和学习关于自然的知识，建立与自然的联结，树立生态的世界观，将有助于培养和发展学生的技能、知识和素质。由学校或研学机构组织的自然历史古迹研学、自然景观观赏和动植物观察，以及野外探险教育等活动，通常实行开放式教育，突出环境育人效用，注重引导学生开展广泛的实践探索，提出具有一定新意和深度的问题，综合运用知识分析问题，用科学的方法开展研究，增强解决实际问题的能力。

（2）生活体验研学旅行。

从生活中学习，从经验中学习，从做中学，使学校里获得的知识在生活体验中更加立体生动，是研学旅行的重要特质。开展生活体验研学旅行，有助于满足学生学会动手动脑、生存生活的需要，使学生能直接接触社会生活环境，诸如农场研学、职业体验、生存挑战、社区服务等内容的研学旅行大体属于这一类。这类研学区别于校内生活情境学习和校内实践活动，可以使学生在真实情境中学习，在社会生活中实践，从中接受原汁原味的生活教育和实践教育，为学生创造整体的、特别的生活教育体验，以增强学生的社会责任意识和法治观念，理解并践行社会公德，提高社会服务能力，培养主动服务他人、服务社会的道德情怀。

（3）文化考察研学旅行。

文化是凝结在物质之中又游离于物质之外的，能够被传承的国家或民族的历史、地理、风土人情、传统习俗、生活方式、文学艺术、行为规范、思维方式和价值观念，是对客观世界感性认知与经验积累的升华，是一种能够传承的意识形态。研学旅行为学生离开居住地到不同的地方去接触、了解相对陌生的文化提供了有利条件。随着经济一体化、全球化进程的加速，培养学生这种跨文化理解和交往能力的跨文化意识，显得越发必要。文化考察研学旅行有助于学生接触到平时不会关注的文化现象，通过实地研学，促进对各类文化的认识，进一步提升文化理解能力、包容能力和交际能力。这类研学注重从历史地理、风土人情、语言表达、饮食特点、传统习俗和职业特色，以及文学艺术、价值观念等方面设置研学旅行内容，注重拓宽学生视野。通过文化考察研学旅行，引导学生深化社会规则体验，培养文化自信意识，更好体悟个人成长与职业世界、社会进步、国家发展和人类命运共同体的关系，增强生涯规划和职业选择能力。

（4）国情特色研学旅行。

中华人民共和国是工人阶级领导的，以工农联盟为基础的人民民主专政的社会主义国家，人民代表大会制度是国家的根本政治制度。中国共产党领导人民进行新民主主义革命，实现民族独立和人民解放，建立新中国和进行社会主义建设，坚持改革开放，建设中国特色社会主义，努力实现中华民族伟大复兴。当前，我国正处于中国特色社会主义新时代。这就是我国最大的国情特色，也是高中阶段研学旅行课程设置不可或缺的重要内容。围绕国情特色开展红色文化研学旅行，参观革命遗址，了解国家机构运作，进行传统教育、国情教育，使学生了解国情，爱我中华，强化对中国共产党的认识和情感，培养具有中国特色社会主义共同理想和国际视野。

拓展阅读 5-2 ●

芬兰教育引领全球的秘密：让孩子在自然中学习

提起芬兰，你会想到什么？极光、圣诞老人、桑拿、极夜的冬天、诺基亚……芬兰虽为北欧小国，却摘下了教育超级大国的桂冠，甚至有"芬兰教育世界第一"的称号。国际教育排名最权威的经济合作与发展组织（OECD）每隔三年发布一次国际学生评估（PISA），芬兰教育一直名列前茅。芬兰目标在 2035 年实现碳中和，环境教育在这个目标实现的过程中起着非常重要的作用。芬兰不是最早提出自然教育的国家，但却是将自然环境与教育最深远地结合在一起的国家。

芬兰自然教育的 3 个关键词：长期主义、现象式教学、户外教学。

芬兰的自然教育师资：芬兰对老师的挑选之严格已被世界所熟知与叹服，所有教师都不仅拥有与环境领域相关的硕士学位，同时拥有教师资质。因为所有教师无一例外地具有研究能力，芬兰也就拥有了一个人人都可以是研究员的强大教师研究队伍。芬兰教师们的教学设计与实践能力更是让世界望其项背（表5-4）。

表5-4 哈拉卡自然中心自然学校日教学设计内容

Nature School Day in Harakka Nature Center（哈拉卡自然中心自然学校日）		
9：00—9：15	抵达该岛以及该岛的基本信息和历史	
9：15—9：30	参观水族馆、观察鱼类和波罗的海基本信息	
9：30—9：45	解释当天的节目，并将全班分成几个小组	
9：45—11：15	一天的第一课	第一组：海洋研究 第二组：鸟类之旅
11：15—11：45	午餐	
13：15—13：45	小组介绍了他们在白天学到的东西，教师总结了学到的知识，并谈论了波罗的海的食物网、海洋的一些威胁，以及每个人在自己的生活中可以做些什么来帮助海洋	
13：45—13：55	学生将所有研究的样本释放到他们被捕获的同一个地方	
13：55—14：00	班级跳上渡轮并告别	

续表

海洋研究	鸟类之旅	昆虫和植物
• 来自海洋的浮游生物样本 • 收集不同的藻类，并使用渔网捕捉虾等小生物 • 采集淡水样本 • 使用显微镜和放大镜来研究样本并识别一些物种 • 比较来自海洋和淡水的样本 • 老师帮助识别物种，解释有关该物种的基本知识，应该如何（小心地）处理这些生物，以及一些威胁波罗的海和物种	• 用双筒望远镜观察鸟类 • 识别物种 • 观察鸟类的行为，特别是筑巢行为 • 老师解释了这种行为，讲述了鸟类吃的食物，它们如何适应生态位，一些鸟类的迁徙，一些鸟类因人而面临的威胁	• 用昆虫网捕捉一些昆虫，尤其是蝴蝶 • 识别昆虫 • 观察植物，识别基本物种，了解可食用植物，并玩植物宾果游戏 • 老师解释了昆虫和植物的生命周期，它们是如何相互联系的（授粉）。解释了发现的昆虫行为。现在应该（小心）处理昆虫，以及发现的物种可能构成什么威胁

资料来源：微信公众号：让教育在自然中发生——芬兰自然教育实践 https://mp.weixin.qq.com/s/22-9Ok2NTT2Q-h0HFg5QqQ.

二、研学旅行课程内容的特征

研学旅行是一门行走的课程，是在真实情境中实施的课程，既不同于在校内实施的学科课程，也不同于一般的观光旅行活动；既不同于一般的学科知识学习，其思维方式也不同于普通学科的学习。研学旅行课程的内容具有以下特征。

（一）综合性与开放性

教育部等 11 个部门联合发布的《关于推进中小学生研学旅行的意见》精心规划了研学旅行课程内容，覆盖了地理、自然、历史、科技、人文及体验六大领域。这些课程设计旨在打破传统学科间的壁垒，促进跨学科学习能力的培养，并超越书本知识范围，更加强调实践活动和参与度。此外，研学旅行鼓励学生走出校园，在户外环境中进行探索和学习，以此来拓宽视野并增强实践技能。

（二）现实关联与灵活性

面对当今社会快速变化的趋势以及层出不穷的新现象，课本上的内容往往局限于已有的知识体系与理论框架，难以紧跟时代步伐。因此，通过研学旅行这一方式可以有效地弥补课堂教学与现实生活之间的差距。它为学生提供了在真实场景中解决问题的机会，活动形式多样且富有创意空间，能够及时融入最新的社会发展动态，使学生能够在多元化的渠道中获取新知，进一步丰富和完善自身的知识结构。尽管研学旅行是经过周密安排的教育活动，但学生的观察、体验过程及其所涉及的内容均保持高度的开放性和自由度。组织中小学生参与此类活动的目的在于激发他们突破课堂与教材的限制，将学习延伸至生活实践中去，从而加深对周围世界的理解和认识。

（三）探究性与体验性

研学旅行赋予学生丰富的探究机会和解决问题的实践平台。在选择研学主题时，学生需要展现出敏锐的问题意识，从日常生活中的观察出发，主动识别、定义并整合相关议题。这一过程不仅考验学生的思考能力，还要求他们对可用资源进行细致分析、比较和评估，以确定合理的探究方向和体验项目。

研学旅行中往往会出现许多事先未预料到的情况和问题，这就要求学生们能够灵活应对，通过实地考察与亲身体验来寻找解决方案。无论是复习已学知识还是探索未知领域，在研学过程中获得的新见解都需要经过实际验证才能被真正吸收。当学生将这些新学到的知识应用于解决类似问题时，他们会经历一个由浅入深的学习过程，逐渐达到融会贯通的境界。

研学旅行是一种基于现实生活情境下的学习模式，其核心在于将理论与实践相结合。课程内容的设计强调了直接经验的重要性，鼓励学生在真实环境中运用所学，从而加深理解并增强记忆。这种沉浸式的教育方式所带来的满足感是传统课堂讲授难以比拟的，它让学生们能够在实践中感受到学习的乐趣，并培养出更加扎实的能力基础。

（四）进阶性与默会性

研学内容的进阶性体现在数量的增加和层次的深化两个维度上。考虑到不同年龄段学生在记忆力、思维能力等方面的发展差异，研学课程的设计应当根据学生的年龄特点进行个性化调整，但总体趋势应是逐步提升。随着年级的增长，研学旅行的内容范围将更加广泛，涉及的类型也将更为多样，同时任务点也会相应增加。层次的深化则主要反映在感知觉、记忆及思维发展的不同阶段上。例如，低龄儿童可能更注重感官体验，而高年级学生则能够处理更为复杂的概念[①]。

默会性的概念由匈牙利裔英国哲学家迈克尔·波兰尼在其著作《个人知识》中提出。波兰尼区分了两种类型的知识：显性知识（可以通过语言明确表达的知识）和默会知识（难以言传却能被理解和应用的知识）。在研学旅行过程中，学生们不仅获得了课本上的显性知识，更重要的是通过环境探索、实践活动以及同伴互动积累了大量默会知识。这种知识往往深植于具体的行动之中，它不是通过命题或言语直接传授的，

---

① 房娟，林强.研学旅行课程的开发与实践：以儿童身心发展特征为基础［M］.北京：科学出版社，2021：65-124.

而是需要通过参与实际操作才能逐渐被领悟并内化。因此，在研学活动中，鼓励学生积极参与，并且尝试将这些非言语化的理解外化为可以分享的经验，对于促进他们的全面成长至关重要。

拓展阅读 5-3 ••••••••••••••••••••••••••••••••••

大卫·库伯（David Kolb）是美国社会心理学家、教育家，也是著名的体验式学习大师。他借鉴了杜威、勒温、皮亚杰等人的教育思想，提出了著名的"体验式学习循环圈"。他认为体验性学习过程是由四个相适应的循环学习阶段构成——具体经验、反思性观察、抽象概括和积极实验（图 5-2）。

图 5-2　大卫·库伯图体验式学习圈

在库伯看来，体验学习是体验、感知、认知与行为四个方面的整合，即关注学生的真实体验，将体验中领悟的新想法、新观念归纳应用于实践中去，从而达到自我成长目的的统一的过程。

从该理论的视角看，研学旅行的课程理论既不是把学习看作对抽象符号进行回忆与加工的理性主义，也不是把学习当成刺激—反应联结的行动主义，而是一种体验学习。

资料来源：邓纯考，段亚伟.体验性学习视角下的研学旅行课程设计策略[J].中小学信息技术教育，2020（1）：87-90.

（五）本土性与生成性

在研学课程资源的挖掘过程中，无论是选择身边的"乡土"还是遥远的"远方"，关键在于将学生置于真实的情境之中，实现教育的延伸。本土文化作为宝贵的教育资源，具有强大的育人功能。因此，研学旅行的内容应当根据学生所处地域的独特性来设计，逐步构建以乡土文化和地方情感为核心的课程体系。这样的课程根植于生活和社会实际，让学生能够深刻体会到身边自然和文化资源的重要价值，从而进一步增强他们对家乡和祖国的热爱之情，在实践活动中陶冶情操，塑造优秀品格，提升精神境界。

研学旅行的过程充满了变化和不确定性，教师的智慧引导常常会促使非预设事件的发生，进而产生新的生成性资源。随着活动的深入，学生的体验逐渐丰富，原先设定的问题和活动可能不再完全满足他们的需求，这时就需要适时地引入新内容。研学内容的这种生成性要求课程实施具备一定的灵活性，例如：

（1）当学生提出有价值的研究问题时，研学导师应当给予肯定，并鼓励全班同学共同参与探究。

（2）学生们带着各自的生活经验和背景去接触新事物，由于学习进度不同，每个人的关注点和成果也会有所差异。

（3）面对研学过程中的非预期情况，应积极引导学生思考，充分利用这些生成性的资源，这不仅是培养学生创新思维的关键步骤，也是整个研学旅程中最精彩的部分。

通过这种方式，研学旅行不仅是一次知识的学习之旅，更是一场充满发现与创造的心灵成长之旅。

第四节　研学旅行课程内容的结构与构建

👉【学习目标】

1. 理解研学旅行课程内容理念，包括学生核心素养提升、社会转型需求和学科融合教育的趋势。

2. 能够基于学生需求调查，结合地域特色资源，设计并实施符合不同学段特点的研学旅行课程内容。

3. 能够在研学旅行课程内容中整合地理、自然、历史、科技、人文等多学科知识，引导学生在实际情境中综合运用这些知识解决问题。

4. 学会在研学旅行课程内容中创设真实的情境，激发学生的探究兴趣，通过实践活动让学生获得直接经验和感性知识，提高其问题解决能力。

5. 掌握优化研学旅行课程内容与结构的方法。

6.能够对研学旅行课程内容进行有效评估，为后续课程内容提供改进依据，持续提升课程质量。

👉【关键词】

研学旅行课程内容结构　内容构建方法　学情分析　学分与课时安排

👉【问题引导】

1.如何确定研学旅行课程内容的核心理念？

2.在构建研学旅行课程内容时，如何有效地进行学生需求调查？

3.如何在研学旅行课程内容中整合多学科知识，促进学生的综合应用能力？

4.怎样创设真实的情境，激发学生在研学旅行中的探究兴趣？

5.如何评估研学旅行课程内容的有效性，并根据反馈进行改进？

一、研学旅行课程内容的结构

研学旅行课程的内容结构是实现研学目标并最终转化为研学成果的关键桥梁。它不仅是研学课程各个组成部分之间相互协作和有序组织的体现，也是整个研学内容体系的核心框架。这一结构不仅反映了研学旅行课程背后的理念和价值取向，还为其形态构造提供了基础支撑。

（一）基于学生特点的多层次研学旅行课程内容结构

根据不同学段学生的知识水平、技能水平、知识综合程度、研学方式（包括体验项目和研究问题）、学习方法等特点，注重研学课程内容梯度性和差异性，逐步开发乡土乡情、县情、市情、省情、国情的不同层次研学活动课程内容。研学旅行课程可分为地理类、自然类、历史类、科技类、人文类、体验类等类别[1]。每次研学旅行活动可以以某一类别的课程内容为主，更鼓励多种类别课程内容的融合。这样形成的研学旅行课程内容结构见表5-5。

---

① 郭锋涛，段玉山，周维国，等.研学旅行课程标准（二）——课程结构、课程内容［J］.地理教学，2019（6）：4-7.

表 5-5　基于学生特点的多层次研学旅行课程内容结构

学段	年级	学段特点	内容层次	推荐课程内容	研学旅行课程内容
小学	小学四、五、六年级	以游览、观光、体验为主，重视游戏性、艺术性内容，减少讲授，以满足这一年龄段学生好玩、喜动的天性	乡土乡情基础上的拓展	自然景观类、人文历史类、地理建筑类、模拟体验类	地理类自然类历史类科技类人文类体验类
初中	初一、初二年级	设计更多理解性内容，适当增加竞赛性、参与性、探索性内容，以满足这一阶段学生强烈的求知欲、好奇心	县情、市情基础上的拓展	深入了解社会、开展素质教育、开展科学探索、研学科技应用、组织校外活动、开展国防教育	
高中	高一、高二年级	以知识的拓展、理论的应用、综合性体验、研究性学习为主，辅之以观光、考察、游历等活动	省情、国情基础上的拓展	自然教育研学旅行、生活体验研学旅行、文化考察研学旅行、国情特色研学旅行	

（二）基于核心素养的研学旅行课程内容结构

研学旅行作为促进学生学习模式革新的重要手段，近年来在教育领域受到了广泛关注。不同于传统学科的程序化教学，研学旅行以其开放性和实践性优势，使学生能够走出课堂，置身于真实的自然和社会环境中进行自主学习和探究。在这一过程中，学生们通过直接观察、主动分析和协作解决实际问题，能够更加有效地将课本知识与实践相结合，从而提升他们对知识的理解深度，促进经验的积累，并培养批判性思维及解决问题的能力。

研学旅行课程的设计目标不仅是简单地让学生接触新环境或参与户外活动，而是通过精心设计的教育内容和实践活动，引导学生亲近自然、探索未知，接触并融入社会生活，自我反思以及体验集体生活的价值，逐步形成以学生核心素养为基础的学习能力和社会适应力。具体而言，包括价值认同、实践内化、身心健康、责任担当。

研学旅行课程的核心理念是围绕学生发展的全面性、综合性和持续性来设计课程内容。具体来说，应将课程内容与中国学生发展的六大核心素养紧密结合。这六大核心素养包括：人文底蕴、科学精神、学会学习、健康的生活方式、社会责任感以及创新实践能力。这些核心素养的确立为研学旅行课程提供了明确的方向和标准，使得课程内容能够从广度与深度上全面覆盖学生的身心发展需求。

基于此，研学旅行课程的内容结构应重点聚焦五大核心关系：人与自然、人与社会、人与国家、人与自我、人与科学。这些关系不仅构成了课程的基本框架，也为具体课程主题的设计提供了依据。课程设计者可以围绕这五大关系进一步细分和拓展出若干具体专题，如"人与自然"主题下设"自然地理"与"自然环境"专题，"人与社会"主题下设"历史与文化""伦理与道德"与"社会责任"专题，"人与科学"主题下设"科学精神"与"技术运用"专题，"人与国家"主题下设"爱国主义"与"国际理解"专题，"人与自我"主题下设"学会学习"与"健康生活"专题等。通过多样化的课程内容和丰富的教育主题，研学旅行课程能够在内容深度和形式广度上更好地匹配学生的学习需求，并通过系统化的教育内容和情境化的学习环境促进学生综合素质的全面提升。

通过基于课程目标、课程内容与课程主题的整体规划，我们能够构建一个全面的研学旅行课程内容框架体系（见图5-3）。该体系不仅能够为设计研学旅行活动提供具体而明确的指导，同时也能够为研学活动的教育效果评估提供系统化的理论基础与实践标准。这一框架体系将研学旅行的教育功能与学生的核心素养培养有机结合起来，为课程的长期发展奠定了坚实的理论依据和实践路径。

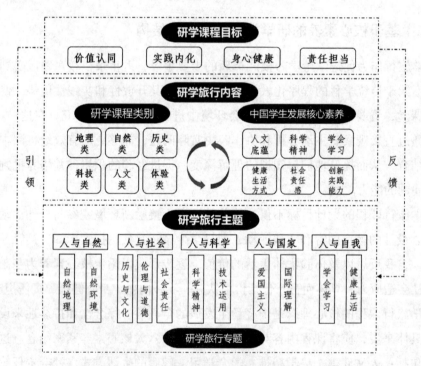

图5-3 基于核心素养的研学旅行课程内容结构

（三）学分与课时结构

研学旅行课程必须纳入中小学教育教学计划。中小学综合实践活动是必修课程，研学旅行是综合实践活动的重要组成部分。中小学研学旅行有课时保障，高中阶段的研学旅行有相应的学分。高中学生的研学旅行学业水平和表现是高校招生录取的重要依据。中小学不同学段研学旅行的时间和学分建议如表5-6所示。

表5-6　不同学段研学旅行时间和学分建议

学段	年级	每学年累计研学时间	学分建议
小学	四至六年级	3~5 天	
初中	初一、初二	6~7 天	
高中	高一、高二	8~10 天	4 学分

原则上，研学旅行要求集中食宿，即每次研学旅行至少要在外留宿1夜。因研学旅行课程条件、内容与形式多样，难以统一要求研学旅行时间，可根据实际情况灵活调整每学年累计研学旅行时间和每次研学旅行时间，尽量错开旅游高峰期，但是必须保证在三个学段研学旅行的有效实施。

拓展阅读 5-4

农业研学——美国霍桑山谷农场（分级教学）

一年级：在农场做零活

孩子们在农场进行实地学习，一年级的孩子在农场学习中心工作人员的带领下，参与每周的农场零活，包括喂鸡、放羊或者只看看动物。

二年级：农作物种植

二年级的孩子们亲自种下小麦，丰收的时候他们将亲自打谷、扬场。

三年级：动手做饭与搭建房屋

三年级的孩子们用手锯切割树林里已经倒下的木头，到糖枫林里采集枫树汁。他们用锯好的木头点火煮枫树汁，用亲自种出的小麦磨成面粉做煎饼，配上煮好的糖浆，这美味的早餐对他们来说就是最好的犒劳！房屋搭建活动让他们的实践课更丰富了，他们用当地的石头、木头、玉米秆、黏土以及从山谷和森林里找到的其他材料，建造游戏屋和花棚。

四年级：认养奶牛

通过照顾小牛，每位学生都学会了尊重栖息在地球上的其他生物。学生们还会通过绘图、水彩、黏土塑形来描述农场地形。

五年级：研究乳制品

五年级的学生会拿着写字板来霍桑山谷商店研究乳制品实例，比较来自周边地区和其他地区的奶酪的价格。他们将参观当地奶油厂，并从那里了解到每磅牛奶的成本以及多少磅牛奶才能做出一磅奶酪。当学生们对组成食品系统的各部分关系和价格有了更深的理解后，他们就能考虑到保存、人工成本、运输等因素了。

六年级：探索外面的世界

从六年级起，学生们开始通过探险拓宽他们已经熟悉的领域——在不同程度上探索霍桑山谷以外的世界。

七年级：学习气象学

在七年级，学生们将学习气象学。他们观察山谷的微气候，进一步了解当地的气候与生态环境，并对生态系统的概念有进一步的认识。

八年级：农场经济学

八年级的学生会回到农场进行一周的实习课，学生们可能会在奶油厂、面包房、泡菜地窖间轮换实习，并且学习到增加场地的附加值对于提高农场的经济生存能力的重要性。牧民、奶牛厂经理和农场商店或果蔬市场之间以透明定价的方式来决定商品的价格，这为学生了解联合经济运作提供了一个窗口。

九年级：土地测量

九年级的学生将离开农场进行土地测量旅行。通过实地测量霍桑谷的田地和森林进而学会了三角法之后，学生们将要用一周的时间外出去测量不同的地方，作为他们探索更广大世界旅程的延续。

十年级：学科研究

这期间，十年级的学生将会离开校园参加个体实习课，每个人都将有一个根据学生兴趣不同而分配的导师。其课程范围很广，有的是乘皮特·希格的克利尔沃特单桅帆船在哈德逊河航行，有的是和华尔街的投资银行家一起工作。十年级的实习课或许会给学生一些高级项目的灵感。例如，一个学生对蜜蜂很有兴趣，接下来霍桑山谷的景观生态项目研究员将指导他对哥伦比亚县本地传粉者进行综合研究。

资料来源：微信公众号：农场研学实践活动如何做呢？这3个国外案例可以参考.https://mp.weixin.qq.com/s/hnN-3XpEYvMjJHfk5PO7og.

二、研学旅行课程内容的构建

（一）研学旅行课程内容构建的依据

明确构建研学旅行课程内容结构时所依赖的原则与标准，确保课程设计既符合宏观指导思想，又能满足具体需求。

1. 学生发展核心素养的提升

为了提升学生的核心素养，我们应该将核心素养的培养全面融入研学旅行课程内容的构建和实施中。该课程应以促进学生的"德、智、体、美、劳"全面发展为目标，其中特别强调道德教育的重要性，并重视能力的培养和基础知识的学习。同时，我们还需着重培养学生们的社会责任感、创新精神和实践能力。

在设计研学活动时，要充分考虑其文化价值、科技元素、学生的自主参与度及社会联系性，确保这些活动不仅能够丰富学生的知识体系，还能激发他们的好奇心和探索欲。通过这样的研学旅行，学生们能够在真实的社会环境与自然风光中学习成长，从而提高他们的社交技巧（情商）和认知能力（智商），成长为综合素质高、具备终身学习能力的人才。

2. 社会转型发展的需求

当前我国正处于社会转型发展关键阶段，经济增长方式和社会政治体制发生深刻变革，社会文化自信不断提升且文化日益多样化。时代背景对当前和未来的人才需求体现出重质量和多元化的趋势[①]。研学旅行课程必须顺应社会发展，提供现实的、探究价值高的研学资源，满足学生深入探究和多元化学习的需求，帮助学生培养生活技能和集体观念，养成自理自立、文明礼貌、互勉互助、吃苦耐劳、艰苦朴素等优秀品质和精神，拓宽人才培养渠道，为培养高素质人才奠定了基础。

3. 学科融合综合教育的趋势

随着教育理念的不断进步，学科融合已成为综合教育趋势中的一个重要方面，特别是在强调核心素养发展的课程改革背景下。这种变革旨在打破传统上学生只专注于某一学科而忽视其他领域的局限性，促进全面发展。

研学旅行作为一种创新的教学模式，为学生提供了多样化的学习体验，其课程内容横跨地理、自然、历史、科技、人文及实践活动等多个领域，这些都紧密关联着中小学阶段所教授的基础知识。在参与这类活动时，学生们将置身于真实的自然与社会环境之中，并面对实际问题挑战。这不仅要求他们能够灵活运用已有的单个学科的知识，更需要具备跨学科学习的能力，即通过整合来自不同领域的信息来寻求解决方案。

因此，在当前以分科教学为主的教育体系中，研学旅行作为探索综合性教育实践的一种重要方式，对于培养学生的综合素质具有不可替代的作用。它不仅丰富了学生

---

① 郭锋涛，段玉山，周维国，袁书琪．研学旅行课程标准（二）——课程结构、课程内容［J］．地理教学，2019（6）：4-7．

的课外生活，还促进了理论与实践相结合的学习过程，有助于形成更加全面的知识结构和个人能力发展。

（二）研学旅行课程内容构建基础的主要方法

1.学生需求法

学生需求法是指在了解学生需求的基础上，根据学生的需求确定研学旅行内容。需要通过多种途径方法对学生进行需求调查：一方面包括学生主体存在的认知水平或程度和需求水平或程度的调查；另一方面包括教师主体针对所收集的学情调查信息作出的统计分析[1]（见表5-7），找到学生集中的需求点，根据学生需求确定课程内容及结构。

表5-7　学生需求调查内容

学情调查		调查侧重	调查内容	调查目的
认知水平或程度	已有习得的客观知识经过内化或类化所达到的经验状态	智力因素	知识储备、认知基础、接受水平、学习能力、思维能力	通过调查掌握学生对学习与新知识相关联的旧知识的经验性熟悉度，寻找学生以往学习的旧知识与即将学习的新知识之间的"最近发展区"
	对即将学习的重点、难点知识的经验状态			通过调查掌握学生对即将学习的重点、难点知识的经验性接触度。由于所调查的内容是学生即将学习而未学习的知识，学生不会或回答不上来是正常的，可以适时设置悬念，引导学生带着问题进入学习
需求水平或程度	学生主体对即将学习内容应有的学习兴趣或积极的学习态度	非智力因素	学习兴趣、学习态度、学习习惯、年龄特点	通过调查摸清学生的学习动机，化静为动，化消极为积极，使学生对即将学习的课程内容生发学习需求，调动学生以饱满的激情投入研学课程的学习中

学习需求分析应秉持持续动态、方式手段趋于多样的理念。研学前学习需求分析聚焦学生的学习起点，涉及学生已有的知识基础、学习方式、智能偏好和兴趣领域等信息，为研学课程设计提供依据，确保研学目标和研学内容的有效性；课中学习需求分析聚焦学生研学中的学习状态，对这一阶段的学情考察需要收集学生学习的证据和学生对"学"的反应数据；研学后学生需求分析指向于对学生学习结果的考察，旨在为判断"学生最终学到了什么"提供信息，为研学课程的反馈与改进提供了依据[2]，指导下一次研学活动，具体如表5-8所示。

---

[1] 庞玉崑.常见的"学情分析"错误与解决方法［J］.北京教育（普教），2012（3）：50-51.
[2] 马文杰，鲍建生."学情分析"：功能、内容和方法［J］.教育科学研究，2013（9）：52-57.

表 5-8 学生需求调查方法及关键要点

学情分析	定义	关键要点
经验分析法	教师在教学过程中基于已有的教学经验对学情进行一定的分析与研究	运用多元分析方法与多维分析视角，确保结果可靠
观察法	教师在日常教学活动中，有目的、有计划地对教育对象、教育现象或教育过程进行考察的一种方法	观察学习过程中各种外在的行为表现及学习情绪、学习态度等。观察目的要明确，要全方位、多角度、客观、全面，记录要翔实，统计与分析要规范、科学
资料分析法	教师基于已有的文字记载材料（档案袋、笔记本、作业和试卷等）了解、分析学生基本情况的一种研究方法	了解学生的学习、生活、思想、个性以及家庭背景等；对学生已有的材料或专门设计的题目答案进行深入分析，可了解其认知水平、思维特点及学习方法等；设置题目对学生已有知识储备进行检测与分析
问卷调查法	教师通过已有的相关问卷或专门设计的问卷对学生的已有学习经验、学习态度、学习动机和学习期望等进行较为全面与深入的了解，并通过多元的统计分析，为教学活动提供更进一步的数据	问题表述要客观、准确简洁、通俗易懂，避免带有任何暗示性或倾向性。一个问号前只能设置一个问题，不能在一个问号前设置多个问题
访谈法	通过研究者与被研究者之间口头谈话的方式从被研究者那里收集第一手资料的一种研究方法	访谈前，列出访谈提纲，确定访谈的目的、内容、时间、地点，选择合适样本数量的访谈对象。访谈中，地点要安静，努力营造和谐、民主、真诚的访谈氛围。适当记录，或在征得被访者同意的条件下进行录音，并对与访谈相关的信息适当保密等。访谈后，运用多元分析方法对访谈资料进行全面而深入的分析，并进行科学合理的"深度解读"
基于一定的教育教学理论进行分析	皮亚杰的认知发展阶段理论、当代社会建构主义理论、加德纳的多元智能理论等成熟的教育理论与学习理论，可以为学情分析提供基本的分析依据、分析视角与分析方法	结合具体的学习对象、学习内容、学习环境以及学习过程等进行更加具体而深入的分析

2. 经验检索法

研学课程设计者进行经验检索最基本的要求是具有较深厚的专业功底和一定的社会生活经验。经验检索法是帮助设计有效挖掘头脑中沉淀多年的知识和思想，使其成为文字，供研学课程设计使用。经验检索分以下两个步骤完成。

第一步，使用第一时间闪烁法进行经验检索。这需要研学旅行课程设计者具备较高的发散思维和逻辑思维，在确定好研学课程主题和内容大纲后，第一时间将自己能想到的内容填充进去，之后再针对已想到的内容进行归类，归类后如内容结构还不完整，可以进一步补充完善。

第二步，使用深度挖掘借鉴法进行经验检索。在快速写下自己想到的内容之后，课程设计者需要思考是否有需要进一步补充的内容，实属绞尽脑汁的情况下，可对其他单位相似主题下的研学旅行活动设计方案进行研究，总结成功经验，吸取经验教训，将成功经验转化应用到自己的课程内容构建中，切忌完全照搬。

3. 文献研究法

文献研究法即通过查阅研学旅行书籍、学术期刊及网络资料，了解国家教育主管部门有关研学旅行的相关规定、国内外开展研学旅行的相关经验和成果，为研学课程设计提供理论支撑和做法借鉴。理论书籍、学术期刊是研学专家的心血之作，具有一定的权威性，可以弥补具备丰富实践经验的研学设计者在理论指导层面的不足，课程设计者在使用以上几种办法的基础上，查阅相关期刊、文献、书籍，拓宽研学内容的广度，挖掘研学内容的深度，使得课程内容结构更加科学合理，提升内容安排的可操作性和有效性。

（三）研学旅行课程内容构建的制约因素

1. 受空间条件限制

不同的地方学习内容不同。研学旅行通常会依据课程目标确定一个目的地，之后会在该目的地附近一定的空间范围内选择学习游览资源，而且这些学习游览内容能通过某一研学主题进行有效的串联，并且彼此之间的距离不宜超过一定范围，让学生拥有更多在具体学习内容上停驻体验的时间，以此保障学生的良好研学体验。例如，依据"感受中华传统文化"的课程目标，选择北京作为研学目的地。北京拥有大量中华传统文化方面的资源，尤以博物馆最为突出，就可以以"中国传统文化文博研学"为主题，选取在地理位置上相对较近的故宫、恭王府、国家博物馆、军事博物馆等作为课程资源。

2. 受课程主题制约

由于研学旅行缺乏统一的课程标准和教材，活动主题显得尤为重要，它决定了整个活动的内容和方向。研学旅行课程内容的构建同样受到课程主题的制约。一般而言，每一条研学线路或每一个营地课程都有一个明确的主题，相关的课程资源，如教材教具、师资配备、课程内容、线路安排等都应紧密围绕这一主题进行选择。每一部分课程资源都应该体现并服务于该主题的关键因素。与课程主题无关的资源不宜纳入课程内容之中，以免弱化课程的整体性和一致性，影响学生的体验效果。

3. 受时间条件制约

不同学段和线路的研学旅行在时间安排上会有所差异。通常建议，小学阶段的研学旅行持续 1~3 天，初中阶段为 3~5 天，而高中阶段则以 5~8 天为宜。此外，各省市对于研学旅行的时间也有各自的规定。

由于时间条件的限制，在选择课程资源和构建课程内容时，必须合理规划各个学习单元的时间分配与内容设置。特别需要注意的是，要避免因日程安排不合理而导致无法按时到达下一个研学地点，从而将原本应进行的深度研究性学习变成碎片化的浅尝辄止，或是仅仅停留于表面的拍照留念。合理的日程规划能够确保学生有足够的时间深入探索和体验，从而获得更加丰富和有意义的学习经历。

（四）研学旅行课程内容构建的基本要求

1. 加强学段内容的横向整合和纵向衔接

为了全面、稳妥地推进研学旅行，要关注学科之间的互动，构建层级清晰、适合不同年龄阶段学生学习的研学旅行课程体系[①]。横向的知识连接和纵向的学习过渡是研学课程内容建构的基本要求。

随着社会的发展与进步，课程体系的构建应打破传统学科间的壁垒，设计出能够突出学科关联性的综合性研学课程。同时，要充分考虑不同年龄学生的认知特点和知识需求，以及不同学段教育目标的差异性，从而克服单一学科导向的局限性。这样，学生们不仅能够进行跨学科学习，还能根据自身的年级特点"因级制宜"地获得更加丰富和深入的学习体验。

2. 注重内容的情境性和探究体验

研学旅行强调研究与实践的一致，是一种既有明确目标的主题学习，也是一种开放性和生成性的实践活动。与传统的班级授课制相比，后者主要侧重于间接经验和知识的传授，而研学旅行则更注重直接经验和知识的获取，能够补充课堂上较少获得的感性知识，有效填补感性知识与理性知识之间的空白。因此，在设计研学旅行课程内容时，应特别注重将抽象知识与日常生活相联系，为学生创设真实的学习环境，激发他们的探究兴趣。在确定了课程目标后，应选取适于学生探究的内容，引导他们在实际旅行的过程中持续、有效地进行探究性学习。通过动手操作、口头讨论和动脑思考相结合的方式，学生可以在解决问题的过程中提升能力，真正实现研究与实践的一致性。

3. 关注内容的典型性和增加野外生活技能学习

独特的地域资源是研学旅行课程内容的重要来源和基础，同时也是设计时的重点考虑对象。每个地域的历史、地理、人文资源都十分丰富，因此在构建课程内容时需要精心选择具有代表性和典型性的元素，避免内容过于庞杂。精选的地域资源能够为学生带来独特理解和深刻体验。此外，研学旅行还应包括专业技能的学习。例如，在

---

① 李巍，曹巍作.当代少年研学旅行的思与行［M］.北京：北京师范大学出版社，2021.

自然考察类研学旅行中，可以教授一些野外辨别方向的方法、识别药用植物及应急急救措施等技能，若包含野营，则可教授营地选择、帐篷搭建和防虫措施等生活技能。这些技能需通过实践与反复练习才能真正掌握，而不仅是课堂学习所能达到的。

（五）研学旅行课程内容构建的优化方法

在构建研学旅行课程内容时，如何有效地整合丰富的研学资源，以提高课程的可操作性和有效性？在确定了课程主题并初步选择了课程内容后，我们需要进一步构建和整合，使课程更加完善。

1. 增——让内容更丰富

"增"意味着增加和增强，旨在拓宽研学旅行课程每个主题的深度和广度，丰富课程内容，并增加内容的弹性，以满足不同层次学生的需求。

（1）增特色。

特色活动与地域资源：研学课程设计者应围绕研学主题，厘清各活动或任务之间的逻辑关系，尽量与本土地域特色建立关联，这样不仅可以形成经典主题，还可以通过灵活组合各种地域资源，提供同一话题下多种选择的不同特色主题，展现研学资源结构的动态生成之美。经典与灵动结合：确保这些特色既具有经典的持久吸引力，又能在不同的组合中展现出灵活性和新颖性，从而吸引学生的兴趣。

（2）增热点。

与时事结合：研学课程内容应与时俱进，可以将当前的新闻、社会话题或国家重大决策融入课程中。例如，可以通过讨论一条新闻或一个社会现象来设计相关活动，或将国家的重要政策和会议精神融入研学内容。

生活与社会关联：这样做不仅能够增加课程内容与学生的亲近感，还能增强知识与现实生活及社会的联系，有意识地引导学生成为生活中的观察者和发现者。

通过这样的方式，研学旅行课程不仅能够提供丰富的学习体验，还能够帮助学生更好地理解和适应不断变化的世界。

2. 删——让内容更凝练

删，即删减，可以删减一些冗余或涉及素养重复的内容。在设计研学旅行课程时，设计者往往会不自觉地将许多自认为有意义的活动纳入主题中，而忽略了时间、经费和路线安排等实际限制。为了确保研学课程内容的合理性和有效性，必须对内容进行精简，使学生能够在明确的主题引领下学习，确保每次活动都能有所收获。

（1）删冗余。

在进行研学课程内容进一步选择时，秉持针对性、综合性原则再次将各模块内容与研学主题匹配，避免开展过多不相关或重复的活动而弱化研学主题，只有研学课程内容各模块针对性高，学生学习的积极性和体验情感才会更加强烈。

（2）删限制。

考虑实际限制：

时间安排：确保每个活动有足够的时间进行，避免因时间紧张而导致浅尝辄止。

经费预算：根据预算合理安排活动，避免因经费不足而影响课程质量。

线路规划：优化行程安排，减少不必要的移动，确保时间和资源的有效利用。

通过这样的删减过程，研学课程设计者可以确保课程内容既丰富又精练，让学生在有限的时间内获得最大的收益。这样不仅提高了研学旅行的整体效果，也使得学生的学习体验更加集中和深刻。

处理复杂内容：

研学旅行的环境真实而复杂，但并不适用于探讨所有复杂问题。对于研学课程内容中复杂的内容或问题，在处理过程中应将其模型化、分解化，从而简化复杂问题、降低难度、突出重点，并在活动中注重思维方法的指导。如果研学基地条件不支持，可以直接删除该类内容，找其他难度较低的内容替代，以便学生掌握学习方法，提高思维能力。

3. 改——让内容更合理

改，即改进和改善之意，通过对内容结构和内容顺序的调整，让课程不断完善，让内容更加科学合理，让活动更具操作性，让学生的发展空间更富余。

（1）改简约。

简约精致是内容设计时的最低标准，也是最高要求。主题下每个活动的内容都应该兼顾大、小活动，力求做到每个活动内容都可以独立成为一个课题，留足师生发挥的空间，在进行活动内容编写时，应简明扼要，既能指导研学导师进行操作，又有具体步骤指导学生开展活动。

（2）改梯度。

关注内容的进阶度和可接受度，内容的选择和结构要适合学生的认知发展水平。在研学课程内容和结构构建的过程中要注意内容的进阶性，所有研学内容的层级结构应由"缺乏层次"到"逐级递进"转变，与学生认知水平梯度相适应，关注内容的启发性，组织"跳一跳，摘到果子"的内容，才有利于深度思维发展。

4. 优——让内容更精致

优，即优化和优等之意，使得每个主题之间、主题内部每个模块的内容逻辑清晰、科学、合理、连贯、侧重点鲜明、精致有效。

（1）优实践。

实践是研学旅行课程的根。在实际的研学过程中，学生想要探寻答案，就需调用先前储备的理性知识，再加上在研学现场得到的感性材料，将理性知识和感性材料综合起来思考现实问题，并改造重构完善自身认知结构，最后选择最恰当的方式呈现探究结果。由此可见，在获取感性材料时需要学生亲身经历各项活动，在"动手做""设计""创作""探究"的过程中"体验""体悟""体认"，调动所有感官参与研学活动，学会解决具有一定复杂性、涉及多学科知识的综合性问题。因此，每一个内容的设计与构建，都要着力找到可以实践或体验的点，这个优化的过程是对研学课程核心理念的一种执着追求与践行。

（2）优能力。

研学需要给学生带得走的能力。无论学生未来处在何种生活或就业环境中，具备沟通交流能力、时间管理能力、自主学习能力、良好的心理承受能力和决策能力是不可或缺的，好的研学课程应该给学生带来多方面的启发，不局限于锻炼学生的解决问题的能力，优化内容结构的同时还应该优化能力结构，并将生命的价值、科学的启蒙、专业的认知、能力的锻造无声渗透。

抓住"以学生实际需求为中心，以地域特色资源为中心"，通过"增、删、改、优"四种途径让研学课程的内容及结构更为丰富、凝练、合理和精致。让研学内容从"可想"走向"可做"，让研学特色活动内容牢牢植入地方这块肥沃的土壤，产出鲜甜的硕果，为师生提供丰富的课程资源和坚实的活动载体。

【 本章内容结构 】

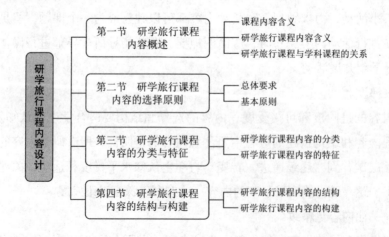

【拓展研讨】

1. 探讨研学旅行课程内容的个性化特征："本土性"与"产生性"

请分享您对于研学旅行课程内容中"本土性"和"产生性"这两个个性化特征的理解。具体来说，"本土性"指的是如何将当地的文化、历史及自然环境融入课程设计之中；而"产生性"则关注学生在研学过程中通过主动探索和实践所生成的新知识与体验。您可以结合实例，阐述这两种特性如何共同作用，以促进更加有意义的学习经历。

2. 基于学生需求的研学旅行主题开发

选择一个具体的研学旅行主题。运用"学生需求法"，设计一份访谈提纲，用于了解目标学生群体的兴趣点、学习偏好及其对特定研学活动的期望。

对选定的学生样本进行调查，并详细分析收集到的数据。

结合相关文献资料，根据调查结果确定研学旅行的具体内容与结构安排，确保能够有效满足学生的实际需求。

3. 研学旅行方案的内容优化

挑选一个已有的研学旅行方案。利用本章讨论的原则与方法，对该方案中的研学课程内容进行全面审视，提出改进建议，包括但不限于增加更多互动环节、强化跨学科联系或加强与地方特色的结合等方面。

阐述这些改进措施如何能够进一步提升研学旅行的整体教育价值，以及它们对学生个人成长可能带来的积极影响。

第六章

研学旅行教学设计

········● 〔**本章概要**〕 ●········

    本章从"研学旅行课程设计"进一步深入探讨"研学旅行教学设计"，这是确保研学课程有效实施的核心环节。教学设计在促进学生实践能力与综合素质全面发展方面发挥着至关重要的作用。首先，通过系统分析理论指导原则、创新方法原则以及资源优化配置原则，探讨了如何高效地运用各种教学模式，并详细阐述了选择适宜教学模式的标准及不同模式下的具体实施方案。随后，本章将深入研究研学旅行教学方式的设计，介绍如何根据具体的教学目标和内容选择和应用不同的教学方法，如讲授式、探究式、合作学习式等，以实现更有效的教学效果。最后，本章将进一步探究"研学方案"这一关键执行工具的主要构成要素及其重要性，旨在为实际操作中的研学旅行课程开发提供一套科学严谨的设计模板与指导方针。

教学模式：指一种相对固定的、系统化的教学框架或结构，它包括理论依据、教学目标、操作程序设计、实现条件和教学评价等。教学模式提供了一个整体的教学框架，强调的是整个教学过程的设计。

教学方式：指的是具体的教学方法和手段，如讲授式、探究式、合作学习式等。教学方式更侧重于实际操作中的具体方法。

教学方案：是根据特定的教学目标和内容，结合教学模式和教学方式，制定的具体实施计划。教学方案通常包括教学目标、教学内容、教学步骤、教学资源、评估方法等内容，是教学活动的具体指导文件。

这三者之间存在密切的联系：

教学模式为教学方式的选择提供了理论基础和整体框架。

教学方式是教学模式的具体表现形式，是实现教学目标的具体手段。

教学方案则是将教学模式和教学方式有机结合，形成一个可操作的具体实施计划。

第一节　研学旅行教学模式的设计

☞【学习目标】

1. 阐述研学旅行教学模式的概念及其基本结构要素。

2. 通过相关案例，根据基本原则选择相应的研学旅行教学方法。

3. 对比不同研学旅行教学模式的内涵、特点和教学程序，并选取几种模式设计出规范化的教学流程。

☞【关键词】

研学旅行教学模式　基本结构　运用原则　选择方法　自由学习模式　情境教学模式　支架式教学模式　社会学习模式

☞【问题引导】

1. 教学设计模式的定义是什么？它与一般教学设计模式之间存在怎样的联系？

2. 在选择最适宜的研学旅行教学模式时，我们应基于哪些原则，并采用何种方法来进行选择?

3. 不同的研学旅行教学模式在实施程序上各有特色，请分析这些程序的特点，并从中选取几种模式来设计合理、规范且具有创新性的教学流程。

一、教学模式与研学旅行教学模式

（一）概念辨析

教学模式是在一定的教学思想和教学理论指导下，为达成教学目标而构建出的较为稳定的教学活动结构框架和活动程序。从宏观上看，教学模式形成了教学活动的整体结构，突出了对教学活动各要素之间内部关系和功能的把握；从微观上看，教学模式构建了具体的活动程序，强调了教学过程的有序性和可操作性。

研学旅行教学模式是将教学模式的理念引入研学旅行领域，为达成研学旅行的教学目标而构建的一种稳定的教学活动结构框架和活动程序。它不仅继承了传统教学模式的理论基础和结构特点，还特别针对研学旅行的特点进行了调整和优化。具体来说：研学旅行教学模式在宏观上形成了研学活动的整体结构，突出了对研学活动各要素（如教学目标、内容、方法、评价等）之间内部关系和功能的把握；从微观上看，研学旅行教学模式构建了具体的活动程序，强调了研学活动的有序性和可操作性。

（二）研学旅行教学模式基本结构要素

科学而完整的研学旅行教学模式一般包含五个基本结构要素，分别为：理论基础、教学目标、操作程序设计、实现条件和教学评价，每个基本结构的含义如图 6-1 所示。

研学旅行教学模式主要有以下几个特点：①针对性。研学旅行教学模式具有一定的适用范围与教学情境，其设计一般针对一定的研学旅行教学问题或主要的教学目标，在其适用范围内运用，方能取得较好的研学旅行教学效果；②可操作性。教学模式相异于抽象的教学理论而具有更强的实践运用面向，研学旅行教学模式内蕴的操作程序与要求可以为研学活动的开展提供行动步骤与基本规范，使得教师易于模仿与操作；③整体性。研学旅行教学模式是由多个要素相互关联、相互作用而构成的系统整体，有其内在完整的结构与运行机制，对其的理解与运用需要基于对其内在的理论基础的理解，又系统而关联地把握其内在的"师生关系结构（师生分工合作）、教学内容结构（内容构成与呈现）与教学过程结构（教学步骤与形式、手段、方法等）[①]"，不可割裂各部分间的联系而只关注方法与操作步骤。

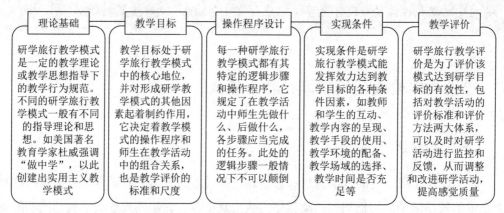

理论基础	教学目标	操作程序设计	实现条件	教学评价
研学旅行教学模式是一定的教学理论或教学思想指导下的教学行为规范。不同的研学旅行教学模式一般有不同的指导理论和思想。如美国著名教育学家杜威强调"做中学"，以此创建出实用主义教学模式	教学目标处于研学旅行教学模式中的核心地位，并对形成研学教学模式的其他因素起着制约作用，它决定着教学模式的操作程序和师生在教学活动中的组合关系，也是教学评价的标准和尺度	每一种研学旅行教学模式都有其特定的逻辑步骤和操作程序，它规定了在教学活动中师生先做什么、后做什么，各步骤应当完成的任务。此处的逻辑步骤一般情况下不可以颠倒	实现条件是研学旅行教学模式能发挥效力达到教学目标的各种条件因素，如教师和学生的互动、教学内容的呈现、教学手段的使用、教学环境的配备、教学场域的选择、教学时间是否充足等	研学旅行教学评价是为了评价该模式达到研学目标的有效性，包括对教学活动的评价标准和评价方法两大体系，可以及时对研学活动进行监控和反馈，从而调整和改进研学活动，提高感觉质量

图 6-1　研学旅行教学模式基本结构要素

二、经典的教学模式及对研学旅行教学设计的启示

学习理论是研学旅行教学模式设计的核心理论基础。自 20 世纪以来，随着学习理论的不断进步，从行为主义、认知主义到建构主义，教学模式也随之经历了不同的发展阶段。这一演变过程催生了基于行为主义的教学模式、基于认知主义的教学方法以及基于建构主义的教学设计理念。整体而言，这些多样化的教学模式对研学旅行的教学设计产生了深远的影响。

为了清晰地展现不同教学模式的特点及其对研学旅行活动的具体启示，表 6-1 对几种经典教学模式的主要特征、实施流程及它们如何启发研学旅行教学设计的进行了概括总结。

表 6-1　经典教学模式及对研学旅行教学设计的启示

模式名称	代表人物	理论基础	主要特征	实施流程简述	对研学旅行教学设计的启示
肯普模式（程序式）	肯普	行为主义	强调外部刺激与反应之间的关系	通过奖励和惩罚来塑造行为	设计结构化任务，提供即时反馈。如用讲授式研学模式

---

① 孙自强，王标.国外经典教学模式论［M］.北京：科学出版社，2017.

续表

模式名称	代表人物	理论基础	主要特征	实施流程简述	对研学旅行教学设计的启示
史密斯-雷根模式（发现式）	史密斯和雷根	认知主义	关注内部心理过程，如记忆、思考等	激发学生主动探索知识	鼓励学生参与问题解决过程，促进思维发展。如用自主学习式研学模式
乔纳森模式	乔纳森	建构主义	学习者主动构建个人意义	通过项目式学习和社会互动学习	创建真实情境下的探究活动，增强体验感。如探究式研学模式
自由学习模式	马斯洛	人本主义	最大限度给予学生选择与追求有意义学习目标的自由	五大部分：①学生参与决定学习的内容与授课方式；②学生选择信息源；③师生共同制定契约；④课堂结构安排的变通性；⑤由学生决定学习的评定	自主学习模式合作学习模式
情境教学模式	莱夫温格	情境学习	以通过情境活动来构建知识为核心	三大模块：①创设真实情境，激发兴趣（激发学生情感内应为切入点）；②探究情境，以情促知（提供多条线索、搭建脚手架，引导学生多角度分析）；③融入情境，升华情感（切身体验和感悟，情感共鸣，形成良好的人生态度）	情境体验模式

表 6-1 仅为简化示例，并非详尽无遗；实际上每种教学模式都有其独特的应用价值，在研学旅行中根据实际情况灵活运用这些原则能够有效提升教育效果。例如，结合行为主义中的正面强化机制可以激励学生积极参与；借鉴认知主义的观点，则可引导学生深入理解和反思所见所闻；而采用建构主义策略，则有助于学生在实践中形成自己对于世界的新认识。总之，综合考虑各种理论优势并做适当调整，将极大丰富研学旅行的内容与形式。

三、研学旅行教学模式运用原则

（一）理论导向原则

任何的研学旅行教学模式背后都有其相对应的教学理论和教学思想，这些教学理论和思想是研学旅行教学模式的灵魂和主旨，研学旅行教学模式的运用能否取得预期效果，取决于模式使用者能否把握到深层次的理论思想精髓。

（二）具体调适原则

虽然每种研学旅行教学模式都有其特定的逻辑步骤和操作程序，但直接生搬硬套会让整个教学过程失去活力。研学导师需要结合宏观层面的研学旅行教学模式进行细化、细致、个性的调适与再设计，实现对原有模式的超越和创新。

（三）优化组合原则

研学旅行活动不同于一般的教学活动，其教学目标多元、教学内容多样、教学过程复杂，仅靠一种研学旅行教学模式难以达成多个目标。因此，研学导师不必局限于一种教学模式的运用，应结合实际情况将多种教学模式配合交替使用，或者在保留某种研学旅行教学模式完整性的基础上吸纳其他模式的优点。

四、研学旅行教学模式的选择

每种研学旅行教学模式都有其适用的范围，并不具备情境的普适性。因此，研学旅行课程实施者可以从研学目标、研学内容、学情、研学条件等方面综合考虑，选择并运用最适宜的研学旅行教学模式。

（一）依据研学目标选择

研学目标对研学旅行教学模式的选择起着关键性的作用，不同的研学活动对应不同的研学目标，从而影响着研学旅行教学模式的选取。比如，有的目标侧重知识点传授，就可以选择以"讲授"为主的教学模式，有的目标侧重学生自我建构认知体系，就可以选择基于建构主义理论的乔纳森教学模式，有的目标侧重培养学生解决问题的能力，则适合选择合作学习模式。

（二）依据研学内容选择

研学课程内容的性质和类型会影响教学模式的选择，学科属性、内容类型的差异要求教学模式对其做出动态性调整的适应。比如，历史类的研学课程不仅要传递历史知识，更重在涵养学生的历史素养与家国情怀等方面，这种类型的研学课程选择情境体验模式较为合适；而自然类、科技类研学旅行课程的探究性、体验性强，可以采用探究式教学模式。

（三）依据学情选择

不同的研学旅行教学模式适用的学生发展水平不同，一般情况下教学模式的选择与学习者的认知水平、年龄特征相关。小学低年级学生活泼好动、好奇心强，知识准备有限，不适宜采用自主学习的教学模式，适宜采用情境体验式教学模式；初中阶段的学生逻辑思维、动作技能和运动能力得到发展，在教师的帮助下可承担具有挑战性的学习任务，因此可以采用自主学习或探究式教学模式。

（四）依据研学条件选择

实施条件是研学旅行教学模式能发挥效力且达到教学目标的外部限制性因素，如研学资源的开发情况、研学基地的类型与数量、研学经费的预算、研学工具的配备、交通方式的限制、研学时间的要求等。例如，在开展自然生态保护类研学课程时，会涉及简单检测水质、土壤酸碱度测定等实验，此时需要配备相应的工具和仪器，如果这些条件未达到，很大程度上会弱化活动的体验性和探究性，难以发挥探究式教学模式应有的作用。

第二节 研学旅行教学方式的设计

在不同的学习理论指导下，可衍生出个性化研学旅行教学活动中常用的教学方式，有讲授式、探究式、情境体验式、自主学习式、合作学习式等，研学旅行教学方式作为沟通教学理论和实践的一种可操作性范型，针对不同的研学旅行课程在组织研学活动时需要根据不同目标、不同主题、研学内容、师生特点选择不同的教学模式。现将每种研学旅行教学方式从内涵和教学操作程序设计两个方面展开介绍，研学导师只有深刻理解教学方式的理论基础和教学思想，并掌握研学教学的基本程序，才可以在研学旅行教学过程中有的放矢。

☞【学习目标】

1.阐述研学旅行几种教学方式的基本思想。

2.通过相关案例，根据研学目标与内容，选择相应的研学旅行教学方式展开

Activity design.

3. Analyze differences among research travel teaching methods.

【关键词】

研学旅行教学方式　教学程序　讲授式教学方式　探究式教学方式　情境体验式教学方式　自主学习式教学方式　合作学习式教学方式

【问题引导】

1. 研学旅行教学方式与研学旅行教学模式之间存在怎样的联系？
2. 各个研学旅行教学方式都有其适用范围与情境，请分析其对应的适用情境。
3. 不同研学旅行教学方式在教学程序上各具特色，请分析这些教学程序的特点，并从中选取几种教学方式来设计合理、规范且具有创新性的教学活动。

一、研学旅行教学方式的内涵

研学旅行教学方式的概念阐释是基于对教学方式内涵的厘定之上，是教学方式这一概念在研学旅行领域的拓展。教学方式是"在教学中为达到教学目标，教师所采用的一系列教学行为和活动方式、方法的结合"[1]。研学旅行教学方式可以理解为：研学导师在研学活动中为达到研学目标，所采用的一系列教学行为和活动方式、方法的结合。研学旅行教学方式相较于研学旅行教学模式是相对下位的概念，是较教学模式更为具体化的表现形式，是达到研学活动目标的具体方式。

二、研学旅行的基本教学方式

（一）讲授式教学方式

1. 讲授式教学方式概述

讲授式教学方式，是在研学过程中，由研学导师主要向学生直接传递知识的方式。讲授式教学方式使用了先行组织者，其是在新旧知识之间的连接点与"桥梁"，是一

---

[1] 李森，杨正强．论教师的教学方式及其变革［J］．当代教师教育，2008（1）：33-37.

种引导性材料。该模式倡导采用图片、故事、视频等多样化的形式来呈现引导性材料，以激发学生学习的兴趣；研学导师需要对材料进行组织编排，并以适当的方式呈现；引导学生思考材料与已有知识的连接点，建立起引导材料与既有知识间的连接。

2. 讲授式教学方式的教学程序

（1）讲解先行组织者。

研学导师需要向学生讲解先行组织者，并阐明活动目标，调动学生的知识和经验，使先行组织者与新的学习任务建立联系。

（2）呈现学习材料。

研学导师在课程实施过程中可以以讲解、讨论、视频等多种形式呈现学习材料，引导学生理解其内在逻辑以及与先行组织者的关系。

（3）整合协调。

研学导师需要运用整体性原则要求学生描述学习材料是如何支持先行组织者使用的概念或原理的，向学生提问，允许学生提问，将新知识与已有的认知结构进行融合。

（4）巩固应用。

在学生理解与深化新知识的基础上，促进学生在运用与解决问题的过程中，将知识巩固与深化。

（二）探究式教学模式

1. 探究式教学方式概述

探究式教学方式用类似科学研究的情境，引导学生发现问题、收集与处理信息、展开实验或调查等，从而获得知识、技能、方法、情感态度等多维度发展的教学活动过程。探究式教学方式可以使学生体验科学家展开科学研究的过程，获得发现问题与解决问题的能力，发展好奇心、创新能力等科学研究的素养；也可以体验到科学探究的内在价值。

2. 探究式教学方式的教学程序

（1）呈现问题情境，确定探究问题。

研学导师需要向学生提供困惑性的情境，并确保问题情境对学生具有趣味性；研学导师提供问题情境背后的知识背景，引导学生从问题情境中确定具有探究性的问题；研学导师组织学生展开探究，提供探究过程中的方法、注意事项及要求等。例如，滇池水质变化与土地利用变化之间的关系、滇池水质保护问题等。

（2）收集资料与确认。

学生在研学导师的指导下，收集与探究与问题相关的资料，确立研究假设，展开实验以验证假设。在此阶段，研学导师应指导学生将研究的问题转化为假设，引导学生如何规范地展开实验，帮助学生记录与收集有助于解决问题的资料与信息。

（3）组织与解释。

在实验结束后，研学导师应引导学生组织实验材料，并对实验结果做出科学解释；当学生在生成解释的过程中遇到困难时，研学导师应启发学生从多个角度展开分析，以形成对实验结果的充分解释；并进一步引导学生将假设与理论知识运用于实践中，思考应用中的规则、效果等。

（4）展示与交流。

学生在形成结论性观点、知识与产品后，可进行集体展示和汇报。研学导师需对学生的学习结果与学习过程中遇到的问题进行交流、评价，给学生提出建设性意见，便于今后深入学习。

（三）情境体验式教学方式

1. 情境体验式教学方式概述

情境体验式教学方式由"情境"与"体验"两个关键概念构成，该教学方式强调从教学情境的构建入手，激发学生的学习兴趣，将学习主题与学生的生活实际相联系，借助多种活动形式展开师生的互动与交流，使学生在体验、感悟中发展知识、观念、情感等要素的教学模式。情感体验式教学方式的运用具有以下功能：调动学生的学习兴趣，借助情境使得学生形成对知识的完整与深刻的理解，促进学生情感等方面的发展。

2. 情境体验式教学方式的教学程序

（1）创设情境，激发兴趣。

研学导师可根据研学目标与内容，创设适合学生学情的真实情境或虚拟情境，以激发学生的学习兴趣，引导学生入情入境。

（2）体验情境，以情促知。

学生通过参与创设的情境，身心经历体验，能够对学习主题或知识有更深入的感知与体悟。例如，南京研学旅行课程中，学生通过侵华日军南京大屠杀遇难同胞纪念馆的追悼、纪念活动，深刻体验南京大屠杀带给我们国家和民族惨痛的记忆，在缅怀中凝聚爱国情感的力量。

（3）反思情境，深刻领悟。

学生在充分感悟学习主题后，可通过进一步地反思、质疑、讨论，对学习主题完成自我知识的建构。例如，学生在侵华日军南京大屠杀遇难同胞纪念馆的参观学习中，深刻领悟到两点：一是不忘历史，奋发图强；二是和平来之不易，悲剧不能重演。

（4）分析总结，升华情感。

研学导师基于情境与学生的体悟，以内蕴情感色彩的表述对学习主题进行总结与分析，引起学生情感的共鸣，实现学生情感层面的升华。例如，通过南京大屠杀的追悼、纪念活动，学生树立了忧患意识，激发了爱国情怀，并联系自身的学习和生活知道了该如何去做。

（四）自主学习式教学方式

1. 自主学习式教学方式概述

自主学习式教学方式是突出教学活动中学生的主体性，教师引导学生结合教学目标与自身学习特点，自主订立学习计划，独立或必要时在教师与同学的协助下完成学习活动或任务并通过测评的教学方式。研学旅行活动突出学生的自主性、体验性与实践性等，其为学生提供了丰富的研学资源，宽松的、自由探索的学习机会，较为适宜采用自主学习式教学方式，引导学生自主学习、自由探索，培养学生独立分析与解决问题的能力。

2. 自主学习式教学方式的教学程序设计

（1）提炼问题。

自主学习式教学方式开展的关键在于问题的设计，好的问题是指引学生学习活动、激发学生学习兴趣与自主思考的关键。研学旅行活动中，研学导师应根据活动目标，设计具有趣味性、层次性和探究性的问题。此外，研学导师也应根据研学目标与内容，创设适宜的教学情境，唤起学生的探究意愿。

（2）自主探索。

在此阶段，研学导师应尽量给予学生较大的自主学习与探索的机会与时间，为学生提供研学资源、研学工具等方面的必要支持，适度引导学生形成解决问题的思路、方法与策略，培养学生独立思考与创新解决问题的能力。

（3）合作交流。

在自主探索阶段结束后，研学导师可引导学生通过小组合作的形式，对自主探索过程中的发现与观点展开交流与概括；研学导师也可参与到学生的交流中，做好必要的引导与点拨。

（4）总结延展。

在学生的合作交流阶段结束后，研学导师应帮助学生反思与总结研学活动中形成的知识与观点，对正确的知识与观点予以归纳、提炼，对不全面或偏误的知识予以矫正，对研学主题予以适度的延伸与拓展。

（五）合作学习式教学方式

1. 合作学习式教学方式概念

学生的学习既关涉知识的习得，又关涉社会技能与社会情感发展。合作学习式教学方式旨在研学活动过程中，以小组合作的形式，组织学生共同活动，最大限度促进小组成员学习以达到学习目标的教学方式。以小组合作的形式展开研学活动，不仅可以促进学生以多样化的方式展开学习互动，深度参与学习过程，促进学习效果的深度化；也可以使学生获得社会技能，发展社会情感与丰富个性等。

2. 教学程序设计

（1）创设情境，呈示目标。

研学导师需要向学生呈示问题情境，以激发学生的探索兴趣与思维，进而生成探究的问题，促使学生产生合作的动机，教师顺势揭示研学活动的学习目标。

（2）分析任务，组内分工。

研学导师需要指导学生对提炼的探究问题进行分类，分析解决问题应完成的任务，进而依据组内成员的能力、特点等进行适切的任务分工。

（3）小组研讨，集体交流。

各小组基于组内的分工与合作，独立完成小组的学习活动后，研学导师需要指导学生展开小组间展示、讨论与交流，在辨析、反思中形成共识性观点。

（4）教师总结，反馈评价。

研学导师可组织学生依据一定的评价标准或工具，展开小组自评和小组互评，对小组内部成员的学习表现、合作能力等方面展开评价，对各小组的学习成果与展示效果等予以评价，以促进研学活动中的合作活动持续改进与完善。

第三节　研学旅行教学方案的设计

☞【学习目标】

1. 说出研学旅行方案设计的主体要素和主要要素。

2. 厘清研学旅行方案设计各基本要素的基本设计内容。

3. 指出研学课程实施过程中最容易出现的问题。

4. 掌握研学基地选取的五大原则。

5. 绘制研学旅行方案设计各要素之间的相互关系图。

👉【关键词】

主体要素：研学导师团队、研学学生、第三方主体

主要要素：目标、方法—内容、场域、线路、手册、过程、评价

👉【问题引导】

研学旅行是近年来国家大力推动教育改革的方向之一，是推动我国素质教育、创新人才培养模式的重要抓手，它与"旅游"有着本质的区别，但也有着千丝万缕的联系。要想知道研学旅行方案设计的基本构成要素，一种重要的思维方式是厘清旅游的基本构成要素。现在就让我们一起去探究影响旅游构成的要素有哪些？研学旅行的构成要素又有哪些？

研学旅行作为现代旅游的新业态和新形式之一，与旅游有着本质的区别，但也存在着紧密的联系。要研究"研学旅行设计的基本要素"这一问题，可采用追根溯源的方式，从"旅游"这一本体性概念的构成要素入手。

1979 年，澳大利亚学者雷帕（Lei per）提出了旅游地理系统模型，他将旅游系统看成由旅游通道连接的客源地和目的地的结合，他提出一个完整的旅游系统应包括旅游者、旅游业、旅游客源地、旅游通道和旅游目的地 5 个要素。依据构成旅游系统的 5 个要素，很多学者开始对"研学旅行的构成要素"进行系统而深入的研究。由于各个学者分类标准的不一，导致了目前学术界对于"研学旅行的构成要素"这一基本问题还没有比较确切的论述和回答，但无论哪种观点，都囊括以下九大要素：教育行政管理部门、中小学校、中小学生、研学导师、研学课程、研学基地（营地）、服务机构、研学线路和安全保障[1]。

在研学旅行的若干要素中，课程是最基本的要素，牢牢抓住课程这个关键要素是研学旅行成功的基础[2]。一个完整的研学旅行课程设计必须包含研学对象、研学目标、

---

① 薛兵旺，杨崇君，官振强 . 研学旅行实用教程［M］.武汉：华中科技大学出版社，2020.

② 傅广海，王玉婵.研学旅行课程设计、理论、方法、模式、案例［M］.成都：西南财经大学出版社，2020：134.

研学方法、研学内容、研学评价五个基本要素①。相较于课程设计来说，方案设计要更加具体和细化。研学方案相当于研学旅行活动开展的实施指南，与"研学旅行课程设计"有所区别。因此，研学旅行方案设计的基本要素应该比研学旅行课程设计所包含的要素更多、更加具体和完善。

基于对以上"旅游的基本要素""研学旅行的基本要素""研学旅行课程设计的基本要素"三个主题的总结和梳理，凝练出了"研学旅行方案设计的基本要素"。为了便于理解，本书把"研学旅行方案设计的基本要素"分为两大模块，第一模块是"参与研学旅行活动的主体要素"，包括研学导师团队、研学学生以及第三方主体三个类别；第二模块是"研学旅行方案设计的要素"，包括研学目标设计、研学方法—内容融合设计、研学场域设计、研学线路设计、研学手册设计、研学过程设计与研学评价设计七个类别。接下来对研学旅行方案设计的各个基本要素进行详述。

一、研学旅行活动的主体要素

（一）研学旅行导师团队

研学旅行课程是教育、文化和旅游领域的跨界课程，需要由各领域的专业人员合作完成课程的实施②。研学旅行导师团队就是一个巨大的共同体，团队各成员之间需要通过集体协作、群策群力的方式来共同促成研学旅行活动的成功开展。除学生外，所有参与研学旅行活动的随行指导人员都可算作研学导师团队的成员。一支完整的研学导师队伍一般包括主办方、承办方及供应方。

1. 主办方

主办方人员是指全国各大、中、小学校的研学旅行课程设计与组织者，也包括学校研学管理部门的专职人员，他们共同组成学校层面的研学导师团队。团队构成人员包含主领队 1 名和带队教师若干名。主领队负责督导承办方依照委托协议按计划规范实施研学旅行课程，是研学旅行课程的组织管理者；带队教师则主要负责协助主领队组织和管理学生，确保研学旅行活动的顺利实施，是整个研学旅行的活动组织者与课程实施者，发挥着不可替代的作用。

2. 承办方

承办方人员指的是各大研学旅行服务机构或旅行社派出的研学旅行指导者，类似

---

① 李岑虎.研学旅行课程设计［M］.北京：旅游教育出版社，2020.
② 吴军生，彭其斌.研学旅行安全工作指南［M］.济南：山东教育出版社，2019.

于我们在日常生活中熟知的导游但并非传统意义上的导游。作为带领学生开展研学旅行活动的"导游"，必须具备扎实的专业功底、具有广博的知识涵养、受过专业的系统训练和培训，是能为师生开展研学旅行活动提供教育服务的高水平人才。团队构成人员一般包括 1 名项目组组长和若干名经过系统训练和培训的"导游"，他们共同组成了机构层面的研学导师团队。

3. 供应方

供应方人员指的是研学基地（营地）或研学景点派出的讲解员、教练员等，他们共同组成供应层面的研学导师团队。这些讲解员和教练员要在研学师生到来之前按照研学手册的课程要求，提前熟悉课程内容，履行讲解义务，传授相关知识。在讲解的过程中，也要注意观察学生动向，确保师生安全。

以上三方人员共同构成了研学旅行的导师团队，高素质且专业的研学导师团队是实现研学旅行活动高质量开展的重要保障。因此，加强各领域研学导师的合作能有效促进学校研学旅行活动的成功开展，增强学生的体验感。

（二）研学学生

学生是研学旅行活动参与的主体，是整个研学活动设计的中心。教师所做的一切准备工作归根结底都是为了能够促进"真学习"发生。参与研学旅行活动的学生群体按照不同学段可主要划分三类：小学生、初中生和高中生。不同学段的学生具有不同的身心发展特征与学习特点，教师可据此设计适合不同学段学生的研学目标和任务。

1. 小学生

小学阶段的研学旅行活动主要针对的是四至六年级的学生。处于该年龄阶段的学生在理解一些深奥的事物规律和原理上较为困难，切忌设计晦涩难懂的知识任务。因此，教师在设计研学旅行活动时，应考虑学生的知识准备水平与接受能力，注重活动的趣味性和体验性，激发学生对自然、社会、生活的探索欲。

2. 初中生

初中阶段的研学旅行活动主要面向初一、初二年级的学生。处于该年龄阶段的学生相较于小学生来说，抽象逻辑思维、推理能力、思维的灵活性等方面进一步发展，对外界的知识充满较强的好奇心和求知欲，渴望了解现象背后的原理。因此，教师在设计研学旅行活动时，可以依据初中学生的认知发展特征，设计更多理解性的活动主题，适当增加探索性内容。

3. 高中生

高中阶段的研学旅行活动主要针对的是高一、高二年级的学生。处于该年龄阶段的学生的抽象逻辑思维有了长足的进步与发展，思维结构水平已经基本接近成人，因此，对一些规律和原理性的知识可以理解得更加深入。基于此，教师在针对该年龄阶段的学生设计研学旅行活动时，可以讲授一些规律和原理性知识，并适当补充一些能够拓宽学生视野的知识，引导学生自主探究及合作探究，感受由理论到实践的转化过程，进行研究性学习。

总之，在整个研学活动的开展过程中，学生是我们必须重点关注的对象，作为教师，要主动去了解学生的需求、考虑学生的实际情况，时刻秉持"以学生为中心"的理念来设计研学活动课程，开展研学实践活动，以促进学生的身心健康发展。

（三）第三方主体

1. 教育行政管理部门

教育行政管理部门既是研学旅行的保障方，又是研学旅行的决策者和指导者，必须协调好研学旅行所涉及的各个部委机关，建立顶层共同体[①]，为学校开展研学旅行活动提供专业支持、政策支持及保障支持。一是教育行政主管部门可以联合旅游局等部门组织本辖区内研学旅行课程资源的顶层设计与开发，通过有关专家的考察论证，厘清辖区内不同类型的研学旅行资源基地，针对不同学段、不同年级学生的研学旅行主题制定出台相应的研学旅行课程方案，宏观指导研学旅行课程的开发。二是在开发的过程中，要注重统筹考虑，分工协作，进行深入调查和研究，集中研学旅行课程开发的优秀师资力量，集中人力、物力、财力，根据辖区内研学旅行课程资源实际，构建一批具有地方特色、满足辖区学校需要的研学旅行示范课程。不仅如此，还要敢于打破区域局限，充分利用好自身的平台，实现不同县区、地市、省份的优质研学旅行课程资源共享[②]。

2. 学校

学校作为研学旅行的主要组织者、具体的执行方，链接着所有参与研学旅行活动的各方。往上与教育行政管理部门对接，必须寻求各种政策、资金支持；往下与家长和学生对接，要做好需求调研、资金合理分配、行前动员、签订安全协议等工作；往外对接着各大旅行社和研学基地，要寻找最可靠的合作方和最适合的研学场所；往内对接着教师，要规划好研学旅行课程，做好各种预案，明确各自职责[③]。因此，学校联结与维持着多方形成了关系共同体（学校关系网如图6-2所示）。但在现实环境中，

---

① 朱传世.研学旅行设计［M］.北京：中国发展出版社，2019.
② 李百军，王成义.中小学研学旅行课程建设与实施［M］.东营：中国石油大学出版社，2020.
③ 朱传世.研学旅行设计［M］.北京：中国发展出版社，2019.

迫于各方压力（如学校经费紧张、人手匮乏、教师教学任务重、升学压力大等），一些学校是很难做到圆满组织研学活动，导致很多学校的研学旅行活动都不能按质按量如期开展。

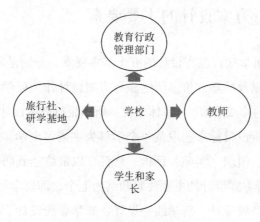

图 6-2 学校网络链接关系

3. 研学旅行服务机构

研学旅行服务机构不仅是为中小学生开展研学旅行活动提供支持和服务的机构，也是联系参加研学旅行的学校、学生与研学基地或营地教学资源的中介。一方面，基于专业性要求，研学旅行服务机构（专业旅行社和专业教育机构）需要配备专门服务于研学旅行的部门和专职的研学旅行导游队伍，构建不断丰富和完善的研学旅行系列产品，还要有定制研学旅行线路与开发不同主题、不同研学目标的研学课程的能力。要通过丰富且优质的研学课程，达到研学旅行实践育人的目标。另一方面，基于安全性要求，参与学校研学旅行活动的旅行社在近三年内应无重大质量投诉记录及安全责任事故发生；在研学旅行活动开展前，旅行社应对旅行车辆、驾驶员、行车线路、住宿、餐饮等进行严格检查，杜绝一切安全隐患，为师生提供安全、优质的研学旅行服务和体验。

4. 社会非营利性组织

除了以上三类常见的与研学旅行活动相关的开发主体之外，还存在一些非营利性的公益组织。该类组织通过募集社会捐款、开展公益性活动、设计一系列面向中小学生的研学教育课程，参与了研学活动的开发、组织。

5. 家长

将家长视为参与研学旅行活动的第三方主体之一，是因为研学旅行活动的开展离不开学生家长的支持与参与。首先，研学旅行相较于常规的室内课堂来说，风险性、挑战性、组织难度较高，需要获得家长的同意与支持。其次，家长作为教育共同体的一员，可以自愿协助带队教师对学生进行管理，提升活动组织的效率与质量。

二、研学旅行方案设计的主要要素

第二节已介绍过研学旅行课程设计的五个基本要素，分别是研学对象、研学目标、研学方法、研学内容以及研学评价。研学旅行方案设计作为研学旅行课程设计的可执行文本，包含着更多的构成要素[1]。具体来说，研学旅行方案设计是指通过需求分析确定研学目标，再根据所设目标来选取某一个学科为主或多个学科融合的研学内容，在对相关活动进行计划、组织、实施、评价、修订，以最终达到研学目标的整个工作过程[2]。本书将研学旅行方案设计的主要要素归结为七个，即研学目标设计、研学方法－内容融合设计、研学场域设计、研学线路设计、研学手册设计、研学过程设计与研学评价设计，其中，研学目标设计在第二章第二节中已经详细阐述，这里从研学方法－内容融合设计开始阐述。

（一）研学方法—内容融合设计

研学旅行教学方法是研学教师和学生为了实现共同的研学旅行目标，完成共同的研学旅行任务，在研学旅行活动中采用的教学方式、途径和手段的总称。[3] 它既包括指导教师教授和指导的方法，也包括学生实践和学习的方法，是教授方法与学习方法的统一。[4] 作为研学旅行整体结构中的一个重要组成部分，选用恰当且有效的研学旅行教学方法对于提高研学效率、实现研学目标、培养高质量人才具有重要作用。

1. 讲授法

讲授法是一种古老而基本的教学方法，是教师运用语言方式，系统地向学生传授科学知识和技能，传播思想观念，发展学生能力的一种教学方法，其具体实施可分为讲述、讲解、讲读、讲演等几种方式。在研学旅行活动中，适当运用讲授法能够发挥教师的主导作用，能将科学知识系统连贯地传授给学生，保持理论知识的系统性和连贯性。这种方法的缺点是学生的积极性和主动性不易发挥。

教师在研学过程中运用讲授法时，需要注意讲授内容的科学性和思想性的有机结

① 李岑虎.研学旅行课程设计［M］.北京：旅游教育出版社，2020.
② 陈大六，徐文琦.研学旅行理论与实务［M］.武汉：华中科技大学出版社，2020.
③ 李岑虎.研学旅行课程设计［M］.北京：旅游教育出版社，2020.
④ 周兴国，段兆兵.课程与教学论［M］.合肥：中国科学技术大学出版社，2012.

合；讲授内容有逻辑性和侧重点；讲授方法注意启发性和诱导性，善于设问解疑，激发学生的求知欲；教学语言应具有清晰、精练、准确、生动等特点；适当地运用体态表情，帮助学生透过教师的语言描述来进行深度思考；注意室内讲授和室外讲授的细微差别。

2. 参观访问法

参观访问法是教师有计划、有组织地安排学生到有关单位或地点去参观和访问，过程中学生得到启发、巩固所学知识和技能的一种教学方法，是研学的常用方法之一。通常来说，参观可以被分为三种类型：第一类是预备性参观，即安排在课前进行的参观，目的在于为学生学习新内容提供一定的感性认识；第二类是并行性参观，即安排在课程学习过程中进行的参观，目的在于巩固和检查学生已获得的知识，并为进一步的学习积累感性认识；第三类是总结性参观，即安排在课程学习结束后进行的参观，目的在于让学生用感性认识来验证或巩固已学知识。研学旅行活动一般属于总结性参观，但也不乏有的内容是预备性和并行性参观。

参观访问法能使学生在实际参与的过程中更好地领会所学知识，开阔视野，激发求知欲，有助于理论联系实际，可弥补班级授课制教学组织形式下理论脱离实际的不足。

教师在运用参观访问法时，需要注意以下几点：提前确定好参观地点和访问对象，制订好参观计划；实际参观前，使学生明确参观目的和参观要求；参观过程中，引导学生细心观察主要内容，收集相关资料并做好记录；对学生提出的问题给予正确的答复；落实好参观的安全保障措施；参观结束后，引导学生进行讨论，撰写学习报告，做好总结。

3. 实验法

实验法是学生在教师的指导下，运用一定的仪器设备进行独立操作，观察事物或现象的发展变化，以获得知识或验证知识、培养操作能力的一种教学方法。该方法对于学习科学内容具有重要作用，不仅可以使学生加深对概念、规律等知识的理解，而且有利于发展主动探究、创新求异的思维品质，培养学生实事求是的科学精神和态度。一般来说，实验通常是在专门的实验室或实验园地中进行的，但简单易做的实验也可以在教室或户外进行。

教师在运用实验法时，需要注意以下几点：实验前要做好实验准备工作，包括分组和指定小组负责人；实验开始时要向学生说明实验目的、要求和步骤。

实验时要保证每个学生都有实际操作的机会，指导学生观察实验对象的发展变化，保存实验数据，分析各种现象与事物的本质规律，并纠正学生实验中的一些错误，帮助解决一些困难；实验过程中要保证安全；实验结束要做好总结工作，要求学生写出实验报告并对其进行评价。

4. 自主探究法

自主探究法是一种学生在教师的引导之下结合学习目标和任务自主开展学习和探究过程的方法。这种方法并不是让学生完全脱离教师进行独立学习，而是需要教师做更多的准备工作，为学生的自主学习提供引导。教师要为学生创设探索研究的新情境，并提供相关的背景资料，引导学生开展有目的的探究活动，指导学生通过独立阅读、观察、实验、调查、思考、讨论或听报告等途径，创造性地解决问题，从而获取相应的知识和能力[1]。在研学旅行活动开展过程中，对于某些学生能通过独立思考自己解决的问题，可采用自主探究法，以此培养学生独立思考的能力。

教师在运用自主探究法时，可遵循以下活动程序：（1）设计问题，创设情境；（2）自主探索，尝试解决；（3）小组合作，互动交流（4）总结提炼，延伸拓展。

5. 合作学习法

合作学习法是一种互助性的学习方法，它以合作小组为基础，通过学生间的互动和交流来共同学习，从而达成研学目标、完成研学任务。这种方法为每一位学生的全面发展创设了适宜的环境与条件。在开展合作学习的过程中，学习小组成员可以在指导教师和小组长的带领下，从自然、社会和自身生活实际中选择和确定研究主题，开展研究性学习，在思考记录、交流讨论、合作学习过程中，习得知识，解决问题，促进小组成员的共同提高和共同成长。

教师在运用合作学习法时，需要注意几点：学生要全员参与；学生要主动参与；学生要有自己的角色。

6. 成果展示法

成果展示法指的是学生把自己或小组在研学旅行活动中的收获汇集、整理成各种形式的成果（作品），通过多种方式在班级、年级或学校进行交流、展示和评价的一种方法。成果展示的内容可以是学生围绕研学目标进行主题探究活动的过程和结果，还可以是研学中的收获和感悟汇报。当然，有余力的同学还可以将整个研学旅行过程中用到的各种资料整理为规范的成果，如小论文、调查报告、汇报演讲稿、手工作品等。通过学生的研学成果展示，不仅能为学生提供一个展现自我和交流学习的平台，也能为教师进行研学效果评价提供必要的依据和支撑，促进研学目标的落实。

教师在运用成果展示法时，需要注意以下几点：尽量为全体学生提供展示的机会；

---

① 岳刚德，苏一波，周俊平. 课程与教学论［M］. 成都：电子科技大学出版社，2019.

成果展示应体现学习深度；成果展示要注意学生的个体差异；成果展示内容和形式要由教师和学生共同商议；成果展示要引导学生对研学旅行成果进行总结和自我反思。

在现实的研学旅行课程实践过程中，具体采用哪种方法，需要依据不同主题的研学内容来选择，凸显每种方法的优势，从而助力研学旅行活动的成功开展。

（二）研学场域设计

研学场域不仅包括各大旅行社和服务机构开发出来的研学基地和营地，也包括各级各类学校自主开发和遴选出来的实践教学基地。

1. 研学基地（营地）

中国旅行社协会与高校毕业生就业协会联合发布的《研学旅行基地（营地）设施与服务规范》将研学旅行基地（营地）界定为：自身或周边拥有良好的餐饮住宿条件、必备的配套设施，具有独特的研学旅行资源、专业的运营团队、科学的管理制度及完善的安全保障措施，能够为研学旅行过程中的学生提供良好的学习、实践、生活等活动的场所[1]，包括各类青少年校外活动场所、现有的爱国主义教育基地、国防教育基地、革命历史类纪念设施或遗址、优秀传统文化教育基地、文物保护单位、科技馆、博物馆、生态保护区、自然景区、公园、美丽乡村、特色小镇、科普教育基地、科技创新基地、示范性农业基地、高等学校、科研院所、知名企业以及大型公共设施、重大工程基地等优质资源单位。

高质量的研学基地和营地能够提供给学生独特的学习体验与真实的学习环境，促成学习与旅行游玩的平衡。高质量的研学旅行基地应满足以下条件。

（1）安全性。

研学旅行基地的选取必须把安全性原则放在首位，无论开展何种活动，都要确保人员的生命财产安全。研学基地要设计好安保系统，落实安全检查、安全预警、安全疏散、卫生防疫、防恐防暴以及其他特殊安全事故等的主体责任与协同机制，建立安全应急机制、保险保障机制，全方位地开展安全防护工作，保证师生身体、心理、财产不受损失。

（2）教育性。

"研学旅行"不等于"旅行"，必须具有教育性。旅行可以是走马观花、休闲享乐，但研学要求学生必须"旅"中有学、学有所获。研学基地要注重挖掘本地特色的教育资源，研制结构化的课程图谱，形成教育目的明确、教育特色鲜明、纵横贯通、门类

---

[1] 陈大六，徐文琦. 研学旅行理论与实务［M］. 武汉：华中科技大学出版社，2020.

丰富、选择性强的基地课程体系^①，设计与基地资源相匹配的教育活动，营造良好的教育教学氛围。

（3）资源性。

研学旅行资源是基地开展研学旅行课程的基础。研学旅行基地的资源性可分为两大类：一是基地要有满足学生开展研学活动的丰富自然资源和人文资源；二是要有能支撑研学旅行课程开展的专业且充足的人力资源。基地的研学资源和人力资源这两者缺一不可。

（4）生活性。

"生活性"具有两层含义：一是研学旅行基地的选取要贴近学生生活实际，具备生活气息；二是研学旅行基地的选取要尽量远离学生熟悉的环境，进入相对陌生的异质性环境中去，这样才能激发学生学习和探索的兴趣，促使学生习得知识、增长见识，达到实践育人的目标。就"生活性"的这两层含义而言，我们更偏向于第二种理解。

（5）实践性。

研学旅行基地作为开展研学旅行活动的场所必须具有实践性，能让学生在动脑的同时亲自动手实践、参与课堂活动探究。这便要求研学旅行基地必须占据一定的空间，有一定的规模，并且具备足够数量的、基础性的教具和学具来辅助教师开展教学，让学生具有充足的学习活动空间以及学习器材，在实践参与中习得知识。

2. 实践教学基地

实践育人是高等院校人才培养方式之一，基于此，目前很多高校都自主选取和开发了属于本校的实践教学基地。这些基地大多位于学校周边，且具有丰富的实践教学资源，能满足高校师生开展实践教学的需要。高校实践教学基地的建立，不仅能为高校提供实践教学的空间和场地，而且也为周边各大中小学校开展研学旅行活动提供了多样的场所选择，实现了高校与中小学的合作联动。

（三）研学线路设计

从某种程度上看，研学线路设计决定着研学旅行课程设计的质量。一条优质的研学旅行线路可以体现线路设计者的课程理念，凸显设计者对课程资源的深刻解读与全面释义；同样，一条优质的研学旅行线路也体现着线路设计者对研学旅行课程逻辑的深刻理解，是线路设计者遵循学生的认知发展规律及客观现实条件，科学合理地整合

---

① 薛兵旺，杨崇君. 研学旅行概论［M］. 北京：旅游教育出版社，2020.

而成的①。因此，如何通过旅行的深入来循序渐进地实现研学目标是线路设计者要考虑的。研学旅行的线路设计者主要有两类人：一类是中小学校研学旅行课程指导教师；另一类就是研学旅行服务机构或旅行社的专业人员。

从原则上来说，研学线路设计应该根据现有的研学资源分布状况以及整个区域研学发展的整体布局，采用科学的方法，确定最合理的线路，使研学者获得最丰富的研学体验的过程。所以，研学线路设计是一项技术性与经验性非常强的工作，在设计时要按照一定的指导思想和原则去进行，同时还要考虑其影响因素②。从构成上来说，研学线路主要由研学基地、研学营地和行进路线等节点和轨迹共同构成。线路根据所确定的研学场域范围的大小，又可以划分为不同的尺度；此外，一次研学旅行活动的成功开展，通常是好几种线路类型的交叉使用。以下对研学线路的尺度和类型做一个简要阐述。

1. 研学线路的尺度

尺度一般可以分为时间尺度和空间尺度两种。不管在什么类型的研学线路中，研学者的研学活动都离不开时间和空间条件。因此，研学旅行路线设计时应考虑时空特性，做到时空结合考虑合理化。

从时间尺度来看，《研学旅行课程标准》在界定研学旅行的课程性质时已明确指出"研学旅行是由教育部门和学校有计划的组织安排，通过集体旅行、集中食宿方式开展的研究性学习和旅行体验相结合的校外教育活动……"③。而要通过集体旅行、集中食宿的方式开展活动，也就意味着研学旅行的时间不可能太短，至少也是两天一夜。如果把研学旅行的这种特性体现在研学线路设计上，不仅要考虑研学点的资源分布状况，还必须考虑到研学者的吃饭、住宿、交通等问题，例如，交通是要选择乘坐哪种交通工具、走哪条行进路线、需要哪种交通服务等。只有在明确了上述的种种相关服务和需求后，才能让研学者享受到最佳的研学服务与体验。综上所述，研学旅行线路从时间上划分可以分为以下三种（详见表6-2）。

表6-2 从时间尺度看研学线路设计

研学线路	时长	设计难度
短时线路	小于等于2天	较小
中时线路	2~7天	中等
长时线路	大于7天	较大

① 杨培禾，刘立作.研学旅行课程设计与实施［M］.北京：首都师范大学出版社，2021.
② 龚维嘉.旅游线路开发与设计［M］.合肥：合肥工业大学出版社，2008.
③ 段玉山，袁书琪，郭锋涛，周维国.研学旅行课程标准（一）——前言、课程性质与定位、课程基本理念、课程目标［J］.地理教学，2019（5）：4-7.

从空间尺度来看，根据研学者在研学过程中所涉及的空间范围的大小，将研学线路划分为远程、中程和近程研学线路三种类型，如表 6-3 所示。

表 6-3　从空间尺度看研学线路设计

研学线路	特点	设计难度
远程研学线路	研学活动范围有较为明显的扩大，游览距离变长，一般指跨省级行政区范围以上，包括海外研学线路、边境研学线路和国内长距离研学线路三类。	极大
中程研学线路	研学活动范围有所扩大，开始逐渐远离学校周边区域，进行跨市区研学。研学时间有所增加，一般 3~7 天。	较大
近程研学线路	研学活动范围较小，大多位于学校周边区域，最远距离不超过学校所在市区，一般多为地区内研学。研学时间较短，控制在 2~3 天。	中等

空间跨度不同的研学线路，能给研学者带来不一样的研学体验，但具体选取哪种空间跨度的研学线路，不仅取决于研学旅行课程建设的需要，还取决于研学者的家庭经济承受能力与闲暇时间的长短，需要各研学线路设计者综合考虑，视师生实际情况而定。

2. 研学线路的类型

研学线路类型与旅游线路类型具有一定的相通性。目前，研学旅行线路多数是基于旅游线路的基础之上，针对学生发展的特定需求设计与开发。旅游线路是旅行社产品的核心表现形式，是把由起点至终点往返经历的旅游区域、交通工具、食宿条件、旅游景点、旅游内容、旅游时间、服务项目联系起来所安排的旅游活动方案。同理，研学旅行线路是由活动起点到终点往返学习时经历的课程资源、课程内容、学习方式、生活保障等内容的有序组织与规划方案。研学旅行线路既要考虑旅游线路中的各项构成要素，又要充分考虑服务对象的特殊性，在确保合理安全的基础上更加突出学习效果。因此，研学旅行线路设计要做到距离合适，旅程连贯，组织周密，内容丰富，形式多样，体验良好。

虽然研学旅行线路与旅游线路一样，也是一种组合产品，但它有其独特的地方。其独特性就在于研学旅行线路更需要考虑线路中包含的地点资源的教育价值，需对地点资源进行实地考察、系统规划以及科学组合。这个过程也是研学旅行资源课程化过程[1]。下面先介绍几种有代表性的旅游线路类型。

（1）吴国清的旅游线路类型。

吴国清学者在《旅游线路设计》[2]一书中根据空间分布形态的不同将旅游线路分为

---

[1] 杨培禾，刘立作.研学旅行课程设计与实施［M］.北京：首都师范大学出版社，2021.

[2] 吴国清.旅游线路设计［M］.北京：旅游教育出版社，2006.

了两点往返式旅游线路、单通道式（单线贯通式）旅游线路、环通道式（环行贯通式）旅游线路、单枢纽式（单点轴辐式）旅游线路、多枢纽式（多点轴辐式）旅游线路和网络分布式旅游线路六种，每种线路的基本特点如表 6-4 所示。

表 6-4　吴国清的旅游线路类型

类型	特点	优缺点	图示
①两点往返式	在远距离旅游时主要表现为乘坐飞机往返于两个旅游城市之间，若在旅游城市内则表现为住地与旅游景点的单线连接	单一的线路易使旅游者感到乏味	 两点往返式
②单通道式	此类线路远距离以乘火车进行旅游为典型，在旅游城市中则表现为若干景点被一条旅游线路串联，旅游者一路上可以观赏不同的旅游项目	线路固定，不易产生新鲜感，游客来过一次就不想再来	 单通道式
③环通道式	是单通道式旅游线路的变化形式，由于此种线路没有重复道路，基本不走"回头路"，接触的景观景点也较多，旅游者会感到游览行程最划算	经济实惠，以最低的成本获得最好的旅行体验	 环通道式
④单枢纽式	以一个旅游城市（镇）为核心，其他所有旅游目的地都与之连接，形成一个发射系统。旅游者可以选择一个中心城市为"节点"，然后以此为中心向四周旅游点做往返性的短途旅游（大多为一日游）	有明显的集散地，便于服务设施的集中和发挥规模效益。但需要游客不停地往返于中心城市与旅游景点之间，耗费较多的时间和金钱	 单枢纽式
⑤多枢纽式	以若干个重要的旅游城市（镇）为枢纽连接其他的旅游目的地，几个枢纽旅游城市（镇）间有线路直接相连，该线形一般运用于旅游大区	采用多个中心点分散客流，有利于缓解某一枢纽在旅游高峰时的人口承载压力	 多枢纽式
⑥网络分布式	通过公路将区域内各景点覆盖其中，可供旅游者任选景点与道路。	无论是对旅游者还是对旅游企业，此种线路类型都是最理想的旅游线路。	 网络分布式

（2）黄宝辉的旅游线路类型。

东北师范大学黄宝辉教授在《旅游线路设计实务》[①]一书中根据空间模式将旅游线路分为单目的地模式和多目的地模式。具体的线路类型如表 6-5 所示。

表 6-5　黄宝辉的旅游线路类型

旅游线路空间模式		含义	特点
单目的地旅行模式		指旅游线路中只有一个旅游目的地，旅游者从客源地直接到达目的地后停留一段时间，再由原路返回客源地	旅游者进出路径完全重合，没有新意，旅游者容易对此缺乏兴趣和期待
多目的地旅行模式	往返模式	指旅游者由客源地出发到达第一个旅游目的地，沿着交通线路依次游玩几个旅游目的地后，再由原路返回第一个旅游目的地（旅游者在返回途中也可以选择旅游目的地停留），游玩结束后，循原路返回客源地的模式	进出路径重合，并由一条重复使用的游憩路径将所有目的地节点连接起来
	中心集散模式	指旅游者从客源地出发，到达第一个旅游目的地后，以该目的地为中心集散地向不同方向旅行（同一方向游玩结束后返回中心集散地，再向另一方向旅行），在游玩结束后旅游者回到中心集散地，再由这里沿原路返回客源地的模式	进出路径和游憩路径都会重复使用，但通常第一个目的地节点都会连接两条以上的游憩路径
	完全环游模式	指旅游者首先到达和最后离开的旅游目的地不同，进出路径不重合，所有的目的地节点由一条不重复使用的游憩路径连接起来的模式	便于旅游者游玩到更多的旅游景点，不走回头路，经济实惠
	区域内环游模式	指旅游者到达第一个旅游目的地后，以此目的地为起点，在目的地区域内依次游玩多个旅游目的地，最后再次到达该旅游目的地，再由此沿原路返回客源地的模式	进出路径重合，但是游憩路径不重复使用

（3）马晓龙的旅游线路类型。

目前，学术界认可度较高的旅游线路类型为马晓龙学者[②]于 2005 年基于游客行为特征提出的旅游线路组织模式。他认为在旅游线路实际组织的过程中，线路设计者不仅要把客源地、各级别旅游景点和接待地有效组织起来，还必须分析影响旅游线路组织的资源分布和交通的通达性等因素，并考虑游客行为意愿和市场对线路产品需求的状况。基于以上考虑，他提出了串珠式、直达式、链环式、基营式、环路式、过境式、混合式 7 种旅游线路组织模式（详见表 6-6）[③]。

---

① 黄宝辉.旅游线路设计实务［M］.长春：东北师范大学出版社，2014.
② 马晓龙.基于游客行为的旅游线路组织研究［J］.地理与地理信息科学，2005（2）：98-101.
③ 陈启跃.旅游线路设计［M］.上海：上海交通大学出版社，2010.

表 6-6 马晓龙的旅游线路类型

图示	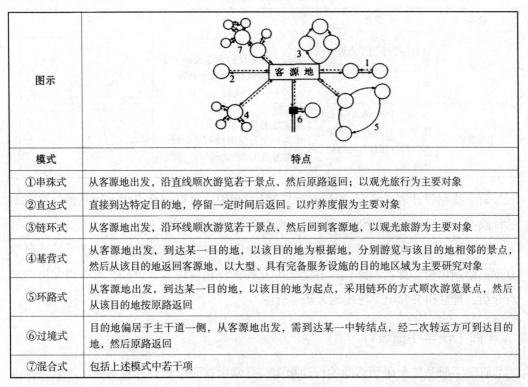
模式	**特点**
①串珠式	从客源地出发，沿直线顺次游览若干景点，然后原路返回；以观光旅行为主要对象
②直达式	直接到达特定目的地，停留一定时间后返回。以疗养度假为主要对象
③链环式	从客源地出发，沿环线顺次游览若干景点，然后回到客源地，以观光旅游为主要对象
④基营式	从客源地出发，到达某一目的地，以该目的地为根据地，分别游览与该目的地相邻的景点，然后从该目的地返回客源地，以大型、具有完备服务设施的目的地区域为主要研究对象
⑤环路式	从客源地出发，到达某一目的地，以该目的地为起点，采用链环的方式顺次游览景点，然后从该目的地按原路返回
⑥过境式	目的地偏居于主干道一侧，从客源地出发，需到达某一中转结点，经二次转运方可到达目的地，然后原路返回
⑦混合式	包括上述模式中若干项

　　基于以上三种极具代表性的旅游线路类型的梳理和呈现，不难看出三位学者对于旅游线路类型的划分方法具有一定的相似性。依据这些相似性，笔者凝练出了研学旅行线路的四种基本类型，分别是直线式、放射式、环状式和网络式，每种研学旅行路线类型的含义、优缺点和图示如表 6-7 所示。

表 6-7 四种基本的研学线路类型

类型	含义	优缺点	图示
①直线式	通过某一条交通线路把各个研学点串联起来，游历地点在空间上呈现出条带状特点，研学完毕后原路返回	在现实生活中难以找到这样的研学线路能把各个研学点的资源充分加以利用和组合起来	
②放射式	选定某一地点作为研学营地后，以该营地为中心向外辐射	需要多次往返于研学营地与各个研学点之间，无形中耗费时间和精力	

续表

类型	含义	优缺点	图示
③环状式	选取的各个研学点在空间上能形成闭环，不走回头路	是较为理想化的研学线路类型，但设计线路时较为困难	
④网络式	研学区有发达的交通网络能把各个研学点连接起来，进行任意方向的研学活动	最理想的研学线路类型，但需选取交通基础设施建设较为完善的区域作为研学点	

研学线路设计者在实际设计研学线路的过程中，可以综合考虑上述几种线路类型的优缺点，扬长避短，综合使用，而不拘泥于某一种线路类型。

当线路设计者完成对整条研学线路的设计工作时，他们就需要在研学手册或研学方案上绘制出研学旅行线路图，并适当补充和标注相应内容，例如，可以增加沿途地点介绍、科普相关知识、挖掘地方研学资源等。

（四）研学手册设计

研学手册是整个研学活动的行动指南，是学生在研学旅行过程中的学习载体，也是研学旅行课程开发与实施的"落地"成果[①]。它能将活动过程具体化、活动成果实物化，是研学旅行学习过程最直接、最具体的体现；既为学生开展研究性学习提供方向性的指导，又为学生提供了研学必要的基础性资料，是研学旅行不可或缺的载体。研学手册的编订应该包括以下内容：

1. 研学课程简介

点明研学主题，并对本次研学旅行的时间、地点、人员、线路、任务等基本情况进行介绍。

2. 研学前须知

提醒学生做好研学前的各项准备工作，包括认真研读研学手册，知晓研学内容、研学目标和研学任务；明确研学各项具体流程，组建学习小组，选定研究课题；备好各种学习用品、生活用品等。

3. 研学中活动指导

研学中活动指导是研学手册的主体部分，可按照研学考察点顺序或研学内容知识结构进行分块编写。除介绍研学内容外，还可适当附上拓展阅读或知识窗口、讨论与

---

① 李百军，王成义.中小学研学旅行课程建设与实施［M］.东营：中国石油大学出版社，2020.

思考等版面，以达到拓宽学生知识视野与思维的目的。

4. 研学评价量表

设计研学活动的评价量表，包括自评和互评、教师评价量表，并设置反思记录栏，以便于学生在整个研学活动的最后进行活动反思，记录自己的收获和成长；同时也可设置改进意见栏，便于学生对整个研学旅行设计进行评价，以促进教师持续改进。评价量表并非评价学生的唯一依据，需要配合成果展示和汇报等多种评价方式使用。

5. 附录页

按照研学课程需求，应模块化设置记录页和补充资料（如实验记录页、观测记录页、调查笔记页、地理摄影解读页、空白记录页等）。在实际的研学手册设计与编订过程中，教师可以根据自身课程的实际情况对上述内容要素进行灵活的增删和创新，形成独具特色的自编研学手册。

（五）研学旅行过程设计

研学旅行过程设计，最关键的就是要细化研学旅行课程的实施过程，确定研学旅行顺序，设定研学活动程序，避免实施过程的随意性，解决"怎么规范化教"的问题，[①] 要切实从"研学前准备""研学中实施"和"研学后评估"三个阶段来深层次把握研学。

1. 研学前准备

《关于推进中小学生研学旅行的意见》指出，规范研学旅行组织管理，各地教育行政部门和中小学要探索制定中小学生研学旅行工作规程，做到"活动有方案，行前有备案，应急有预案"。其中，"活动有方案"包括活动主题、活动对象、活动目的及意义、活动时间、活动地点、活动形式、活动内容概述、行程安排、组织机构和职责分工、安全教育措施和安全责任人联系方式等。"行前有备案"包括家长通知书、学生集体外出备案表、学生外出活动安全责任书、踩点说明、就餐方案、营地（基地）营业执照、交通工具信息等。"应急有预案"包括食品安全、交通安全、外出活动安全、住宿安全等方面的应急预案。

总之，"研学前准备"对研学旅行能否高质量开展至关重要，学校、年级和班级要具体落实如下内容。

（1）拟发"致家长的一封信"，摸底调查学生情况（民族、疾病史、家庭情况）等；学校与校外研学服务机构或旅行社签订协议和责任书，并在当地教委进行备案；

---

① 魏巴德，邓青. 研学旅行实操手册［M］. 北京：教育科学出版社，2020.

进行随行教师动员，组织教师培训，明确教师责任分工和岗位要求，并着手确定研学课题、设计研学活动课程、编制研学手册等。

（2）制定研学旅行活动课程评价标准，可从时间观念、纪律意识、文明礼仪、实践效果、团队意识等不同方面展开，采用多元的评价方式。

（3）召开年级家长会，向家长介绍研学旅行活动课程、责任说明、报名方式、信息统计和缴费事宜等。

（4）召开年级学生行前动员会，具体包含：安全教育、研学日程安排、研学旅行活动课程要求、评价方案解读、活动组织形式、文明素养教育、集体荣誉教育等。

（5）做好出发前的各项准备工作，包括研学通讯录、个人行李清单（证件、常用药品、日常用品、服装鞋帽等）、学生活动分组（成员及责任分工）、宿舍分组、就餐分组、乘坐交通工具分组等。

（6）进行其他安全事项说明，发放具体的行程安排表，安排学生做好预习，搜集查阅相关资料，了解研学目的地，带着问题有准备地前往。

2. 研学中实施

研学旅行中实施部分，就是通过课程实践来落实行前方案，实现研学目标。该环节注重让学生亲自到研学目的地参观、考察、体验、探究。在本阶段，教师可以结合实际情况采取多样化的教学方式，发挥学生的主体性、能动性和创造性，培养学生的实践能力、创新精神和社会责任感等；同时，在课程活动的过程中，教师也要负责管理和照顾好学生、密切关注学生的动向、避免发生安全事故等。除此之外，教师还要善于在研学旅行过程中发现问题、解决问题。

除了上述教师必须承担的职责，在研学过程中教师仍需注意的几类问题：（1）切忌只"旅"不"研"；（2）给予学生充足的自主学习时间和空间；（3）注意对现场的控制和把握。

3. 研学后评估

（1）研学感悟反馈。

在研学旅行课程结束之后，教师可以采取多种方式调查所有参与研学活动的个体的反馈评价，包括学生、家长对研学旅行课程的评价和反馈。基于多方反馈与建议，在后续开展的研学活动中持续改进和优化。

（2）研学效果评估。

对研学旅行课程的评价是研学旅行区别于一般旅游的显著特点之一。研学旅行评价要以促进学生全面发展为宗旨，坚持评价主体、评价对象及评价方式的多元化，注重对学生"行前""行中"和"行后"全过程的评价，具体的评价原则和评价方式将在

"研学评价设计"部分阐述。

（六）研学评价设计

"评价不是为了证明，而是为了改进"。进行研学旅行评价的最终目的不在于筛选，而在于改进。因此，教师在进行研学评价时，要以提升学生的综合素质和核心素养为目标，坚持评价的方向性和指导性，做到客观、公正、理性评价，达到"以评促教、以评促学"的目的。《研学旅行课程标准》中将研学评价分为两大部分，分别是学业评价和课程评价。

1.学业评价

学业评价的目的是评定研学旅行中学生的学习表现，促进学生的全面发展。在进行研学旅行学业评价时，要坚持评价的全面性、表现性、开放性和激励性原则，选用等级、分数、学分、评语、档案等形式综合评价学生的研学表现。

2.课程评价

课程评价是指检查课程的目标、编订和实施是否实现了课程目标，实现的程度如何，以判定课程设计的效果，并据此做出改进课程的决策。课程评价是研学评价的重点内容。

三、研学旅行设计各要素之间的相互关系

一是从宏观层面看，研学旅行设计无疑是一项庞大的系统工程，不仅需要全方位考虑到每个参与研学旅行活动的主体要素，还要关注到研学旅行课程设计的各个基本要素。在研学旅行设计系统中，包含着研学目标、研学内容（资源）、研学线路、研学过程（方法）、研学评价等各个子系统，各子系统既相对独立，又相互依存、相互制约，表现为在研学过程中研学目标要通过研学内容、研学资源、研学方法来实现，研学内容、研学资源、研学方法又会受到研学目标的支配。总之，研学旅行设计的各要素间形成了一个有机的共同体。

二是从微观层面看，由于参与和组织研学旅行活动的主体不同，研学旅行可以分为校园研学、亲子研学、夏令营（或冬令营）三种类型。其中，校园研学指的是由学校统一组织，以年级或班级为单位进行的研学旅行活动，这是最常见的研学类型；亲子研学指的是由家庭组织，父母带领孩子进行研究性学习的活动，这是近年来逐渐兴起的一种研学旅行新形式；而夏令营或冬令营指的是一般由教育机构或旅行社发起、时间多集中在寒暑假的研究性学习活动，这种类型的学习活动的组织规模相较于校园

研学来说要小得多。

除去参与主体要素之外，一份完整精细的研学旅行设计必须包含目标、内容、场域、线路、手册、过程和评价等要素，且各要素之间相互联系、相互作用构成了复杂的系统。具体表现为：研学内容必须依据研学目标来确定，研学内容确定之后需要考虑怎样适配能够承载研学内容的合适场域，其后应思考线路要如何设计才能把各个场域的资源链接起来，此后应开始编制研学手册，形成初步的研学思路。各项准备工作完成之后，转入研学实施过程，而后在研学过程实施中和实施后就要对整个研学旅行的各要素进行综合评价，旨在通过评价的方式促进各方发展，同时对研学设计进行持续改进与完善，最终形成更高质量的设计方案。

总之，研学旅行设计是包含着各个小系统的复杂的逻辑链条，在实际的研学旅行方案设计和编写过程中，教师可以根据实际情况对各要素进行增删和取舍，不必要包含所有要素。研学旅行方案设计的基本要素及相互关系如图 6-3 所示。

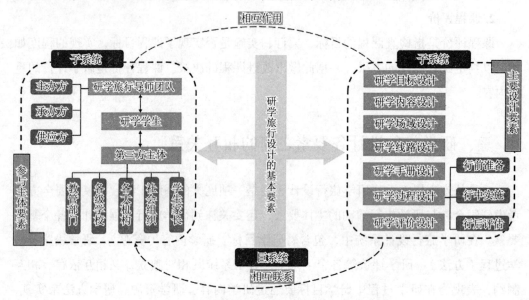

图 6-3　研学旅行方案设计的基本要素及其相互关系

【本章内容结构】

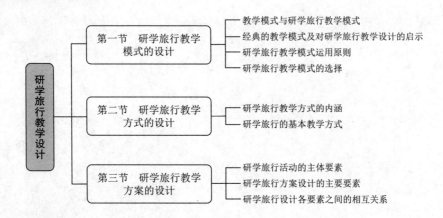

【拓展性讨论】

1.结合具体案例，深入研究如何根据不同的教育目标和学生需求，精心挑选最适宜的教学模式，并有效运用于实践当中，以促进学生的全面发展。

2.运用所掌握的知识，选定一个研学旅行的主题课程方案，并据此编制一份详尽且富有吸引力的研学旅行手册。该手册不仅应紧密围绕选定主题展开，还应当包含丰富的内容信息和实用指南，旨在为参与者提供一次既充满乐趣又能获得深刻学习体验的旅程。

第七章

研学旅行课程评价设计

〔 本章概要 〕

　　研学旅行课程评价是研学旅行课程中的必要环节，其旨在促进研学旅行课程的改进与优化，评定与激励学生的研学学习表现与发展。本章主要分为教育评价与课程评价概述、研学旅行课程评价概述、研学旅行课程评价设计三个部分。第一部分主要概述了教育评价、课程评价的概念、基本类型、方法、模式等以及它们的异同；第二部分主要界定了研学旅行课程评价的概念予以界定，探讨了研学旅行课程评价的设计原则、类型、内容与方法；第三部分阐述了研学旅行课程评价的设计原则，并构建了研学旅行课程方案的评价设计、研学旅行课程实施方案的评价设计以及研学旅行学生活动的评价设计，以此为研学旅行课程评价提供基本框架、思路与方法。

第一节　教育评价与课程评价概述

☞【学习目标】

1. 理解教育评价和课程评价的内涵。
2. 知道国外教育评价与课程评价的主要评价原则、类型、方法、模式等。
3. 能够运用课程评价的原则、类型与方法，设计合理的课程评价方案。

☞【关键词】

教育评价　课程评价　评价原则　评价方法　评价模式　评价类型

☞【问题引导】

"评价"是指从特定的目的出发，设置一定的标准，通过特定的程序对已经完成或正在进行的学习进行评估与检测，找出反映学习进程质量或成果水平的资料或数据，从而对学习的质量或成果的水平做出合理判断。那么：

1. 什么是教育评价？有哪些主要的教育评价模式？
2. 什么是课程评价？其评价原则和方法有哪些？
3. 教育评价与课程评价有哪些异同？

一、教育评价概述

（一）教育评价的概念

评价活动普遍存在于日常生活的政治领域、经济领域、文化领域等各个领域，教育领域也概莫能外，评价活动在教育领域的展现可称为教育评价。我国古代的教育活动中便蕴含着教育评价的思想，如西周的选士制度，古代的"科举考试"制度等。"教育评价"这一概念属于外来概念，是我国于 20 世纪 80 年代从国外引进"educational evaluation"这一概念的中文转译。

"评价"蕴含对事物进行价值判断或评估的含义，基于普通的理解，"教育评价"则意味着对教育活动展开价值判断的过程。作为一种价值判断的活动，教育评价的内涵较为复杂，其内涵在不同教育历史阶段也在不断演进。当今，我国教育界一般将"教育评价"定义为："在系统、科学、全面地搜集、整理、处理和分析教育信息的基础上，对教育的价值作出判断的过程，旨在促进教育改革，提高教育质量。"[①]

（二）教育评价的原则

教育评价的原则是对教育评价活动的基本要求与规范。教育评价的原则可概括为发展性原则、客观性原则、动态性原则、多元化原则、伦理性原则。

发展性原则是指教育评价应在教育活动中发挥指导与发展的作用，而非仅限定、鉴定与筛选；客观性原则是指教育评价应建立在客观的事实依据或资料基础上，对教育活动的全方面与全环节做出科学、准确的价值判断；动态性原则强调教育评价并非固定化、阶段性与暂时性的，而是为了教育活动的改进应是持续、动态变化的过程；多元化原则强调教育评价主体、教育评价模式与方法、教育评价内容等要素的多样性；伦理性原则是指"评价者在评价活动中应坚持正当的行为规范，它包括对评价对象的态度、处理和使用评价信息的方式以及正确履行评价者的权利和义务等"[②]。

（三）教育评价的类型

教育评价的类型是具有共同特征的教育评价所构成的种类。教育评价按照不同的分类标准，可划分为不同的类型，其分类标准包括评价涉及的范围、评价的价值标准、评价的功能、评价的内容分类、评价的主体、评价的方法等。

按照评价涉及的范围分类，可将教育评价分为宏观教育评价、中观教育评价与微观教育评价，其分别对应对教育的全领域与宏观决策的评价、学校层面的评价、学生为主的评价；按照评价的价值标准分类，可分为相对评价、绝对评价、个体内差异评价，其价值标准分别取自评价对象的集合总体内、评价对象的集合总体外、评价对象自身集合体的过去；按照评价的功能分类，可分为诊断性评价、形成性评价、终结性评价、整体性评价，其功能分别对应实施前预测、实施中调节、结束后评定、全过程分析；按照评价的主体可分为自我评价与他人评价；按照评价内容分类，可分为条件评价、过程评价与结果评价；按照评价的方法分类，可分为定量评价与定性评价。

---

① 顾明远.中国教育大百科全书［M］.上海：上海教育出版社，2012.

② 涂艳国.教育评价［M］.北京：高等教育出版社，2007.

（四）教育评价的模式

教育评价的模式是教育评价理论与方法的总体概括，包括评价的范围、程序、主要内容与方法等。教育模式可分为国内与国外两大领域并分别展开论述（见表 7-1）。

表 7-1　教育评价的主要模式

国别	模式名称	提出者	主要内容
国外主要的教育评价模式	泰勒模式	泰勒（R.W.Tyler）	以行为目标为中心，用学生的特殊成就表示教育中的目标，衡量实际活动实现教育目标的程度
	CIPP 模式	斯塔弗尔比姆（L.D.Stufflebeam）	背景评价（Context）、输入评价（Input）、过程评价（Process）、结果评价（Product）
	目标游离模式	斯克里芬（M.Scriven）	注重对教育活动非预期效果的评价，评价依据为评价参与者所取得实际成效与达成的共识
	应答模式	斯塔克（R.E.Stake）	从人们关注的现实与潜在问题出发，通过信息反馈，使评价结果真正产生效益，使教育结果为大多数人所需
国内主要的教育评价模式	教育型目标调控模式	宋伏秋，梅克	从改进和提高学校工作着眼，旨在通过评价使评价对象正在进行的工作和学习日益提高、自我完善和不断发展；目标是评价的基础，过程是评价的重点，自我评价和调控是评价的基本方式，反馈是其运行的机制[1]
	协同自评模式	杨佐荣	评价人员协同自评者进行评价活动，协商共识，共同完成评价目标确立、评价方案制定、评价资料收集、价值判断及撰写评价报告等一系列评价活动[2]
	发展性目标评价模式	吴刚，张辉	根据社会需要和开展教育活动的现实条件，确定和检验目标；依据教育目标、评价对象和条件、与教育评价活动有关人员的需要以及现有的制度等因素，设计以评价标准为核心的评价方案；遵照评价方案，实施评价活动；完成和反馈教育评价报告；以教育评价制度制约整个评价过程[3]

（五）教育评价的方法

教育评价活动中，教育评价信息的收集与处理是该过程中的两个重要环节。按照教育评价活动的两大环节，可将教育评价的方法划分为教育评价信息收集的方法与教育评价信息处理的方法。

1. 教育评价信息收集的主要方法

教育评价信息收集阶段常用的方法包括文献法、观察法、问卷调查法、访谈法、

---

[1]　宋伏秋，梅克.我国普通教育评价模式研究［J］.北京：中国和平出版社，1995：181.
[2]　金娣，王刚.教育评价与测量［M］.北京：教育科学出版社，2009.
[3]　金娣，王刚.教育评价与测量［M］.北京：教育科学出版社，2009.

测量法等。文献法主要通过收集评价对象、评价目的相关的文献，如数据、书面信息等来统计整理；观察法主要借助感官或仪器，对观察对象（教师、学生）的行为表现进行观察、记录、分析，从而收集具体、直观的评价信息；问卷调查法是依据调查目的与内容，以调查问卷形式让被调查者作答，以获取评价信息；访谈法以受访者的口头自我报告形式获取评价信息。测量法是借助测量工具（教育或心理学等量表）来测量评价对象的特性，从而搜集信息的方法。

2. 教育评价信息处理的主要方法

收集到的教育评价信息一般分为量化评价信息与质性评价信息，因而处理教育评价信息的方法也存在差异，可分为定量与定性两大类。定性的教育评价信息处理方法一般采用思辨的方式，以语言文字形式表述评价结果的方法，包括哲学分析法、系统分析法、逻辑分析法；定量的教育评价信息处理方法主要采用数学的方法对评价信息进行分析与整理，包括累积分数法、统计分析法、模糊数学法等。

二、课程评价概述

（一）课程评价的概念

课程评价是评价在课程领域的运用，是课程活动的重要环节，课程评价与课程的发展、建设密不可分。课程评价是对整个课程体系以及课程体系所处的具体情境进行信息的收集和解释，并进行价值判断的过程，旨在不断提升课程体系的质量，优化课程实践，并为课程决策提供信息。课程评价是一个涉及多评价主体、多评价对象、多评价方法，能够实现多种评价功能的复杂过程。[①]

（二）课程评价的基本类型

根据不同的评价标准，课程评价可被划分为不同的类型。其评价标准一般可划分为评价关注的焦点、评价的功能、评价的方法等。

1. 依据评价关注的焦点

依据评价关注的焦点，可以将课程评价分为内在评价与效果评价。内在评价强调对课程计划本身的评价，不关涉课程计划可能的实施效果。内在评价的倡导者通常认为，好的课程计划意味着能取得好的实施效果。效果评价是对课程计划实际效果的评

---

① 王烨晖，辛涛，边玉芳 . 课程评价的理论、方法与实践［M］. 北京：北京师范大学出版社，2022.

价，其注重课程实施前后师生产生的变化，一般通过前后测、实验组与控制组的差异而评判实际效果。理想的课程评价应既关注过程，也重视结果，应将两种评价方式结合。

2. 依据评价的功能

依据评价的功能，课程评价可分为诊断性评价、形成性评价、总结性评价。诊断性评价是在课程计划实施前，对准备状态的一种评价，以使课程活动的安排更具针对性；形成性评价是在课程实施过程中进行的，以收集课程实施过程中的信息，进一步优化和完善课程；总结性评价是在课程计划的实施后进行的，对课程实施的效果进行评定与总结。

3. 依据评价的方法

依据评价的方法，课程评价可分为量化评价与质性评价。量化课程评价是将复杂的课程现象简化为数量，从对数量的分析与比较中推断评价对象的成效。质性课程评价是通过自然的调查，充分描述评价对象的各种特点，以阐述其意义。两类评价各具优势与局限，理想的课程评价应将量化评价与质性评价相结合。

课程评价的分类是为了更好地理解与把握各类评价的特点，不同课程评价类型之间并非完全排斥，内部分类之间是可以相容的。

（三）课程评价的原则

课程评价的原则是对课程评价活动的基本规范与要求，一般包括客观性原则、全面性原则、适应性原则、多样性原则。客观性原则是指课程评价的设计，包括评价标准的制定、评价工具与评价方法的选择是科学、规范的，能够客观评价课程活动。全面性原则强调对课程的各环节、各要素、各主体等展开评价，以期获得对课程的完整性评定。

（四）课程评价的方法

课程评价是技术性较强的活动，科学的评价方法与规范的评价程序对于课程评价的有效性、科学性有重要的影响。课程评价的方法可大致分为两类：一类是量化课程评价方法；另一类是质性课程评价方法。

量化课程评价方法包括问卷调查访谈法、纸笔测试法等，问卷调查法是由调查者通过问卷等形式间接地收集课程活动的评价信息，问卷调查法便于大规模收集评价信息，但也存在问卷回收率不足、作答不认真等问题。纸笔测试法是用测试题来测定课程现象，以收集资料数据的方法，包括成绩测验、纸笔测试等。其是评估学生掌握课程情况的最主要手段，但需要科学、规范地阐释并理解测验结果。

质性课程评价方法包括观察法、访谈法、档案袋评价法等。观察法是教育研究者通过感官和借助设备，有目的、有计划地考察课程现象的方法，分为准备工作、实施观察、观察资料的整理与分析几个步骤。访谈法是借助访谈者与被访谈者进行交谈、研讨来收集资料的方法，访谈法可分为结构式访谈与无结构式访谈。档案袋法是以收集学生的作品、他人评价等相关资料，并据此对学生的学业进步进行评价的方法。

三、教育评价与课程评价的异同

（一）教育评价与课程评价的共同点

教育评价与课程评价是两个既有联系又有区别的领域，两者之间在价值判断、信息收集与处理、评价目的等方面存在共同点。其一，在价值判断方面，教育评价与课程评价都是对教育现象或课程现象进行价值判断的活动，都涉及对教育活动达成预期目标程度的评定。其二，信息收集与处理方面，两者均涉及对教育活动现象的评价信息收集与处理，其信息收集与处理的方法均可分为量化与质性两部分。其三，评价目的方面，两者均旨在促进提升教育质量，为教育决策提供依据，促进教育活动的改进与优化。

（二）教育评价与课程评价的区别

教育评价与课程评价虽然存在着联系与共同点，但作为不同的活动领域，仍存在一些差异与区别，具体体现在评价对象、评价目的、评价方法等方面。其一，评价对象方面，课程评价关注的是课程现象，是课程的全过程与要素，包括课程目标、内容，课程实施及学生学业表现等；而教育评价的对象则更为宏观，包括教育系统、教育政策、学校管理等方面。其二，评价目的方面，课程评价指向课程与教学的改进，而教育评价更多为宏观决策提供支持，包括教育政策制定、教育制度构建等。其三，评价方法方面，课程评价多使用观察法、学业测试等方法，而教育评价则需要更多使用调查法、文献法等，以获得广泛范围、宏观层面的评价信息、教育政策文件、学校报告等。

第二节 研学旅行课程评价概述

☞【学习目标】

1. 理解研学旅行课程评价的基本概念及其重要性。
2. 掌握研学旅行课程评价的主要类型及各自特点。
3. 了解并能够运用研学旅行课程评价的原则。
4. 学会识别与选择适合研学旅行课程的评价方法。
5. 能够设计基于 CIPP 模式的研学旅行课程评价方案。

☞【关键词】

研学旅行 课程评价 评价标准 评价主体 评价对象 评价内容 CIPP 评价模式

☞【问题引导】

1. 什么是研学旅行课程评价？它的重要性体现在哪些方面？
2. 研学旅行课程评价可以分为哪些主要类型？每种类型的特征是什么？
3. 在进行研学旅行课程评价时，应当遵循哪些基本原则？
4. 如何结合质性和量化的方法来开展研学旅行课程的评价？
5. 基于 CIPP 评价模式，如何系统地对研学旅行课程从准备到实施再到成果进行全面评价？
6. 在研学旅行课程评价中，如何确保评价过程的科学性和全面性？

一、研学旅行课程评价的概念

研学旅行课程评价属于课程评价的范畴，其概念的界定基于对课程评价内涵的理解之上。课程评价是"根据一定的评价标准，运用综合性评价手段，通过系统收集课程的相关信息，对课程方案、实施过程和实施效果所做出的客观描述、价值判断和意义阐释的过程"[①]。基于此,研学旅行课程评价可以界定为:根据一定的评价标准,运用综合性评价手段,通过系统收集研学课程的相关信息,对课程方案、实施过程和实施效果做出客观描述、价值判断和意义阐释的过程。

研学旅行课程评价一般包括研学评价主体、研学评价对象、研学评价内容、研学评价目的与原则、研学评价方法等要素。其中,研学评价主体主要关涉研学课程的参与主体,包括研学导师、学生、教育行政管理部门、学校、研学服务机构、家长等;研学评价对象包括研学课程的整体与各环节;研学评价内容可包括研学设计方案、研学课程实施及效果。研学评价的目的揭示了评价的价值指向;研学评价原则是进行评价的准则;研学评价方法是用以收集与分析研学活动的多样方法,包括定量与定性等方法。

二、研学旅行课程评价的类型

按照不同的分类标准,研学评价可被划分为不同的类型。具体而言,可按照评价目标、评价方法、评价时间、评价内容对其进行分类(详见图7-1)。

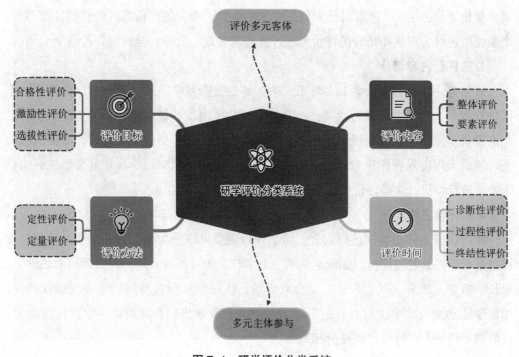

图7-1 研学评价分类系统

---

1. 按评价目标划分

按照评价目标的不同进行划分，有三类研学评价：合格性评价、激励性评价、选拔性评价（见表7-2），分别适应不同的人才培养要求而呈现逐级提高的特点，在研学评价中较为常用的是激励性评价。

表7-2　按评价目标划分的研学评价类型

分类标准	类型	定义	举例
评价目标	合格性评价	以"培养具有良好素质、健康人格的合格公民"为目标的教育评价，是合格性评价（底线评价）	如普通高中学业水平考试
	激励性评价	以"激发学生积极向上学习欲和学习潜能，促进学习效果提升"为目标的教育评价，是激励性评价	如学生的自我鼓励式评价、小组合作激励式评价、教师激励式评价
	选拔性评价	以"培养适合高等专业教育和高等职业教育选拔规格的人才"为目标的教育评价，是选拔性评价（顶线评价）	如以普通高等学校招生全国统一考试为代表的一系列考试形式

2. 按评价方法划分

按照评价方法进行划分，研学评价主要可以分为两类：定性评价与定量评价。定性评价侧重于对事物质的判断，属于质性评价方法；定量评价侧重于对事物量的测定，属于量化评价方法。[①] 随着时代发展与需求的变化，单一的评价方式的弊端日益凸显，当前使用定性、定量相结合的评价方法才能较为客观、公正、全面地评价研学活动。

3. 按评价内容划分

研学是一个包含多要素、多环节、多主体的复杂系统。按照对研学评价内容的不同进行划分，主要可以分为两类：一是从宏观角度出发，针对研学做的整体评价；二是从微观角度出发，针对研学所包含的各层面、各要素等做的要素评价。需要注意的是，要最大限度发挥评价对研学发展的改进作用，就必须将研学视作复杂系统而非单个要素进行评价，这是评价促进研学发展的本然要求。

4. 按评价主体划分

按照评价主体的类别进行划分，研学评价主要可以分为两类：一是他人评价，指评价者对被评价者的评价，如研学活动主办学校作为被评价者时，评价者可以是学生、家长、教师、政府、社会等；二是自我评价，指评价者对自身的研学表现展开评价，如研学活动参与的学生对自身的研学表现展开自我评价。在现实的研学评价活动中，我们倡导将他人评价与自我评价相结合。

---

① 滕星.论教学评价的规律和原则［J］.教育科学，1989（1）：11-15.

5. 按评价时间划分

按照开展评价的时间顺序进行划分，研学评价主要可以分为三类①②③④：诊断性评价、过程性评价、终结性评价（见表 7-3）。不难看出，无论在什么时间段开展评价，其最终目的都是促进"研"与"学"的调整与改善。

表 7-3　按评价时间划分的研学评价类型

类型	定义	作用	目的
诊断性评价	在研学活动开始前教师对学情、准备情况等进行的评测	查明研学准备和不利因素，揭示学生前概念	明确目标 提出问题
过程性评价	在研学活动中建立一系列反映学生研学成效的可视化资料，并加以评价（即时）	观察研学实施效果	改进研学过程 调整研学方案
终结性评价	在研学活动结束后，对研学目标达成情况进行审查与总结反馈（延时）	审查研学目标达成情况	总结与反思 调整研学策略

三、研学旅行课程评价的原则

研学课程评价是研学旅行课程中至关重要的环节之一，研学旅行课程评价必须遵循一定的准则，为评价活动提供标准与规范的遵循，以保证评价的科学性、全面性与有效性。

1. 科学性原则

研学评价的科学性原则具有两层含义：一是评价方案、标准及其体系的制定要具有科学性；二是评价过程的实施要具有科学性。评价方案、标准及其体系的科学性是指研学旅行课程评价的设计、评价指标应是准确与合理的，研学评价体系应是完善的。研学评价实施的科学性是指研学评价的过程应遵循评价的基本原则，科学、规范地使用各种评价方法，保证评价主体的充分参与等。

2. 全面性原则

全面性原则强调对研学全过程的各个因素与方面展开评价。从研学活动阶段看，既要对研学方案制定评价，也要对其实施过程及效果展开评价；从评价对象看，既要对研学导师的指导展开评价，也要对学生的学习表现展开评价；从评价标准看，既要关注学生的知识、技能、实践能力等方面的发展，又要注重学生情感、品德、创新精

① 李伟成.教学过程中的诊断性评价研究 [J].教育导刊，2011（3）：76-79.
② 袁维新.运用诊断性评价揭示学生的前概念 [J].生物学通报，2003（6）：32-34.
③ 高凌飚.关于过程性评价的思考 [J].课程.教材.教法，2004（10）：15-19.
④ 赵德成.表现性评价：历史、实践及未来 [J].课程·教材·教法，2013，33（2）：97-103.

神等的发展。通过评价的全面性，促进研学各要素、各主体、各环节的改进与优化。

3. 发展性原则

发展性评价是基础教育改革倡导的一种评价取向与方法。其强调评价的发展性功能，以评价促进学生、教师的发展，以评价改进教育教学活动。研学旅行课程评价应遵循发展性原则，意味着在开展评价活动时应坚持以评价促进学生实践能力、创新精神、情感品德等方面的发展，以评价促进研学导师的专业反思与专业素养的提升，以评价促进研学旅行课程的优化，弱化评价的定级与筛选功能，以评价优化研学旅行课程各要素的持续完善与改进。

4. 多样性原则

研学旅行课程的多样性原则体现为研学评价主体的多元化、研学评价方法的多样化、评价结果的差异化。一是评价主体的多元化，研学评价倡导研学活动的各参与主体广泛参与评价的过程，以促进评价的全面性。二是评价方法的多样化，研学评价主张评价方法的综合运用，既包括文本分析、观察法、访谈法、档案袋评价法等质性评价方法，也包括问卷调查法、学业测试等量化评价方法。三是评价结果的差异化，多方的评价主体基于各自的立场、视角与知识经验背景，形成差异化的评价结果，使得评价更为公正、全面。

总之，研学旅行课程评价应遵循科学性、全面性、发展性、多样性的基本原则，以规范评价活动的开展，提升评价活动的效果。

四、研学旅行课程评价的方法

研学旅行课程评价的方法众多，大致可划分为质性评价方法与量化评价方法两大类。研学旅行课程评价方法的选择，需要依据研学课程评价目的、评价内容与评价类型而定，适切性是评价方法选择时应遵循的重要标准。

1. 质性的评价方法

（1）文本分析法。

文本分析法就是直接对静态的课程对象—各类文本材料进行分析的方法。[①] 研学旅行课程中也包含较多的文本材料，在课程层面，有研学旅行课程设计方案、研学旅行手册等文本材料；在学生层面，有学生的文本类的研学成果如调查报告、访谈记录、绘画等；这些均是文本分析的重要对象，对课程层面的文本材料展开分析，可以评价

---

① 王烨晖，辛涛，边玉芳.课程评价的理论、方法与实践［M］.北京：北京师范大学出版社，2020.

课程设计的是否规范、合理；对学生层面的文本材料展开分析可以评定学生的研学效果如何。规范地运用文本分析法，需要明确文本分析的目的、构建分析的框架与标准、制定基本的分析流程并形成分析报告。

（2）访谈法。

访谈法在教育活动中的应用较为普遍，也是课程评价中常用的评价方法。在研学旅行课程评价中，访谈者应预先制订访谈计划，形成结构化或半结构化的访谈问题，提出访谈问题并对访谈对象的谈话进行记录。访谈的对象可以是研学旅行课程中的参与主体，如教师、学生、学校等。访谈的形式可以是个别访谈，也可以是集体访谈；可以通过访谈，了解教师、学校对研学旅行课程设计与开展的观点与看法，也可以获知学生的研学活动体验与建议，以此形成对研学旅行课程开展情况的深度认识与评定。

（3）档案袋评价法。

档案袋评价法是一种发展取向的评价方法，它主张收集学生作品、自我评价及他人评价（同伴、教师等）的材料，以对其学习上的进步进行评价的方法。在研学旅行课程评价过程中，学生可全程参与，档案袋的内容应围绕学生在研学活动中的学习进步系统收集，其内容形式多样，包括研学作品、教师评价、小组评价、反思材料等，以反映学生在研学活动中的知识、技能、情感态度等方面的发展。

2. 量化的评价方法

（1）量表评价法。

量表评价法是根据预先制定的课程评价量表对教师的教导行为与学生的学习表现进行量化评分，而后加以整合汇总的评价方法。在研学旅行课程评价中，可以采用规范编制的课程评价量表，对研学活动中研学导师的指导与学生的学习展开评价，以获知研学导师在研学活动中的组织与管理表现以及学生的研学学习情况。

（2）问卷调查法。

问卷调查法便于大规模地收集信息，是课程评价中较为常用的评价方法。在研学旅行课程评价中，为了获取更全面的评价信息，研学课程的参与主体均可以成为调查对象。对学校展开问卷调查，可以了解学校层面的研学旅行课程规划与体系、研学旅行课程的相关制度等；对研学导师展开问卷调查，可以获知教师对研学旅行课程的专业理解与态度，了解研学导师在研学课程实施中的表现与问题等；对学生展开问卷调查，可以了解学生在研学课程开展过程中的学习体验、学习障碍及收获等。为了保障问卷调查的有效性，调查者需要规范问卷设计以及问卷调查的过程。

（3）实验法。

实验法是自然科学研究的范式，通过人为创设一定的情境，设置实验组与控制组，控制大量因素，探讨研究所关注的变量间的关系。^① 实验法通过控制实验条件，规范了实验流程，具有相对其他评价方法更为科学性、客观性的特点。在教育领域中，大部分的教育实验多为前实验与准实验。在研学旅行课程评价中，通过实验法，设置实验组与控制组，基于实验分析数据，可以较为科学地评定何种课程设计模式有效，何种课程实施模式较为合理，以此为证据优化研学旅行课程。

五、研学旅行课程评价内容与指标体系

研学旅行课程评价的内容是多维度的，旨在全面评估研学旅行活动的质量、效果及其对学生发展的影响。根据已有的文献和实践经验，研学评价可分为研学课程的评价和研学学业评价：课程的评价是指检查课程的目标、编订和实施是否实现了教育目的，实现的程度如何，以判定课程实施的效果，其根本目的在于帮助研学课程设计者获得反馈信息，完善研学课程，同时收集研学实施过程中的问题，帮助研学课程实施者改进教学，促进学生发展，从而保证课程目标的实现。^② 学业评价是指从不同研学阶段、维度、主体出发对研学旅行进行评价，目的是促进研学旅行课程的建设和优化，促进学生的全面发展，评定研学旅行的学业水平。

据此可以构建评价指标体系，接下来介绍两种研学旅行评价指标体系的构建。

（一）基于综合需求的研学旅行评价指标体系构建

根据实际需求和使用场景的不同，研学旅行评价指标体系的表达方式可以多种多样，比如图表或者文字描述等。重要的是确保所选择的形式能够让使用者容易理解并有效地利用这些信息来进行决策或评估。在某些情况下，结合多种呈现方式可能会更有利于传达复杂的信息结构。接下来展示的是采用纲目形式构建的指标体系示例；您可以根据具体情况考虑是否更换为其他更适合的表达方式。

【纲目形式构建的研学旅行指标体系示例】

从整体视角出发，我们可以通过选取八个关键维度下的多个具体指标，构建一个全面的研学旅行评价体系。这一系统不仅致力于提升研学活动的质量和课程内容的优化，还旨在改善研学条件，最终达到通过实践活动促进教育目标实现的目的。

---

① 王烨晖，辛涛，边玉芳.课程评价的理论、方法与实践［M］.北京：北京师范大学出版社，2020.
② 周维国，段玉山，郭锋涛，等.研学旅行课程标准（四）——课程实施、课程评价［J］.地理教学，2019（8）：4-7.

1. 课程目标与定位

目标达成度：评估研学旅行是否达到了预定的学习目标，包括知识获取、技能提升、态度转变等方面。

核心素养培养：检查课程是否有效地促进了学生核心素养的发展，如社会责任感、创新精神、实践能力等。

2. 课程设计与实施

主题明确性：课程是否有清晰的主题，该主题能否吸引学生的兴趣并促进学习。

活动安排：活动是否丰富多样，能否有效结合理论与实践，以及是否具有足够的互动性和参与性。

资源整合：如何整合利用当地的自然、文化、历史等资源来支持教学。

安全保障：安全措施是否到位，应急预案是否完善。

3. 学习过程与体验

直接经验：学生在真实情境中获得的经验和感悟。

反思观察：学生对于经历的回顾和反思过程。

概念化抽象：学生将感性认识上升到理性认识的过程。

主动检验：学生通过实践活动验证所学知识的有效性。

4. 教师/指导者的作用

教师角色：教师或指导者是否扮演了有效的引导者和支持者的角色。

专业发展：教师是否得到了相应的培训，以更好地支持研学旅行的进行。

5. 学生表现与发展

个体差异：考虑学生的个人差异，提供个性化的反馈和支持。

综合能力：评估学生的批判性思维、解决问题的能力、合作交流等综合能力的发展。

情感态度：学生对研学旅行的态度变化，以及活动中展现出的积极性和主动性。

6. 课程评价体系

多元评价：采用自我评价、同伴评价、家长评价等多种方式。

即时与延时评价：结合即时反馈和延时评价，以更全面地了解学生的学习进展。

结果导向与过程导向：不仅关注最终成果，还要重视整个过程中的学习体验和成长。

7. 组织管理与服务

组织协调：研学旅行过程中各个环节的组织与协调情况。

服务质量：交通、住宿、餐饮等后勤保障的服务质量。

8.社会影响与可持续性

社区参与：当地社区及居民对于研学旅行的支持程度和参与度。

环境保护：研学旅行活动是否遵循环保原则，是否对学生进行了环保教育。

构建研学旅行课程评价体系时，应该确保这些内容被充分考虑到，并且形成一个完整的评价框架，以便为后续的课程改进提供依据。同时，评价方法应当多样化，结合定量和定性的分析，以保证评价结果的客观性和全面性。

（二）基于 CIPP 评价模式的研学旅行评价指标体系构建

以 CIPP 模式的四环节为指引，可从背景、输入、过程、成果四方面入手对研学课程进行评价，为研学课程的改进和建设提供有效信息，进而增强研学课程的可应用性和可持续性（见表 7-4）。

表 7-4　基于 CIPP 评价模式的研学课程评价

研学评价环节	评价内容	评价设问示例
背景评价	评价研学旅行课程背景，主要包括：社会发展需求、师生需要、教育目标等角度	①学生、教师、家长、社会对研学旅行有何需求？②经费、物资、交通、食宿、专家资源等条件是否能够满足？③研学旅行课程目标设置是否可行、易于操作？④学校对研学旅行课程的师生考核方式和评价标准是否合理……
输入评价	在背景评价的基础上，进一步评价解决上述所提到问题所需的而且可能获得的条件，测评课程的可行性	①达成研学旅行目标所需配备师资是否充裕？②研学课程实施时所用的方式方法与研学目标是否配套？③研学过程学生活动评价设计是否科学合理？④投入的人力、物力、财力是否足够？……
过程评价	上述背景评价、输入评价通过后，研学课程进入实施阶段。此阶段需要时刻监督、记录、反馈研学课程的实施过程，以不断调整和改进实施过程	①学校是否按质按量完成研学旅行课程建议课时和学分？②全体学生是否都有机会参与研学旅行？③课程实施过程中的事件、问题、费用是否得到合理解决？④教师指导是否适时、适度、适当？⑤评价过程中的反馈信息如何？⑥课程实施过程是否需要调整和改进？……
成果评价	一方面，需要测量、解释和判断研学课程成就，即侧重于评价学生、教师或学校发展所发生的质变	①学生发展核心素养和学科核心素质相应的提升；②师生对课程制定到实施全程的反思；③课程目标达成度；④课程影响深广度、与其他课程相比的成效……
	另一方面，还需要确认通过研学课程各主体的需要被满足的程度	①评价研学旅行课程对目标受众的影响程度；②课程实际服务对象与计划受益者吻合的程度；③评价课程对学生的影响以及学生对影响的感知；④师生教学实践总结和成果的质量；⑤课程对学校和教师的影响……

以上四个环节对研学课程从准备、设计、实施到结束的全过程进行评价，时间包括全过程，评价内容涵盖各环节，有助于为研学课程的改进和优化提供有效反馈，推进研学课程在运行中持续改进。

第三节 研学旅行课程评价设计

☞【学习目标】

1. 说出研学旅行评价的设计原则。

2. 能根据本节所学知识，解析领会本节中的研学旅行评价的设计实例。

3. 利用研学旅行课程方案评价量表评价个人研学旅行设计方案，并提出修改建议。

☞【关键词】

评价原则　评价设计　研学方案评价　研学实施过程评价　学生活动评价

☞【问题引导】

1. 研学旅行课程评价的设计原则有哪些?

2. 可以从哪些方面展开研学旅行评价?

3. 怎么使用可视化方式呈现评价思想与理念?

一、研学旅行课程评价的设计原则

（一）关注研学主题设计，强调研学真实体验

研学旅行致力于培养学生的知识、技能、态度等，而这需要以研学主题的精心选择与设计为前提。其一，研学旅行主题的设计，应考虑多个影响因素，如核心素养的培育导向、教育价值、体验与实践过程、趣味性、真实场景、学生认知能力、安全性等。研学旅行课程评价的设计应关注以上因素在研学主题中的呈现，以评价促进研学主题的优化。其二，深化学生的真实体验是研学旅行课程的重要追求，研学旅行课程评价应聚焦学生在研学活动中的真实体验，关注学生的问题解决过程，凸出对研学课程问题的情境设计的评价，以评价促进研学课程的学习体验的改进。

（二）突出学生主体参与，落实核心素养培育

作为综合实践活动课程，研学旅行的终极目标指向学生通过研学旅行取得的核心素养的提升，所以不能简单地依据研学课程的完成情况进行评价，不能简单地依据单一方式展开评价。研学旅行评价设计应该始终将学生置于主体地位，以促进学生的发展作为评价的根本取向，突出学生在评价中主体参与，促进学生的自我评价，以评价促进学生的自我发展。

（三）激励师生能力提升，推动教学评一体化

研学旅行的评价设计应重在促进师生能力的提升，通过评价促进研学导师的专业反思与自我检视，通过评价使学生了解自我的学习表现，倡导师生的自我评价，以评价激励师生的专业发展与学习表现。研学旅行课程评价应贯穿研学活动的全过程、各阶段，通过对研学目标、研学实施、研学评价的一致性评价，促进研学旅行课程的有效开展。

（四）指向研学方案精进，促进研学持续优化

研学旅行设计的评价要以促进研学方案精进为指向，各项评价标准的设计与测评必须有效引导研学方案设计者对研学方案的合理性、科学性、可行性、教育性、规范性等方面进行专业检视，以此促进研学方案的持续改进，进而促进研学活动的持续优化。

二、研学旅行课程方案的评价设计

（一）研学旅行课程方案

研学旅行课程方案是按照研学目标编制的整体的研学旅行进度计划，其科学性和规范性直接影响到研学课程的价值实现和目标达成，是研学课程实施的参照蓝本和依据。在评价研学旅行课程方案时要以《关于推进中小学生研学旅行的意见》（以下简称《意见》）、《中小学综合实践活动课程指导纲要》（以下简称《指导纲要》）等文件精神作为评价依据，又要以现代课程论、学习理论等理论的核心主旨作为指导。在对研学旅行课程方案进行评价时，需从方案的要素完整性、编排逻辑性、术语规范性、内容合理性、活动可行性、设计安全性以及评价科学性等方面进行审视，同时需要注意依据定性

评价和定量评价相结合的原则采用多元评价方法，细化评价量规，建立评价体系。

（二）研学旅行课程方案评价的要素

1. 课程方案的完整性

在评价研学旅行课程方案时，首先要满足要素的完整性。其中，课程方案的完整性表现在三个方面：要素的完整性、研学过程的完整性、活动主体的完整性。

一是活动方案中要素的完整性。研学旅行各要素之间组成一个庞大的系统，包含各个小系统的复杂的逻辑链条，完整要素应包含：研学主题、研学目标、研学内容、研学场域、研学路线安排、研学手册、研学过程和研学评价；二是活动过程的完整性。即研学方案在流程上要体现行前准备、旅行实施、行后评估三个阶段，三阶段顺序不可颠倒、缺一不可；三是主体的完整性。"研学旅行作为学校—家庭—社会的跨界多主体联系课程，是发挥家—校—社合育力量的重要途径，"因此在课程方案中要充分说明不同主体承认的职责，主体包括主办方、承办方、教管部门、学校、研学旅行服务机构、研学学生、家长等。

2. 课程方案的逻辑性

课程方案中各要素要有"序"可循，其逻辑性表现在两个方面：前后内容的契合性和要素排序关联性。其一，前后内容的契合性。如研学目标的撰写和表述要与学生的身心发现规律、认知结构、兴趣指向和最近发展区等学情分析内容相契合，不能出现起点要求过高或过低的现象；研学内容是凭借某区域研学资源进行设计的，因此研学内容的选择不能脱离区域资源实际，需高度契合当地资源特色；无论是研学活动的过程变现性评价，还是研学活动的终结性评价，都必须与研学目标高度契合，这是检验研学目标是否实现的关键一步，所以在设计评价指标时要做到可观测、可实现、可测量。其二，要素排序关联性。虽主张研学课程方案设计的创新性，但创新的基础是各要素排列的逻辑合理。对政策的相关解读、课程资源的开发过程等背景分析应出现在方案的首部分与研学主题相呼应并说明研学主题生成的原因，之后依次是研学目标、研学路线、研学前准备、研学内容、研学方式方法、研学过程、研学成果展示、研学评价等内容。这些内容要素环环相扣，若随意调换要素之间的顺序则违反了逻辑性原则，导致研学旅行方案逻辑混乱的同时弱化可读性。

3. 课程方案的规范性

课程方案是由课程设计者形成的策划性文案，体现课程的设计理念、思路、方法和路径等，从设计到实施的过程发生了使用人员的转变，如若做到无论任何主体都看得懂、厘得清的研学旅行方案，那么方案在行文表述时必须表意准确、简洁明了，切忌模棱两可，尽量使用说明性语言代替抒情性或议论性语言。如表述主题时，可用《探秘茶文化，品味故乡情》代替过于抒情的《悠悠茶香远，浓浓故乡情》的题目，而《美丽黄山多彩徽州》的表达中没有行为动词，若修改为《励志黄山博学徽州》就比较合理，可以凸显出"游中学、行中思"的实践性特点。同时研学旅行课程方案在整体排列时，主要有表格式和条目式。研学方案的设计是一种设计性劳动，不能要求按照统一格式来设计方案，每位设计者可以有不同的风格，但无论以何种形式呈现，必要的组成部分、语言表达的准确性是不可忽略的。

4. 课程方案的内容设计与活动安排

研学旅行课程方案的内容设计与活动安排要遵循由简单到复杂、由浅入深的原则，同时还需强调各部分内容或活动之间的学段进阶性和持续性。由于时间有限及学生知识储备不足等原因，一次研学旅行中不能承载一系列递进性、扩展性、纵深性的探究活动，为了达到不间断提升学生素养的目的，可以将研学旅行设置为某一大主题统领下的不同学段研学旅行设计，在学段进阶性的课程中注重时间跨度、活动节奏、内容深度的持续递进设计等；同时在同一主题下的不同学段研学方案中还需具备时间跨度的说明，在这种明确表述下课程方案的进阶性和连续性才不容易遭到质疑。此外，在总体课程方案之下还应该具备行前准备交流课、行中现场活动课、行后汇报展示课等具体设计方案，来保证研学内容设计的完整性。学生活动手册中也应设置留白模块，在课下可以记录连续探究的痕迹。

（1）研学内容合理性。

研学内容能与地理等学科课程及学校德育课程内容紧密联系，研学内容容量应较丰富且在区域内具有一定的典型性，研学中问题的设计有相应梯度、深度和开放性，活动设计体验性强，能够满足学生开展相应的探究、合作、自主式学习；教师研学内容的解读，能反映教师扎实的专业知识素养和教学艺术素养，应科学、系统、深入浅出；研学内容除有学的内容外，还应包含"游"和"玩"的设计，以达到陶冶情操、放松身心等目的。

（2）研学活动可行性。

研学点位地域组合性好，且能够与设计的研学时长、交通方式相匹配；综合考虑设计学校、学生家庭与个人的情况，研学地点的空间距离，时间、经济成本，分析活动的可行性；教师进行过实地踩点备课，设计方案中有路线计划图及实地调查素材，内容翔实。

（3）研学活动安全性。

在点位和线路选择，避开存在交通、自然灾害等危险隐患的地段，有相关的风险分担、责任划分制度，以及事故处理预案。

5. 课程方案评价体系的科学性

评价是研学中最重要的一环，目前研学旅行评价存在着评价主体单一、评价方法简单、评价体系建设不到位等问题，只有解决好上述问题，才能真正达到以评价促进学思结合、知行统一的目的，这也是开展研学评价的核心要义。实现高质量有效评价需满足以下三个方面的要求：一是注重评价标准多维度，二是注重评价主体多元化，三是注重评价方法多样化。其中，围绕评价维度、评价主体、评价方法三方面构建出研学旅行评价系统才能保证科学性。因此，研学旅行的评价既要注重学生良好人文素养和良好习惯的评价，也要注重学生智力因素和非智力因素的全方位评价，同时还要注重聚集家—校—社力量形成多元评价主体，促进研学评价全程化。

（三）研学旅行课程方案评价体系的构建

结合研学旅行课程方案的设计要求和过程要素，以及上述内容所列出的评价维度，确定出研学旅行课程方案 5 个重要评估维度，在此基础上根据研学旅行特征将 5 个维度细化为 13 个子维度，再设置出 23 个打分项目指标，每个项目指标按照重要程度进行赋分，这一过程满足定量评价的要求，打分后还需要不同评价主体结合 23 个评价项目指标给出文字描述，可以是存在的问题及改进建议，也可以是研学亮点，这一过程落实定性评价的要求。因此，采用定性评价与定量评价相结合的方法构建出研学旅行课程方案的评价体系（见表 7-5）。

表 7-5　研学旅行课程设计方案评估表

评估维度	子维度	评估指标	赋分	评估主体				评估建议
				学生	教师	家长	合作单位	
研学方案完整性	要素完整性	课程方案各个要素之间契合度高，要素排列顺序符合逻辑性	2					
	过程完整性	活动过程具备旅行前、旅行中、旅行后的三段式设计，时间跨度明确，流程环环相扣	2					
	主体完整性	课程方案体现多主体性，教师、学生、家长等各个主体活动内容明确	2					
研学方案的逻辑性	设计思路清晰	方案对活动的目的、有明确和具体的认识，活动组织、开展、评价等环节有完整的设计	4					
	要素排序合理	学情分析、课程目标、活动准备、活动过程、活动评价、活动总结及反思等要素顺序合理	2					

评估维度	子维度	评估指标	赋分	评估主体				评估建议
				学生	教师	家长	合作单位	
研学方案规范性	表述用意准确	课程设计方案文本的表述用意清晰准确，体现课程的设计思路和路径	2					
	研学主体突出	活动安排以学生为中心，注重学生能力和素养的提升，目标表述体现学生主体性、具体清晰，简洁，分点列出，可实现、可检测	2					
课程方案的内容设计与活动安排	研学内容的合理性	研学内容能与地理等学科课程及学校德育课程内容紧密联系	5					
		研学内容容量合理，内容容量应较丰富且在区域内具有一定的典型性	8					
		研学中问题的设计有相应梯度、深度和开放性，活动设计体验性强，能够满足学生开展相应的探究、合作、自主式学习	8					
		教师研学内容的解读，能反映教师扎实的专业知识素养和教学艺术素养，应科学、系统、深入浅出	6					
		研学内容除有学的内容外，还应包含"游"和"玩"的设计，以达到陶冶情操、放松身心等目的	10					
	研学活动的可行性	研学点位地域组合性好，且能够与设计的研学时长、交通方式相匹配	6					
		综合考虑设计学校、学生家庭与个人的情况，研学地点的空间距离、时间、经济成本，分析活动的可行性	6					
		教师进行过实地踩点备课，设计方案中有路线计划图及实地调查素材，内容翔详实	6					
	研学活动的安全性	在点位和线路选择，避开存在交通、自然灾害等危险隐患的地段	5					
		有相关的风险分担、责任划分制度，以及事故处理预案	5					
研学课程方案评价体系科学性	评价标准多维度	研学旅行评价遵循教育内在规律，与课程总目标紧密结合	4					
		注重学生智力因素和非智力因素的评价，包括知识、态度、能力、价值观等评价	4					
	评价主体多元化	注重建立学校、家庭、社区相结合的评价网络，多方位多视角展开评估	3					
		评价结果可由学长自评、学生互评、教师评价等构成，突出评价的实践性和过程性	3					
	评价方法多样化	在定性定量结合的基础上，创新评价方式方法，挖掘学生的潜能	3					
		重视现代信息技术在表现性评价中的应用	2					

续表

评估维度	子维度	评估指标	赋分	评估主体				评估建议
				学生	教师	家长	合作单位	
合计	综合评分＝学生 ×20%+ 教师 ×30%+ 家长 ×30%+ 合作单位 ×20%						等级	
备注	满分 100 分，A 优秀（A ≥ 90）；B 良好（80 ≤ B ≤ 89）；C 中等（70 ≤ C < 79）；D 一般（60 ≤ D < 70）；E 不及格（E < 60）。							

采取学生、教师、家长、合作单位、专家等主体多元评价的方式，在多元主体评价中设置各个主体的评价权重，学生评价占 20%、教师评价占 30%、家长评价占 30%、其他主体占 20% 的评价方式计算出研学课程实施的最终得分，最终得分在 90 分及以上为 A 级研学课程方案、80~89 分为 B 级研学课程方案、70~79 分为 C 级研学课程方案。

三、研学旅行课程实施的评价设计 [①]

为了能有效地利用研学过程中分配给学生的时间和资源，学校和研学导师必须对课程的实施过程进行价值判断，这一进行价值判断的过程就是课程评价。评价的目的在于如何改进和完善课程，达到育人目的，需要的是"过程性评价"，是在课程发生以及持续的过程中进行的评价，即"课程实施评价"。

（一）基于课程分析理论的研学旅行课程实施要素分析

研学旅行课程实施评价需要考虑研学课程核心要素及核心要素之间的关系，如研学旅行课程是如何设计的，课程内容的组织是否与具体情境相对应，且突出当地地域特色，出现问题时执行者如何调试解决？是否注重活动的实践性和学生的可接受程度？基于乔治·J.波斯纳博士的课程分析理论，将研学课程实施评价要素分解为准备要素、设计要素、过程要素、结构要素、反馈要素（如图 7-2 所示），分解出的要素结构可以清晰描述一个课程从设计到实施到改进的全过程。实施评价时用整体的视角以这些要素本体和要素之间的关系作为课程评价的基础，同时通过课程的分析要素来突出系统的核心特征。

---

① 郭璇瑄，史丽晶 . 中小学研学旅行课程实施评价研究［J］. 课程 . 教材 . 教法，2022，42（1）：18-23.

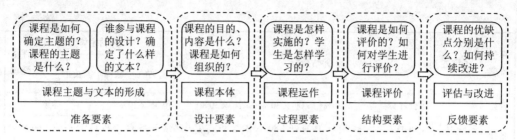

图 7-2　研学旅行课程实施评价的构成要素

（二）研学旅行课程实施评价指标体系构建

研学旅行课程实施评价指标体系构建是对研学旅行课程实施进行科学评价的前提，合理的指标体系不仅能够评价研学旅行课程的实施效果，也可作为学校与旅行部门选择、使用、评价研学旅行项目的重要依据，同时也为"研学导师"培养等现实中亟须解决的问题提供理论指导。

研学旅行课程是以学生为本、强调多元实施的校外活动课程，倡导多元实施与指标构建之间并不矛盾。也就是说，研学旅行课程实施取向是多元调适、各具特色的，但课程实施评价的框架要素维度是一致的。以《意见》中关于研学旅行的政策文本为依据，结合研学旅行活动课程的结构性和有效性，根据研学旅行课程实施要素，尝试构建一个研学旅行课程实施评价的指标框架（见表 7-6）。

表 7-6　研学旅行课程实施评价的指标框架

核心要素	维度		关键点
准备要素	课程主题 与文本	课程主题	体现研究学习与旅行体验相结合
			体现学校教育与校外教育相衔接
			体现书本知识与生活经验相融合
		课程文本	参与课程设计的人员和课程所回应的问题
			活动目标、活动内容、活动模块的编排逻辑
			制定活动目标和内容的依据
			活动实施策略
			课程评价学生的方法
			课程实施条件

核心要素	维度	关键点	
设计要素	课程本体	课程目标	学会动手动脑、学会生存生活、学会做人做事
			感受祖国大好河山、感受中华传统文化、感受革命光荣历史、感受改革开放伟大成就
			促进身心健康、体魄强健、意志坚定；促进形成正确的世界观、人生观、价值观
		课程内容	活动模块设计：自然类、历史类、地理类、科技类、人文类、体验类、跨学科类
			学习内容覆盖：乡土乡情、县情市情、省情国情
		课程组织	组织设计：模块设计、分层设计、主题设计
过程要素	课程运作	资源支持	时间和课程
			经费和安全
			旅行基地与线路
		活动过程	体验性
			探究性
			教育性
结果要素	课程评价	个体的评价	对学生学习过程和结果的评价
			对研学导师组织、执行、互动和解说能力的评价
		课程的评价	研学旅行活动过程的满意度
			研学旅行活动结果的满意度
反馈要素	课程评估与改进	课程评估	优点与弱点
		课程改进	改进空间与建议

　　一般情况下，研学旅行课程会有不同的主体参加，实施过程中不同参与主体会从准备要素、设计要素、过程要素、结构要素等方面提出改进意见，每一轮会有不同的建议，如此反复螺旋反馈改进，形成一个研学旅行课程螺旋提升圈。从研学旅行课程实施评价体系内部结构看，包括5个核心要素，根据研学政策文本细化出11个具体维度和28个关键观测点，该评价体系基本能覆盖研学旅行课程设计—准备—运作—评价—反馈—改进的全过程，较全地覆盖了研学旅行课程实施的评价要点，当然这只是为研学旅行课程实施评价体系提供初步指导，研学课程实施评价者可根据需求再进行进一步优化。

　　该研学课程实施评价体系具备研学核心特征，可以作为研学旅行课程实施的可行性参考框架，学校也可以用这个框架筛选校外机构提供的研学课程方案，相关的研学旅行课程设计机构还可以用该框架自评精进研学旅行课程方案。同时该框架还需通过实践测评手段进行深入探索，用具体的敏感指标反映各个关键点，再将其转化为具体题项，通过聚类分析等方案得出更具科学性的维度和聚类项，最终将改进后的研学课程实施评价体系应用于实际测量中，为研学课程实施过程改进提供有力支撑。

四、研学旅行学生活动的评价设计

研学旅行课程是以学生为本，强调多元实施的校外活动课程。研学旅行课程的总目标是通过亲近和探究自然，接触和融入社会，关注和反省自我，体验和感受集体生活，使中小学生养成价值认同、实践内化、身心健康、责任担当等意识和能力 。因此，研学旅行课程实施取向是多元调适、各具特色的，但课程实施评价的框架、要素、维度是一致的。学生是研学旅行课程实施的主体，研学旅行学生活动的评价应该在明确的课程目标的引导下，以促进学生核心素养发展为抓手，从学生身心发展特点、接受能力、发展需求等维度入手进行设计，构建具有教育价值并且符合学生特点的研学旅行学生活动评价体系。

（一）研学旅行学生活动评价的内容

研学旅行的设计、实施与评价是多因素共同作用的结果，评价是研学旅行设计的重要一环。通过评价，可为学生提供反馈信息，促进学生的全面发展。正因如此，研学旅行对学生活动评价的设计必须是多维的，可从不同学段、评价主体、评价方面等入手，通过编制一系列标准的评价量规，评价学生的价值认同、实践内化、身心健康、责任担当等意识和能力的养成情况（图7-3）。

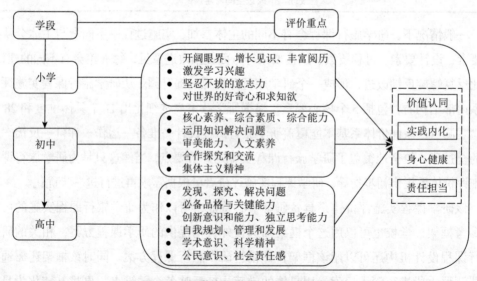

图7-3　研学旅行学生活动评价的内容

（二）研学旅行学生活动评价体系的构建

1. 研学旅行前

研学旅行前学生活动评价重点是对学生研学前准备情况的评价，应遵循定性和定量评价相结合的原则，对学生知识储备、身心发展特点等进行诊断性评价。因此，可以采用定性评价与定量评价相结合的方法设计研学旅行前学生准备情况评价表，邀请学生、教师、家长等不同主体依据该评价体系对学生准备情况进行评价，并根据反馈结果查缺补漏。

该评价表包含 5 个一级指标、7 个二级指标，每个二级指标根据重要程度进行赋分。采取学生、教师、家长共同评价的方式，设置各主体的评价权重（学生自评占 20%、学生互评占 20%、教师占 30%、家长占 30%）并计算最终得分。最终得分在 13 分及以上为优秀，10~13 分为良好，7~9 分为中等，7 分以下为一般（表 7-7）。

表 7-7 研学旅行前学生准备情况评价表

一级指标	二级指标	分值	自评	组评	教师评价	家长评价
知识储备	熟悉考察手册，明确研学目标	3				
	具备研学所需基础知识	3				
技能准备	掌握实时导航技能、必备生活技能（如洗衣）	3				
工具准备	研学工具准备：速写板、纸笔、手机以及相关软件等	1				
	安全工具准备：帽子、雨伞、雨衣、必要药品（创可贴、晕车药）、背包等	1				
身体素质	身体素质好，能够全程参与研学	2				
合作意识	分组活动，选定小组长，明确小组成员任务分配	2				
合计	综合评分＝自评 ×20%+ 互评 ×20%+ 师评 ×30%+ 家长 ×30%			等级		
备注	满分 15 分，等级评定为：A 优秀（A≥13）；B 良好（10≤B＜12）；C 中等（7≤C＜9）；D 一般（D＜7）。					

2. 研学旅行中

研学旅行中学生活动评价重点为对学生核心素养培养达成度的表现性评价，应将定性评价和定量评价相结合，注重评价主体多元化、评价方法多样化，充分发挥多元主体参与评价的积极性。同时，针对不同年龄阶段学生的认知特点，采用不同形式的评价，有利于学生在研学旅行实施阶段自评、互评的过程中学会反思和自我改进，使评价真正成为教育过程的组成部分。

中学学段采用研学旅行学生活动过程性评价表，教师、学生、小组成员和家长四个主体共同参与评价；针对高年级学生的研学旅行学生活动过程性评价表包含 5 个一级指标、12 个二级指标，每个二级指标根据重要程度进行赋分。采取学生、教师、家长共同评价的方式，设置各主体的评价权重（学生自评占 20%、学生互评占 30%、教师占 40%、家长占 10%）并计算最终得分，最终得分在 55 分以上为优秀，50~55 分为良好，45~50 分为中等，45 分以下为一般。

表 7-8 研学旅行学生活动过程性评价表——高年级学生

一级指标	二级指标	分值	自评	组评	教师评价	家长评价
学习态度	积极参与活动，兴趣浓厚	3				
	自觉克服活动中的困难、意志坚定	3				
	多感官并用、全身心投入	3				
动手能力	能自主完成研学任务，态度认真	5				
	实验步骤操作正确	5				
	灵活运用各种工具	5				
创造能力	敢于质疑教师和课本	5				
	善于发现问题、提出问题	5				
	主动设计活动步骤，分析问题成因、寻找解决问题的办法	6				
合作能力	积极参与讨论及合作探究，谈论中善于表达与交流	5				
	活动过程中人际交往能力提高	5				
科学精神	有进一步的研学成果，如小论文（小组得分即为个人得分）	10				
合计	综合评分 = 自评 ×20%+ 互评 ×30%+ 师评 ×40%+ 家长 ×10%			等级		
备注	满分 60 分，等级评定为：A 优秀［55,60］；B 良好［50, 54］；C 中等［45, 49］；D 一般［0, 44］。					

小学学段采用更为易懂的学生研学过程记录表、学生多元主体评价记录表和学生研学过程综合性评价量表，旨在促进学生发现自己的成长变化、促进学生自我正确认知和全面发展。其中，学生研学过程记录表和学生多元主体评价记录表侧重于定性评价，需要使用详细的语言对学生活动进行描述和记录（表 7-9、表 7-10）。

表 7-9　学生研学过程记录表——低年级学生

姓名：	班级：	
1.我在活动中承担了什么任务？		
2.我在活动中任务完成得怎么样？		
3.我在哪些方面取得了明显进步？		
4.下次我还可以在哪些方面做得更好？		
5.通过本次活动，我的感受和体会是什么？		

表 7-10　学生多元主体评价记录表——低年级学生

认识"我"自己			
自己眼中的"我"	伙伴眼中的"我"	老师眼中的"我"	家长眼中的"我"

针对低年级的学生研学过程综合性评价量表包含 5 个一级指标、15 个二级指标和 15 个三级指标，分别对每个三级指标按"A-优秀""B-良好""C-改进"三个指标进行评级（表 7-11）。

表 7-11　学生研学过程综合性评价量表——低年级学生

一级指标	二级指标	三级指标	评级
研学兴趣	乐于合作探究	积极主动地与人进行合作	
	乐于参与活动	积极主动地参与各种操作性活动	
	乐于发表见解	在各种活动中积极主动地发表自己的见解	
研学主题知识	能准确表述	能够准确描述事件发生的过程	
	能理解原理	能准确理解知识当中包含的科技原理	
	能迁移类推	能够根据已学会的知识推导出新的知识	
研学精神	能实事求是	在研学活动中能够坚持让事实说话的原则	
	能尊重劳动成果	懂得尊重别人的研学成果、不歧视别人的观点	
	能批判质疑	能针对研学成果提出自己不同的看法	
研学方法	能掌握基本方法	能够较好地掌握解决问题的最简单的方法	
	能掌握多种方法	能够掌握解决问题的 2 种及以上的方法	
	能选择最优化方法	能够从多种方法中分辨出最简单、有效的方法	
研学能力	会质疑能提问	能在原有的认知水平上对研学项目提出问题	
	会应用能实践	通过实践探索能解决研学项目的科学问题	
	会创新能总结	能够大胆地创新，研学成果显著	

（注：评级按"A-优秀""B-良好""C-改进"三个指标进行评价）

3. 研学旅行后

研学成果评估是课程实施的重要环节之一。因此，遵循科学性、发展性、激励性的评价原则，以学生自评、小组互评、教师点评、家长评价"四位一体"，制定研学旅行成果评价表 1 和研学旅行成果评价表 2，对学生活动开展终结性评价，具有较强的科学性和可行性。

研学旅行成果评价表 1 包含 3 个一级指标、7 个二级指标，每个二级指标根据重要程度进行赋分。采取学生、教师、家长共同评价的方式，设置各主体的评价权重（学生自评占 20%、学生互评占 30%、教师占 40%、家长占 10%）并计算最终得分，最终得分在 35 分及以上为优秀，30~34 分为良好，25~29 分为中等，25 分以下为一般（表 7-12）。

表 7-12　研学旅行成果评价表 1

一级指标	二级指标	分值	自评	组评	教师评价	家长评价
成果汇报	科学性强、图文并茂	5				
	形式多样、创意突出	5				
	汇报演讲仪态佳、语言流畅	5				
作品展览	音频作品展览	5				
	绘画作品展览	5				
	摄影作品展览	5				
创新成果	有进一步的研学成果，如小论文（小组得分即为个人得分）	10				
合计	综合评分 = 自评 ×20%+ 互评 ×30%+ 师评 ×40%+ 家长 ×10%			等级		
备注	满分 40 分，等级评定为：A 优秀（≥35 分）；B 良好（30 分≤B＜35 分）；C 中等（25 分≤C＜30 分）；D 一般（＜25 分）。					

研学旅行成果评价表 2 采取定量与定性评价结合的方式，共包含 4 个一级指标、7 个二级指标，分别对每个二级指标按"优秀""良好""合格"打钩进行评级；最后，对学生活动评价的总体结果进行定性描述（7-13）。

表 7-13　研学旅行成果评价表 2

一级指标	二级指标	评价内容	优秀	良好	合格
实验探究	针对性	内容符合研学要求			
	科学性	实验内容符合一般科学原理			
	实施性	在研学过程中参与实验的设计与操作			
	素养性	在实验过程中培养相关的科学素养			

续表

一级指标	二级指标	评价内容	优秀	良好	合格
作品类	思想性	展示成果主题内涵所表达的思想价值			
	艺术性	体现影像与制作艺术			
	多样性	研学作品多样化			
	创新性	艺术、技术或设计思想有创新性			
主题汇报	清晰性	条理清晰、结构完整严谨、逻辑性强			
	流畅性	语言表达流畅、术语使用准确			
	研究性	运用科学工具和方法解决科学问题			
	综合性	体现跨学科思维与可持续发展观、体现美感等			
团队风貌	合作性	组内分工明确，合作过程愉快			
	积极性	组内态度端正，参与积极性高			
	奉献性	有团队奉献精神，主动承担责任			
	纪律性	遵守活动纪律，维护集体荣誉			
总结评价结果					

注：在相应的水平层次里分别由师、生打"√"。

根据同学展示的作品由学生进行投票，选出最佳艺术奖、最佳表演奖、最佳创新奖、最佳摄影奖。针对整个研学过程，结合研学总体评价，由学生自主推荐先进个人先进小组、乐于助人之星等。

【本章知识框架】

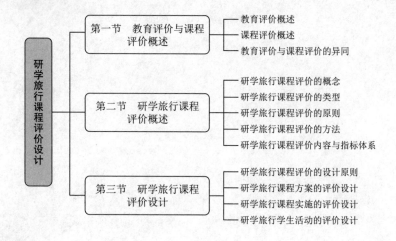

【拓展研讨】

1. 研学旅行课程评价在学生全面发展中的作用

提示：如何通过研学旅行评价促进学生的知识、技能、情感态度和价值观的发展；分析不同类型（如合格性评价、激励性评价、选拔性评价）的研学旅行评价对学生的影响。

2. 质性评价与量化评价在研学旅行中的综合应用

提示：探讨如何结合文本分析、访谈法、档案袋评价等质性方法与问卷调查、量表评价等量化方法来全面评价研学旅行的效果；举例说明如何在实际操作中平衡两种评价方式，以确保评价结果的客观性和公正性。

3. 基于综合需求评价的案例研究

提示：选择一个具体的研学旅行项目，运用八个方面进行详细分析；讨论每个环节的关键点以及如何利用这些信息来改进未来的研学旅行课程。

4. 多方参与的研学旅行评价体系构建

探讨如何建立一个由学生、教师、家长、学校管理者及研学服务机构共同参与的评价体系；分析这种多元化评价主体的优势及其可能面临的挑战，并提出解决方案。

5. 研学旅行过程中突发情况对评价的影响

6. 技术手段在研学旅行评价中的应用

提示：研究现代信息技术（如移动应用程序、在线平台）如何辅助研学旅行的数据收集和分析；讨论这些技术工具对于提高评价效率和准确性的作用，以及它们可能带来的隐私和安全问题。

7. 国际视角下的研学旅行评价比较

第八章

研学旅行成果及其资源化

〔**本章概要**〕

　　研学旅行成果的资源化是研学旅行活动中具有多重价值且易被忽视的环节，该环节的开展有助于促进研学旅行成果的资源化转化，发挥其社会效用。本章主要分为三部分，一是研学旅行成果的内涵与分类，主要阐述了研学旅行成果的内涵、特点、类型及展示与评价等内容，对研学旅行成果各要素的理解是开展资源化活动的前提与基础；二是研学旅行成果的资源化，主要探讨了研学旅行成果资源化的含义、价值、类型、原则、基本程序与策略，旨在为研学旅行资源化的过程提供一定的理论指导；三是研学旅行成果的资源化应用，该部分主要以两则案例的形式展示了研学旅行资源化的实际过程。

第一节　研学旅行成果的内涵与分类

【学习目标】

1. 能够清晰地定义研学旅行成果的内涵，并举例说明至少两个具体的研学旅行成果实例。

2. 能够识别并描述研学旅行成果的主要分类标准，并为每一类提供至少一个实际案例。

3. 能够列举并解释三种以上的研学旅行成果展示形式，并分析每种形式的优势和适用场景。

【关键词】

成果　类型　资源化　展示

【问题引导】

1. 研学旅行成果指的是什么？它们有哪些特点？

2. 研学旅行成果可以分为哪几种类型？

3. 研学旅行成果的资源化意味着什么？

4. 在将研学旅行成果资源化的过程中，需要遵循哪些基本原则？

5. 如何制定研学旅行成果资源化的科学目标？

6. "探究重庆岩溶地貌"的案例中，研学旅行成果是如何被资源化的？

7. 在"乡村振兴视域下乡村研学旅游及乡旅产品开发研究"中，研学旅行成果的资源化应用体现在哪些方面？

8. 研学旅行成果的资源化应用能够带来哪些实际效益？

9. 对于研学旅行成果的展示与评价，应该考虑哪些因素？

研学旅行成果是研学活动开展后有价值的结果，具有资源化的可能性与价值性。研学旅行成果资源化需以研学旅行成果的清晰认识为前提，明确其内涵与分类，是进一步讨论与深入研究的基础。

一、研学旅行成果的内涵

研学旅行是学生在教师的有效指导下，以旅行体验的方式在生活与自然中开展体验、探究、问题解决等自主实践从而指向综合素质养成的校外教育活动。研学旅行有其独特的教育价值，其本身具备自然性、体验性与教育性等特征[①]，使个体在走入自然与社会中认识、发展与实现自我。研学旅行不能仅停留于"旅行"的形式而空缺"研学"的内核，其实质在于以"旅"促"学"，于"旅"中"学"。因而研学旅行在关注研学过程体验的同时，也应关注学习的结果，指向学生学习后的收获。"成果"在《现代汉语词典》中的释义为"指学习、工作、劳动上的成效和成绩"，即突出行为所产生的有效的或有价值的结果。师生作为研学旅行活动主要的参与主体，也是研学旅行成果的生成与创造的主体。研学旅行成果是指教师与学生将参与研学旅行活动中所获得的知识、技能、态度与价值观等要素，遵循一定的筛选与组织原则，将其转化为一定形式的具有价值性的结果。

对研学旅行成果含义的理解需要侧重把握以下几点：一是研学旅行成果的生成主体为教师与学生，其生成的过程需要学生在教师的指导下参与其中；二是研学旅行成果主要源于学生在研学实践活动中知识、技能、态度等要素的变化与发展而获得；三是研学旅行成果需要具备价值性的属性，并非学生在研学活动过程中受到的所有的影响均可以称为研学旅行成果，只有具有发展性价值，反映了学生在知识、技能、态度等方面的进步与发展的结果才属于研学旅行成果。

二、研学旅行成果的特点

（一）生成性

研学旅行成果具有生成性。研学旅行活动具有一定的计划性，会制定相应的研学活动计划，但相较于结构化程度较高的课堂教学活动，研学活动中的问题具有较大生成空间。一是研学旅行活动的开放性与对学生兴趣、自主性的强调，使学生可以基于研学中的探究情境与个人的兴趣导向，提出具有个性化、情境化的问题。基于对个性化、情境化问题的实践探究，可以生成多样性的研学旅行成果。二是研学旅行活动提

---

① 宋晔，刘清东.研学旅行活动的教育学审视［J］.教育发展研究，2018，38（10）：15.

倡多学科融合，立足于多学科视角展开对问题的探究，这也意味着即使面对同一探究问题或主题，从不同学科视角出发也会生成不同的认识，产生不同的研学旅行成果。

（二）实践性

研学旅行成果具有实践性。"研学旅行是学校理论教育与校外实践教育相结合的教育教学方式"[①]，是学生在自然环境与社会环境中开展的实践性活动。研学旅行成果作为研学旅行活动的产物，是学生通过亲身体验、观察、做等实践探究环节而获得的成果。相较于基于书本的认识活动，研学旅行成果是学生基于实践的情境，借助观察、调查等多样化的实践方式，经历实践的检验而生成的产物，具有较强的实践性。

（三）综合性

研学旅行是一种跨学科、综合性较强的实践活动。研学旅行的主题通常并非局限于一门学科，而是选取具有开放性、真实性、融合性的自然主题、社会主题或兼具两者的综合性主题。研学旅行倡导学生从多学科视角展开对主题的探究，研学旅行成果可以以多种学科思维和学科表达方式进行展示，如自然主题的研学中采集了某一岩石样本，学生可以融合语文、物理、地理、化学、美术等多学科视角对其的密度、成因、成分、外观等要素以文字、图画、学科符号等形式整体性地描述与刻画，形成具有学科综合性的研学报告。

（四）多样性

研学旅行成果具有多样性的特点。在内容上，研学旅行成果呈现内容的多样性，可以是自然类、科技类、历史人文类等主题的成果。在形式上，研学旅行成果呈现形式上的多样性，可以是文字类、数字类、实物类等成果。在形态上，研学旅行成果呈现形态的多样性，可以是显性的研学旅行成果、隐性的研学旅行成果。内容、形式、形态等方面的多样性构成了研学旅行成果整体上的多样性。

（五）功能性

研学旅行成果的功能性是指研学旅行成果具有潜在的经过转化与加工后可以发挥的特定作用与功效。研学旅行成果是师生基于研学实践过程的体验、探究与思考而产生的价值性的成果，其自身的价值性意味着研学旅行成果具有功能转化与开发的可能

---

① 段玉山，袁书琪，郭锋涛，等.研学旅行课程标准（一）——前言、课程性质与定位、课程基本理念、课程目标［J］.地理教学，2019（5）：5.

性。研学旅行成果的功能性体现在研学旅行成果可以转化为多样性的社会资源，在遵循一定的资源化原则，经历特定的资源化程序后，研学旅行成果可以生成为旅游资源、课程教学资源、学术资源等多种形式。

三、研学旅行成果的类型

因研学目标的设置、研学内容、研学形式、学生个人兴趣的差异等因素的影响，研学旅行最终呈现的结果将是多样的。为了便于我们更清晰地认识研学旅行成果，有必要依据一定的划分标准对其进行适切的分类研究。

（一）以研学旅行成果的内容分类

按照研学旅行的内容划分，可分为自然类研学成果、人文历史类研学成果、科技类研学成果、体验类研学成果。

自然类研学旅行成果主要是围绕"欣赏自然现象与景观、自然资源与灾害、自然生态、自然规律等方面"而展开的研学旅行活动所收获与展现的成果，包括记录的自然现象与景观的音像，自然资源与生态的调研报告等；人文历史类研学成果是围绕"历史遗迹、文物与非物质文化遗产、历史题材艺术、人文特色、社会发展、人文建设等方面"而展开的研学旅行活动所获得与展现的成果，包括古遗址的影像资料、传统工艺的展示、收集的文艺作品、社会发展的调查报告等；科技类研学旅行的成果是围绕"包括科技发展、科技研发、科技建设、科技伦理等方面"展开的研学旅行活动所收获与呈现的成果，如科技发展调查报告、科技小制作等；体验类研学旅行成果是围绕"体育与拓展运动、劳动与创业、集体生活等方面"展开的研学活动而收获与展现的成果，像学习的劳动技术、运动技能、制作的创意产品等。

（二）以研学旅行成果的呈现形式分类

按照研学旅行成果的呈现形式，可分为文本类研学成果、数字化类研学成果、实物类研学成果、活动类研学成果。

文本类研学成果一般是以文本形式对研学活动及其收获进行整理、总结、记录，如调研报告、收集的文献资料、建议书等。数字化类的研学成果是以摄录的影像、图片和声音等数字形式记录、呈现的研学活动的体验与成果，如拍摄的自然景观或历史遗迹的图片、录制地方民俗文化的影像等。实物类研学成果是以真实、具体、可见的实物的形式展现研学活动收获的成果，如采集的植物标本、收集的矿石样品、制作的工艺制品等。活动类研学成果多以舞蹈、演剧、技艺、歌唱等具有展演性质的活动形式来展现研学旅行体验与收获，如民族歌舞、体育技能等。

（三）以研学旅行成果的运动特征分类

按照研学旅行成果的运动特征，可将其划分为静态的研学旅行成果与动态的研学旅行成果。静态的研学旅行成果是以相对静止、固定的形式呈现其要素与内容，多借助静态的文字、线条与实物的制品等形式呈示，如文本类的资料、手工制品、绘画作品等；动态的研学旅行成果以运动、变化的形式呈现其要素与内容，多借助成果创造者自身或动态的信息技术来展现，如民间歌舞、民俗游戏、体育技能等。

（四）以研学旅行成果的存在方式分类

按照研学旅行成果的存在方式，可将其分为显性的研学旅行成果与隐性的研学旅行成果。显性的研学旅行成果是以可见性、实存性的实物形式呈现的，包括文字材料、影像记录、手工制品、绘画作品等，显性的研学旅行成果易于评价与展示。隐性的研学旅行成果是以不可见、潜隐性的形式存在，包括研学中的学生思维方式的转变、情感态度的生成、价值观念的建立等，隐性的研学旅行成果也是研学旅行活动生成的重要成果，在一定条件下，以适当的方式也可以转化为显性的研学旅行成果予以展示。

（五）以研学旅行成果的创生层次分类

按照研学旅行成果的创生层次，可将其分类为原生性研学旅行成果与创生性研学旅行成果。原生性的研学旅行成果是以收集、再现研学旅行中的有价值性的事物为侧重点而得到的成果，如研学中拍摄的景观照片、如实记录的文字材料、收集的各类标本、学习的传统技艺或技能等，其突出特点在于再现事物或活动的原貌。创生性的研学旅行成果是师生基于一定的研学旅行情境，对研学旅行中的观察、收集、体验到的事项进行加工与创新而生成的成果。例如，研学调研报告、研学线路规划、研学游记等，其突出特点在于基于原有事象基础上的主观加工与创新。

拓展阅读 •••

教学资源的分类

按照教学资源的功能特点，教学资源可以分条件性教学资源和影响性教学资源，条件性教学资源就是教学展开的基础，如教学中的时空、文本、人本等资源要素。影响性教学资源是教学达成的方法手段、教学环境等资源要素；按照教学资源中的载体形式分类，教学资源可以分为生命载体教学资源和非生命载体的资源，生命载体的教学资源主要是指教学主体本身拥有的教学资源，如师生的知识、能力、兴趣、风格、生活史等诸多方面。非生命载体主要是指参与教学的各种文本、教学时空、教学所处的环境、参与教学的实物及现代的教学媒体等；按照教学资源所处的区域，可以分为农村区域和城市区域的教学资源，或者是课堂外的教学资源以及课堂内的教学资源；按照教学资源存在状态区分，可将教学资源分为静态的教学资源和动态的教学资源；按照教学资源开发状况分类，可将教学资源分为已开发资源和未开发资源；按照教学资源的表现状况来看，教学资源可以分为显性教学资源和隐性教学资源；按照教学资源所针对的学段区分，可以分为小学阶段的教学资源、中学阶段的教学资源和大学阶段的教学资源；按照学科进行区分，可以分为人文学科的教学资源、理科教学资源和艺术类学科教学资源等。[①]

四、研学旅行成果的展示与评价

研学旅行成果的展示是指在研学旅行活动结束后，将具有成果意义的手工制作、发明、科技论文、设计图片和书画作品等具体成果予以公布与展示，呈现研学活动的收获与价值的活动。

（一）研学旅行成果展示与评价的价值

1. 调动学生的研学参与

研学旅行成果的展示为学生提供了展示研学实践活动中收获、所得的机会，学生可以展示自己的调查报告、小制作、文章、影像记录、艺术作品等，一方面以成果化的方式展现自身的学习结果，可以让学生直观认识到研学实践活动具有多方面提升素养与能力的价值；另一方面当具有成果性的作品进行展示，产生了知识性、审美性、工具性的价值时，也可以调动其他学生积极参与到研学活动中，并主动将自身的体验、收获成果化。

2. 发展学生的多维能力

研学成果的展示能够促使学生重视研学实践活动中的资料收集、资料分析与整理，最终呈现结构化、意义性的成果，促进学生的信息加工与处理以及深度学习能力的完善与提升；在展示活动前，学生需要就如何形成展示成果、以何种方式展示成果等问

---

① 杨晓奇.教学资源及其优化问题研究［D］.南京：南京师范大学，2014：53.

题同小组同学合作、交流；展示过程中，学生需要向教师与同学等参观者清晰地讲解自己的作品与成果，这些都促进了学生交流、表达与合作能力的提升。

3. 培植学生关注社会与自然的意识

研学旅行的提出，就是要统一"读万卷书"与"行万里路"的求学过程，是我国学校教育改革的重要举措。[①] 研学旅行成果的生成源于学生走出校园，步入校外，身处社会与自然的真实情境，在考察中、体验中、做中、探究中与事物相遇，对问题的求思。研学成果的展示指引着学生更敏锐、更全面、更深度地洞察自然与社会，从而生成更多具有价值性的成果。

4. 提升教师的课程能力

研学旅行活动强调学生的自主性、探究性的同时，其实施的质量与效果，也离不开教师的必要规划、组织与指导。教师作为研学旅行活动的主要设计者、组织者和评价者，担负着对学生进行组织、管理与指导的职责，是助推学生进行深度学习及实践研究的重要力量。[②] 学生研学成果的质量与数量一定程度上取决于教师诸方面的能力，因而其开展激励着教师从诸方面进行能力的提升。教师需要具备研学旅行课程资源开发的能力，能够科学合理地进行研学旅行课程的设计，有效组织研学旅行活动的实施，给予学生适时与必要的帮助与指导，结合目标深度组织研学旅行的多元评价。

（二）研学旅行成果展示与评价的流程

研学旅行成果是师生历经研学旅行活动而生成的价值性结果，组织相应的成果展示与评价既是对教师组织与指导研学活动的肯定且为今后研学活动的开展与完善提供了一定的指向，也有助于激励学生在能力、态度等多方面的发展，同时也是研学旅行活动应包含的必要环节。研学旅行活动的展示与评价需要遵循一定的流程：首先，学校应成立负责组织与管理研学成果展示与评价的小组，明确各自的分工与职责，同时制定相应的展示与评价方案。其次，研学导师应指导学生完成相应的研学旅行成果，并做好汇报的准备。又次，学校做好展示与评价活动所需要的场地与区域及相关实施准备。再次，学校组织研学旅行成果的展示与评价活动。最后，学校组织相关教师对研学旅行成果进行评定并加以记录，对优秀的研学导师与学生予以奖励，对优秀的作品在学校固定的展览场所予以长期展示。

① 段玉山，袁书琪，郭锋涛，周维国.[J]地理教学研学旅行课程标准（一）——前言、课程性质与定位、课程基本理念、课程目标，2019（5）：4.
② 费玲妹.彰显指导价值：教师在研学旅行中的应为与可为[J].中小学管理，2019（7）：18.

（三）研学旅行成果展示的形式

1. 平面展示与现场展示

研学成果的展示形式可分为平面展示与现场展示[①]。平面展示是研学旅行成果展示常用的形式之一，突出以客体化、平面化、静态化的方式呈现研学旅行的成果。平面展示可以选择易于引起学生注意的空间，充分利用校园的宣传栏、展示厅、教室的展示角等作为成果的展示区域。平面展示的内容通常包括研究报告、摄取的相片、手工制品、研学体会、黑板报等类型。

现场展示突出展演、表现的现场性，具有生动性、丰富性、趣味性、生成性等特点，更符合学生热爱展现与表达的心理特点，乐于为学生所接受，也更能锻炼其自身的表达、交流与合作的能力，增强了展示的交互性与观赏性，是研学旅行成果展示的重要形式。现场展示通常包括主题汇报、技艺表演、手工制作、作品解说等多样的形式。

2. 传统化展示与网络化展示

传统化展示是指借助展厅、展台等实体性平台与场所进行展示的方式，如在校园设置展台、展示栏、展览室等区域展示学生的作品。传统化展示可以使师生亲身观览、直接感受研学旅行成果的特点，易于学生产生直观的认识与体验。网络化展示是将研学旅行成果以数字化的形式借助网络化平台与渠道予以展示，如借助微博、微信公众号等网络平台展示。网络化展示突破了校园空间的限制，扩大了展示的受众，家长、学生、教师在任何时间都可借助网络平台观览学生的研学旅行成果，并在网络平台中给予评论。学校在进行研学旅行成果的展示时，可以将这两种方式结合，最大限度地拓展展示的空间，提升展示的效果。

对研学旅行成果的展示形式予以分类，更多是出于从理论上进行清晰的认识与分析，在实践中并非意味各种形式的展示方式是彼此孤立运用的，只有依据一定的需要与条件，多样化地运用多种展示方式才能达成更佳的展示效果。

（四）研学旅行成果的评定

1. 评价原则

研学旅行成果的评价应坚持科学的评价原则，坚持主体性原则、发展性原则、综合性原则。在研学旅行成果的评价中，应突出教育的主体性思想，强调学生在评价中

---

① 薛华领，张亚伟.研学实践教程［M］.长春：吉林大学出版社，2020.

的作用，推动学生自评，提升学生自我反思与发展的自我意识与主体性；评价应发挥其发展性功能，注重学生的进步，发现学生的优势领域，识别学生的弱项，为学生明确自身的发展状况，指明发展的方向；研学旅行成果的评价中，应坚持评价的综合性，注重评价内容的全面性、评价方法的综合使用等。

2. 评价方法

研学旅行成果的评价应坚持评价方法上的多元化，综合使用多样化的评价方法达成评价的有效性与完善性。应坚持学生评价、小组评价、教师评价等相结合，追求评价的全面性与真实性；倡导定量评价与定性评价相结合，对研学旅行成果进行"质"与"量"的分析，将定性评价的差异化与定量评价的准确性相结合。坚持结果性评价与增值性评价相结合，既关注到学生研学旅行成果的实际水平，又要关注体现在研学旅行成果中的努力性与进步性，发挥评价的发展与激励功能。

3. 评价标准

研学旅行成果的评价指标可按照成果类型分类制定，评价指标的确定应尽量符合现实情况，符合不同类型研学成果的特性。评价指标应尽量明确化，基本应至少包含二级指标，指标的确定同时应贴合不同学段的发展水平，体现出学段差异。具体的研学旅行成果评价指标如表 8-1 所示。

表 8-1　研学旅行成果评价指标体系 [1]

一级指标	二级指标	评价内容	评价方法（量化或质性）	结果呈现方式（分数或等级）
文本成果类	规范性	书写、语言表达的规范程度		
	科学性	知识运用的准确性和问题分析的逻辑性		
	创新性	观点和见解的独特性与创新性		
	完整性	问题解析的系统性和完整性		
影像成果	思想性	影响成果的主题内涵所表达的思想价值		
	艺术性	成果所体现的影像艺术与技术价值		
	创新性	成果在艺术、技术和思想价值方面表现出来的独特性和创新性		
制作成果	思想性	制作成果的主题内涵所表达的思想价值		
	艺术性	成果所体现的艺术价值		
	技术性	成果所表现的制作技术与工艺、技法水平		
	创新性	成果在艺术、技术和思想价值方面所表现出来的独特性与创新性		

---

[1] 彭其斌.研学旅行工作实务 100 问［M］.济南：山东教育出版社，2019.

第二节 研学旅行成果的资源化

☞【学习目标】

1. 说出研学旅行成果资源化的内涵。
2. 阐释研学旅行成果资源化的价值。
3. 理解并能运用研学旅行成果资源化的原则与策略。

☞【关键词】

研学旅行成果资源化　价值　类型　程序　原则　策略

☞【问题引导】

1. 什么是研学旅行成果资源化?
2. 研学旅行成果资源化有怎样的价值?
3. 如何实现研学旅行成果的资源化?

研学旅行成果可以用作研学旅行活动评价的参考,也可以用于研学活动的展示,引导学生主动、深度参与到研学旅行中;然而研学旅行的价值是多维的,并非仅局限于其展示与评价参考的价值;研学成果展示结束后,也并不意味着研学成果的价值发挥已停止。当我们从资源的视角审视研学旅行成果时,其潜藏的价值与功能属性便会浮现。当遵循一定的原则与策略,便可将其转化为特定领域的资源,实现其社会效用。

一、研学旅行成果资源化的含义

周德群认为"资源"是"对人类或非人类有用或有价值的所有组分的集合,包括自然资源、人力资源、信息资源、科技资源、时间资源、空间资源、社会资源"[1]。《辞海》中对"化"的解释为:"表示转变为某种性质或形态。""资源化"可以理解为通过改变事物的性质或形态使其转化为有用或有价值的要素的过程。研学旅行成果的资源

---

[1] 周德群. 资源概念拓展和面向可持续发展的经济学 [J]. 当代经济科学, 1999 (1): 29.

化意味着三点：一是发现研学旅行成果的资源属性；二是促使研学旅行成果的性质或形态发生适宜的转变；三是实现研学旅行成果潜在的多维价值。具体而言，研学旅行成果的资源化是指依据一定的资源化目标，遵循一定的筛选与组织的原则，有序、系统、有针对性地改变研学旅行成果的性质或形态等，使其转化为有价值性的社会资源，发挥其社会效用的过程。

拓展阅读 ●●●●●●●●●●●●●●●●●●●●●●●●●●●●●●●●●●●●

课程资源的界定

从对课程资源概念的梳理可见，课程资源界定的关键在于它是否含有课程潜能（或称之为课程可能性），即课程资源一定是能够为课程和课程实施服务的，有利于课程目标的实现。由此我们说，课程资源是教育资源的重要组成部分，是课程系统物质、能量和信息等结构元素的源泉，是课程实施中富含课程潜能的内容系统和活动支持系统，是课程实施得以高效开展的依托和保证。课程资源是富含课程潜能的、客观存在的广阔社会资源，其与课程的关系非常密切；它在课程存在及其实施中具有重要的地位和作用，是课程内部的构成要素和运作条件，为课程及课程实施提供着源源不断的必需的物质、能量和信息，是课程及其实施的坚实基础和重要保障。从某种意义上说，没有课程资源就没有课程存在，课程资源是潜在形态的课程。课程实施的范围和水平，不但取决于课程资源的丰富程度和拓展广度，更取决于课程资源的开发水平和利用效率。没有宽阔而开放的课程资源根基，就没有动态生成的现代课程。需要强调的是，课程资源本身也是不断变化和动态生成的。为此，我们应当突破对课程资源的狭窄认识，不断拓展课程资源空间。[①]

二、研学旅行成果资源化的价值

研学旅行成果具有丰富的社会性价值，其资源化是延伸研学旅行活动社会价值的体现。总的来说，研学旅行资源化具有四方面的意义：提升研学旅行成果的实践效用；丰富与拓展课程教学资源；规划与开发旅游资源；锤炼教师的专业能力与水平。

（一）提升研学旅行成果的实践效用

在学校开展的研学实践活动中，研学旅行成果更多地作为研学活动的外显化、可视

---

① 黄晓玲.课程资源：界定、特点、状态、类型［J］.中国教育学刊，2004（4）：38.

化的静态成果而在校园内的特定区域加以呈示，凸显了其展示的功能。但往往忽视了研学旅行成果潜含的社会效用的意蕴，忽视了从社会资源的视角对研学旅行成果的社会价值进行审思。研学旅行成果作为一种多维度的实践性、生成性资源，本身蕴含着丰富的社会性价值，可以开发为多类型的社会资源，以强化研学旅行成果的实践效用。

（二）丰富与拓展课程教学资源

课程资源是指形成课程的因素来源与实施课程的必要而直接的条件。[①]教学资源是指在学校教育中，围绕教学活动的开展，为实现教学目标，优化教学活动，提升教学品质而参与其中且能被开发利用的所有教学要素的总和。[②]研学旅行成果作为研学探究、体验、思考加工的结果，内在地蕴含着知识、技能、价值观等教育性的因素。从课程与教学资源的视角看待研学旅行的成果，遵循一定的资源归纳与筛选的原则，便可将研学旅行成果转化为课程与教学资源。学生的手工制作、调研报告、习得的体育技能、收集的文档资料等可以作为课程与教学内容构成的选择，可以加入并丰富素材性课程与教学资源；学生采集的岩石样本与生物标本、绘制的地图等可以加入并丰富条件性课程与教学资源。研学旅行成果的资源化可以增加课程教学资源的内容，优化课程教学资源的结构，丰富课程教学资源的多样化。

（三）规划与开发旅游资源

研学旅行的开展涉及研学资源的调查与开发、研学线路的规划等方面，并以研学旅行成果的形式展现。对于自然类与人文类的研学旅行而言，研学旅行的成果可以是发掘了新的具有教育与旅行双重价值的人文景观、自然景观，设计合理的连接不同研学地点的研学线路，基于一定的自然与人文资源设计、产出了特定的旅游产品等，这些新开发的景观、线路，可以为旅游资源的开发与研学基地的建设提供一定的参考，并有可能进一步转化为区域的旅游资源。

（四）锤炼教师的专业能力与水平

研学旅行的成果并非直接作为教育资源的部分，其需要经过资源化过程的筛选、处理与整合。从研学旅行成果转化为课程与教学资源，这对教师的专业能力提出了更多的要求，有助于推动教师从多方面锻炼与提升自身的专业能力与水平。课程资源的开发过程就是教师专业不断成长的过程，开发程度和范围的大小，将决定教师专业发

---

① 吴刚平.中小学课程资源开发和利用的若干问题探讨［J］.全球教育展望，2009（3）：19.
② 杨晓奇.教学资源及其优化问题研究［D］.南京：南京师范大学，2014：30.

展的程度和水平[1]。要实现研学旅行成果的资源化，教师需要重新思考社会资源的含义、属性、种类等，有助于教师认识水平的提升；资源化的过程，需要教师对研学成果进行选择、筛选、组织等，经历实践与练习，有助于促进教师专业能力和技能的发展。

三、研学旅行成果资源化的类型

研学旅行成果具有转化为教育教学资源的潜在可能与价值，其资源化的过程有三种基本的转化指向：一是转化为课程教学资源；二是转化为学术资源；三是转化为旅游资源。

（一）转化为课程与教学资源

研学旅行成果转化为课程与教学资源，是研学旅行资源化的基本类型。在整个教学要素系统中，从教学目标、教学方法、教学组织形式到教学评价形式的选择都可以成为教学资源来源。[2] 从本质上而言，研学旅行成果并非课程与教学资源本身，而是具有转变为课程与教学资源的潜在可能性，这种可能性的实现取决于对研学成果的开发与有效利用，取决于研学成果的可用性、丰富性、被投入使用以及使用的适切性。研学旅行的成果符合以上特点并经过开发及纳入适切使用时，便转化为相应的课程与教学资源。研学旅行成果的文本资源、实物资源、活动类资源等教育性资源经历资源开发的过程可以转化为丰富的课程与教学资源。

（二）生成为学术资源

研学旅行活动的开展需要教师基于研学主题展开研学资源开发、研学路线的规划、研学计划的设计、研学活动的实施与组织、研学活动的评价等环节。教师可以基于理论学习、研学实践的思考与研究兴趣，对研学旅行活动的某个构成要素展开专门的理论研究，或基于特定的研学案例展开对研学活动设计与实施的理论分析，最终形成学术论文并发表，以此便将研学活动中的收获与思考转化为学术资源，并能为其他教师更好地开展研学活动提供理论的参考。

（三）开发为旅游资源

研学旅行活动涉及研学资源的开发，研学资源可以选取业已开发、条件完备的旅

---

① 李定仁，段兆兵. 论课程资源开发与教师专业成长［J］. 教育理论与实践，2005（11）：43.
② 杨晓奇. 教学资源及其优化问题研究［D］. 南京：南京师范大学，2014：138.

游地点，也可以选择尚未开发内含丰富学习资源的自然或人文景观；经历研学活动的过程，可以形成关于这些景观的分布、特征、价值等方面的调查资料，有助于将具有开发价值的景观转化为旅游资源。研学路线的合理规划，也有助于区域内各旅游景点的整体协调开发，也为研学基地的规划与建设提供了理论分析与参考。

四、研学旅行成果资源化的原则

原则规范着人们的行为，是正确行动的根据、尺度和准则。[①] 研学旅行成果具有多方面的潜在的教育价值，研学旅行成果的资源化并非随意与无序的，因研学旅行成果的载体形式多样、类型多元、利用途径各异；且其价值与作用的发挥取决于对研学成果的筛选、组织与生成的科学性，因而需要遵循一定的原则规范资源化的过程。

（一）科学性原则

研学旅行成果资源化的过程需要遵循科学性的原则，具体体现为内容选择的科学性、结构的科学性、组织的科学性。内容选择的科学性是指选择的研学旅行成果尤其是涉及客观知识、基本技能与价值观念等素材性的资源时，应确保内容的真实性、准确性与正确性。结构的科学性是指在利用研学旅行成果时，应保持素材性资源与条件性资源间的比例均衡；组织的科学性是指对选择的研学旅行成果应进行合逻辑、结构化的组织，使之成为具有较强适用性的资源。

（二）优先性原则

研学旅行活动结束后会生成较多的活动成果，面对庞杂、多样的研学成果，在资源化的过程中并非可以"照单全收"，因学校教育的内容容量与涉及范围有限，自然涉及应该选择哪些材料、优先选择哪些材料的问题。作为教育性的资源，资源化的过程中应优先选择与课程与教学中基本的、重要的内容关联的成果；优先选择契合核心素养要求，包含有助于学生适应终身发展与社会发展的必备品格与关键能力的成果；优先选择必要的、直接的有助于课程与教学的条件性成果。

（三）适应性原则

研学旅行成果的资源化还应遵循适应性的原则，同课程与教学目标的适应；同学生的认知水平、知识与技能掌握、兴趣与需要的适应；与教师自身能力、风格等方面

---

① 徐继存，段兆兵，陈琼.论课程资源及其开发与利用［J］.学科教育，2002（2）：4.

的适应。研学旅行成果的选择、组织与设计要充分考虑是否有助于课程目标的达成，是否反映了课程与教学目标的要求；研学旅行成果的选择、组织与设计要符合学生的认知水平、充分考虑学生的知识与技能的掌握水平、要满足学生的兴趣和需要；研学成果的选择、组织与设计要考虑教师自身的能力、尊重教师的主动性与选择性。

（四）个性化原则

研学旅行成果资源化的过程，应考虑学科的特殊性、教师的个性因素、组织与设计方法的多样性等因素，凸显个性化的特点，开展开放性、创造性的资源化实践。对于不同的学科，应选择以凸显学科思维与方法的方式进行资源化；不同的教师可以根据自身擅长的方法、个性化的资源化观念等进行资源化。倡导研学成果资源化的个性原则，并不是意味着随意化、无序化，而是在科学、合理的前提下，保持一般要求与个性实践之间的张力与平衡，保持资源化实践和原则的自由探索，促进多样化、个性化的资源化实践。

五、研学旅行成果资源化的基本程序

程序是事情进行的次序与步骤。研学旅行成果的资源化作为一项复杂、多事项的活动，具有一定的方向性与次序性，需要按照一定的步骤进行。一般而言，我们可将研学旅行成果资源化的程序分为明确资源化目标，评估研学旅行成果，选择、开发与利用，资源化的评价四个基本程序。

（一）明确资源化目标

研学旅行成果资源化的目的是生成教育性资源，促进课程与教学的实施及学生的学习。因此，资源化的过程需要以明确的目标为依据与指向。研学成果资源化需要明确不同学科的课程与教学总目标，以此为总指向。同时明确不同学科具体的课程与教学目标，分析与考察课程与教学内容，寻找同课程与教学的单元与课时内容的结合点，生成具体的课程与教学资源，推进课程与教学具体目标的达成。此外，研学旅行成果资源化的目标还需要与学生学习的兴趣与需要，教师的教育教学素养相调适，达到合理的层次与适应性。

（二）评估研学旅行成果

研学旅行成果的评估是为了形成对研学成果、资源化的条件等方面整体、清晰的认识，为后续的开发与利用奠定基础。研学旅行成果的评估方面，教师应该对研学成果进行完整性地描述与分析，明确通过研学活动后生成的研学成果的数量如何，成果类型有哪些，质量如何，开发的难度与条件如何等，以此形成对研学成果的整体、全面与准确的认识，为后续充分、有效的开发创造条件。

（三）选择、开发与利用

研学成果的选择可以遵循效果最大化的原则。教师应基于先前对研学成果的评估结果，进行合理的分析、判断与决策，优先选择有利于课程与教学目标实现的成果。对于科学合理、结构完整、适用性较好的研学成果可以直接利用；对于科学性与结构完整性存在部分局限但又与服务于当前课程与教学目标一致的成果，可以进行适度的改造，提升其适用的效用。如部分研学成果蕴含了真实、良好的问题情境，能够引起学生的学习兴趣，但其中可能欠缺些许知识表述上的严谨性，教师可以适度地改造、补正。

（四）资源化的评价

资源化的评价是对资源化的过程与效果进行检查与判断，以此提供反馈与改进的指向。在评价的过程中，教师可以核查与分析研学成果在资源化时产生了何种程度的教育价值，是否产生了预期的教育效果；是否调动了学生的学习兴趣和积极的思维活动，符合了学生的特点；资源化过程中运用的原则与方法是否科学；对研学成果的开发与利用的程度如何等方面。以此形成对资源化过程与效果的准确认识，继而改进此后研学成果资源化的过程，推进资源化过程的不断完善与科学化。

六、研学旅行成果资源化的策略

研学旅行成果开发为教育性资源时，除了需要遵循一定的规则、程序之外，还需采取合理的资源化策略，以使资源化的过程规范、科学地进行，最终实现研学旅行成果最大限度的资源化以及资源化的有效性。

（一）强化资源化的意识

研学成果的资源化利用与开发同研学成果资源化的意识密切相关，研学成果资源化的程度与效果一定程度上取决于教师的资源化意识。资源化意识可分为资源认知与资源开发意识。其一，教师在利用研学成果时，应该明确什么是教育资源、课程与教学资源，它们有哪些形式与类型，资源化具有怎样的价值；其二，教师也应该具有资源开发的意识，具有开展研学成果资源化的实践自觉，主动分析研学成果的价值与开发条件方式，有意识地开展研学成果的资源化活动。

（二）提升资源化的能力

资源化的能力强调教师应具备收集、筛选、处理、组织、优化课程与教学资源的能力。教师资源化的能力包括知识能力、判断能力、筛选与整合能力等。教师应具备教育资源的基本理论，具有教育资源的认识能力；教师还需要提升自身的资源判断能力，能够对研学成果的价值、开发难度等进行优劣分析；教师还应增强自身对研学成果的区分与取舍的能力，能够根据课程与教学目标、学科特点、教学情境的特点来灵活地筛选研学成果；教师应强化自身的整合与优化能力，对筛选的零散的研学成果进行结构化整合以及科学性修正，形成意义化的资源模块和科学、规范的教育资源。

（三）建立研学成果资源库

研学旅行会生成多样、繁杂的成果，学校面临的是一个庞杂的资源库，需要将这些资源分门别类地系统保管[①]。资源库是为教师进行课程与教学活动的素材库，并为教师的课程与教学活动提供支撑。建立研学成果资源库可以对研学成果进行全面的统计、描述、分类，不断丰富研学成果的数量并及时更新，提高研学成果的资源化效率。研学成果资源库的建设，可以先编制研学成果登记表，把研学成果的类型、主题、开发动态及使用事项进行登记，分类存档，有序管理，以便于后续的提取、使用与管理。研学资源库的建设还应强调资源的共享性，提高研学成果资源化的效率与价值。

（四）择取多样方式展开资源化的过程

研学旅行成果的资源化是为了更好地辅助课程与教学目标的达成，促进学生的发展。因研学成果的主题、类型、开发条件等因素的差异，加之课程与教学目标、学科特点、学生特点、教师风格等因素的不同，从一定程度上决定了研学成果资源化的方式是多样化的。资源化的方式可以是教师个人展开资源化的活动，可以是教师共同体集体开发，也可以是教师与学生共同开发；可以以学科为中心、主题为中心或儿童兴趣为中心进行资源化；可以是以活动类、文本类、实物类的资源化。根据资源化的需求与目标，多样化地展开研学成果资源化的过程，可以最大限度地保证资源化的效果。

---

① 宋振韶.学校课程资源开发与利用的原则与途径［J］.中小学管理，2004（12）：11.

（五）构建合理的资源化评价体系

研学成果资源化的评价有助于提升教师的资源化意识，增强教师的研学成果资源化开发与利用的能力，也有助于核查资源化的效果以及资源化过程的科学性。构建合理的资源化评价体系是保证评价活动规范、科学、全面展开的前提。资源化评价的对象为资源化的整个过程及结果；评价的标准包括资源化目标指定的合理性、研学成果选择的适宜性、研学成果开发与利用的科学性、有效性等；资源化评价的主体包括教师、学校领导、学生等；资源化评价的方法应灵活多元，定性评价与量化评价结合，过程性评价与终结性评价结合等；评价应着力发挥对资源化活动的诊断、引导、激励与改进的功能；通过完善的评价体系推进资源化过程不断完善化、科学化，提升研学成果资源化的质量与效率。

研学旅行成果的资源化的过程如图 8-1 所示。

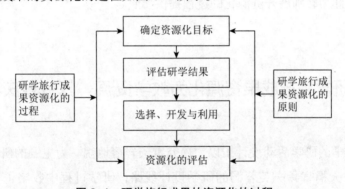

图 8-1　研学旅行成果的资源化的过程

第三节　研学旅行成果的资源化应用

☞【学习目标】

1. 结合具体的研学旅行成果资源化的案例，评析其资源化的过程。

2. 选取某一主题，设计一个研学旅行成果资源化的案例。

☞【关键词】

研学旅行资源化案例　教学资源　旅游资源

☞【问题引导】

1. 研学旅行成果资源化如何开展?
2. 不同的研学旅行资源化类型,如何开展资源化的过程?

研学旅行成果是研学活动的价值性产物,其具有多维的价值意蕴,也具有潜在的资源化价值与可能。研学旅行成果的资源化一般可生成三类资源,包括课程与教学资源、学术资源与旅游资源。研学旅行资源化的过程既需要从理论上对其原则、基本程序与策略予以澄清,也需要从实践操作上以案例形式予以示例,从而理解并完成其资源的转化。本节列举了"探究重庆岩溶地貌""乡村振兴视域下乡村研学旅游及乡旅产品开发研究"两个案例,分别展示了将研学旅行成果转化为课程与教学资源、旅游资源的过程,以此为教师展开资源化的过程提供参照。

案例一 研学旅行成果资源化为教学资源:"探究重庆岩溶地貌"

重庆某中学的研学活动设计了以"探究重庆岩溶地貌"为主题的研学活动,规划了从青龙桥—天福官驿—芙蓉洞的研学设计线路,研学过程中收集了三处景点的地理位置、气候、地形等自然环境特征方面的资料,并实地考察了三地的喀斯特地貌景观,包括地上喀斯特地貌与地下喀斯特地貌,并形成了图像、文字等形式的记录资料;了解和记录了喀斯特地貌景区的旅游开发与景区管理等情况。具体的研学成果见表8-2。

表8-2 探究重庆岩溶地貌研学成果

研学的地点	生成的研学旅行成果	
青龙桥	青龙桥局部构造的图片与文字记录、结合景区介绍整理了其地质特征、结合景区科普知识整理了其形成过程及示意图的分析报告	结合观察与询问,整理了喀斯特地貌景区的开发与管理情况
天福官驿	天福官驿周边环境的图片与文字记录、天福官驿的历史资料记录、选址此处的地理意义分析	
芙蓉洞	芙蓉洞内的石笋、石钟乳、石柱等地质发育的图片与文字记录、关于其特征的文字记录、结合讲解整理其成因与过程	

以此为基础，结合课程标准的要求与教材的内容，选择了"喀斯特地貌"一课进行了教学设计与实施。研学旅行中获得的关于喀斯特地貌的图片、文字记述、观察体验等由此便具有教学资源的属性，从中选取具有典型性、代表性的景观与探究性的情境并进行一定合乎学科逻辑与情境的组织便可以成为教学资源，以此形成了基于学生体验与具有地方性的教学设计，提升了学生学习的热情以及对乡土的关注与情感。

一、分析资源化目标（表8-3）

表8-3　教学目标与资源化目标

教学目标	资源化目标
1. 辨识喀斯特地貌景观，了解喀斯特地貌的形态和分布特点，提升区域认知 2. 通过案例分析，理解喀斯特地貌的形成过程 3. 分析喀斯特地貌区容易产生的生态环境问题和自然灾害，并提出相应的治理措施，提升地理实践力	1. 选择喀斯特代表性地貌景观的图片，形成有关喀斯特地貌形态的特点的文字记录 2. 形成喀斯特地貌形成过程的示意图与过程分析资料 3. 提供喀斯特地貌容易产生的生态环境与自然灾害的资料

二、评估资源化成果（表8-4）

表8-4　资源化目标与研学旅行成果评估

资源化目标	研学旅行成果评估
1. 选择喀斯特代表性地貌景观的图片，形成有关喀斯特地貌形态的特点的文字记录 2. 形成喀斯特地貌形成过程的示意图与过程分析资料 3. 提供喀斯特地貌容易产生的生态环境与自然灾害的资料	1. 天生桥及周边环境作为地上喀斯特地貌的代表，适合使用其图片、文字记录；选取芙蓉洞作为地下喀斯特地貌的典型代表，适合使用其图片与文字记录 2. 学生有代表性地分析喀斯特地貌形成过程的示意图，并分析记录适合作为探究喀斯特地貌形成过程的教学资源 3. 整理的喀斯特地貌景区的开发与管理情况适合作为喀斯特地貌生态环境与自然灾害分析的资料

三、研学旅行成果的选取、应用（表 8-5）

表 8-5　喀斯特地貌教学设计 [①]

课程标准分析		通过野外观察或运用视频、图像，识别 3~4 种地貌，描述其景观的主要特点
教材分析		本节内容是必修教材第一册第二章"地球表面形态"的第三课，从流水溶蚀与沉积、海浪侵蚀与沉积、冰川侵蚀等外力作用入手，阐述了喀斯特地貌、海岸地貌和冰川地貌的分布与特点。教材运用示意图帮助学生直观感知各种地貌形态，并设置相关活动，旨在让学生通过案例分析，理解各种地貌的动态形成过程，领悟自然地理环境的整体性，形成综合思维。同时，通过案例分析，理解地貌与人类活动相互作用的简单过程和结果，树立人地协调观
教学目标		1. 辨识喀斯特地貌景观，了解喀斯特地貌的形态和分布特点，提升区域认知 2. 通过案例分析，理解喀斯特地貌的形成过程 3. 分析喀斯特地貌区容易产生的生态环境问题和自然灾害，并提出相应的治理措施，提升地理实践力
重难点		喀斯特地貌的分布和特点；喀斯特地貌的形成原因
学习方法		案例分析法、讨论法
教学过程	情境导入	重庆以大山大水著称，也以大山大水为大美，这片大地上的精雕细琢构成了今日重庆的独特魅力景观，这是喀斯特的力量。目前，重庆已有 3 处景观入选《世界遗产名录》，分别是大足石刻、武隆喀斯特、南川金佛山，其中喀斯特地貌景观就占了两处，各具特色的、千姿百态的喀斯特地貌景观和巧夺天工的洞穴奇景是重庆的骄傲。今天，让我们一起走进它们、欣赏它们、了解它们、揭开其神秘面纱
	讲授新课	展示地貌概念：又称地形，是出露地表的岩石圈在大气圈、水圈、生物圈综合作用下呈现的形态，是地球演化的结果，且仍处在变化之中。 （一）初识喀斯特 1. 图片展示重庆武隆的喀斯特地貌景观并说出图中对应景观的名称，描述该地貌景观的形态特点（天生桥、天坑、溶洞、石钟乳、石柱、石幔等） 【选取研学成果中的天生桥、芙蓉洞中的石钟乳、溶洞等】

① 冯慧文.重庆岩溶地貌研学之旅——2.3《喀斯特地貌设计》［EB/QL］. https://www.zxxk.com/soft/25337940.html.

学习方法		案例分析法、讨论法
教学 过程	讲授 新课	2. 呈现研学中未出现的喀斯特地貌景观图 概念：可溶性岩石（如石灰岩）的物质在适当条件下，溶于水并被带走，或重新沉淀，从而在地表和地下形成形态各异的地貌，又称岩溶地貌。 喀斯特原为斯洛文尼亚西部与意大利交界处石灰岩高原的名称。19世纪末，塞尔维亚地理学家茨维伊奇对该高原的石灰岩地貌进行研究，并命名为喀斯特。 我国是喀斯特地貌分布面积最大、发育最为典型类型、最为齐全的国家，喀斯特地貌主要集中于广西、贵州、云南等省（区）。 （二）喀斯特地貌的分类 图片分类展示： 将了解的喀斯特地貌景观分为地上喀斯特景观和地下喀斯特景观。 地上喀斯特：溶沟和石芽、溶蚀洼地和溶蚀谷地、峰林、峰丛、孤峰、天生桥、落水洞、天坑、地表钙华堆积。 地下喀斯特：溶洞、石钟乳、石柱、石幔。 （三）探究喀斯特形成过程 1. 实地观察思考 （1）结合简介，推测天生三桥的形成原因？天坑的形成过程？（2）芙蓉洞顶部裂隙是否有水滴落？洞内为什么会有地下河？石笋是如何形成的？ 【学生结合研学旅行中的思考成果回答此问题】 2. 播放视频《喀斯特地貌形成》 小组展示： 溶洞组： 溶洞的形成是石灰岩地区地下水长期溶蚀的结果； 石灰岩层是先决条件，主要成分是碳酸钙，在有水和二氧化碳时发生化学反应生碳酸氢钙。当这种水在地下深处有一定压力时，溶解更甚； 石灰岩中的钙被水溶解带走，经过几十万年、百万年甚至上千万年的沉积钙化，石灰岩地表就会形成溶沟、溶槽，地下就会形成空洞。 总结：石灰岩主要成分是碳酸钙 $[CaCO_3]$，在有水 $[H_2O]$ 和二氧化碳 $[CO_2]$ 条件下发生化学反应，生成碳酸氢钙 $[Ca(HCO_3)_2]$，后者可溶于水，于是空洞形成并逐步扩大。

教学过程	讲授新课	天坑组：通过沉积与固结成岩作用在地表形成巨厚的石灰岩，丰富的地下水对石灰岩进行溶蚀使其形成大型的地下溶洞，重力作用导致溶洞顶部岩层塌陷形成天坑。 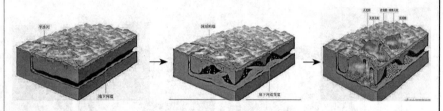 石笋组：当这种含钙的水，在流动中失去压力，或成分发生变化，有一部分钙会以石灰岩的堆积物形态沉淀下来，由于免受自然外力的破坏，便形成了石钟乳、石笋、石柱等自然景观。 3.探究溶沟、石牙和石林的关系；峰丛、峰林和孤峰的关系（地表喀斯特地貌景观演变示意图） 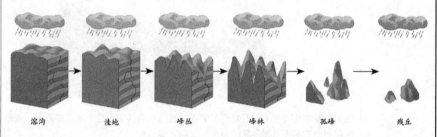 地表喀斯特发育过程：溶沟（长条状或网格状，地面高低不平，崎岖难行）、石芽（凸出于溶沟间的石脊）—洼地（底部平坦，也称坝子）—峰丛（山与山基座相连，顶部圆锥，高差200~300米）—峰林—孤峰（孤立的石灰岩山峰，相对高度数十米至百米）—残丘。 4.区分喀斯特溶蚀地貌和沉积地貌 喀斯特溶蚀地貌：溶沟、石芽和石林，峰丛、峰林和孤峰，以及溶斗、天生桥、天坑和地下溶洞等。 喀斯特沉积地貌：溶洞顶部常见向下发育的石钟乳、石幔或石帘；底部常见向上发育的石笋；石钟乳和石笋连接起来形成石柱。 （四）开发喀斯特 1.针对喀斯特的景观特点，可做哪些方面的开发？ （1）旅游资源开发，举例说明。意义：有利于完善基础设施，提高人民生活水平；促进相关产业的兴起和调整，促进经济发展；有利于对当地旅游业的宣传，树立品牌形象；是当地实现脱贫致富的好路径；有利于自然、文化旅游资源的保护；有利于社会主义新农村和城镇化建设。 【结合武隆喀斯特景区思考】 （2）珍稀植物实验基地：地表形态的独特性，且人迹罕至，人为破坏少。 （3）科学研究基地。 （4）地下水资源开发。 2.对喀斯特地貌进行大规模旅游开发时，会产生哪些环境问题？ （1）过度开发某些重要景点，忽视旅游地生态系统的平衡、协调发展和游客承载量，致使生态遭到破坏且难以恢复。黄金周、节假日热门景区游客过多，致使景区没有"休息"和恢复的时间，再加之部分游客的不合理行为，会对景区产生破坏。 （2）没有做好统筹规划，目光短浅。在大部分的旅游地，只注重对景区范围内的保护，忽视了周围生态对景区的影响。如没有落实好"退耕还林，退牧还草"政策，存在违禁畜牧、开荒等现象，导致水土流失、土地荒漠化加重。

溶沟　　　洼地　　　峰丛　　　峰林　　　孤峰　　　残丘

学习方法		案例分析法、讨论法
教学过程	讲授新课	（3）环境污染加剧。随着旅游业的不断发展，人口、车辆、建筑等不断增加，环境问题也随之而来。发展旅游业造成的环境污染主要有水体污染、大气污染、固体废弃物污染等。水体污染主要表现在工厂、饭店等排出的污水造成对江河湖淡水的污染；大气污染主要表现在交通运输车辆排放的尾气；游客量过多导致垃圾量与垃圾处理能力的矛盾。 【结合研学中对景区的观察与访谈成果思考】 （四）保护喀斯特 1.结合喀斯特地貌地区的自然环境特点，分析该地区最易发生的自然灾害，并提出防灾减灾措施。 （1）地表塌陷：地下溶蚀强，容易形成地下溶洞。 （2）洪涝威胁：多地下暗河，在出水口容易造成洪涝灾害。 （3）干旱：因为雨季产生的水容易下渗，造成地表缺水短缺。 措施：（1）针对低海拔地区：民居以及田间种植物来说，位置应适当提高，尽量避免在河谷低水位、溪流边发展种植业、畜牧业与工业。以免遭到长期的雨季和汛期的雨水淹没、冲刷，从而减少不必要的农业和工业方面的损失。（2）针对高海拔的地区：要尽量做好防旱抗旱的准备工作，在雨季蓄水待旱。另外，尽量修建木质住房，避免大面积深挖建造，兴建大型土石工程。以免局部的崩塌而产生不必要的经济损失。（3）研发基于喀斯特关键带植被—土壤生态水文响应机制的水资源调控及预报预警技术，提升喀斯特流域水源涵养功能，为西南喀斯特区域社会—经济—生态协调发展提供科技支撑，服务乡村振兴、农业绿色发展和生态文明建设。 2.分析喀斯特地貌区还有哪些生态环境问题，并提出相应环境治理措施。 石漠化现象：喀斯特石质山区土层薄，基岩出露，暴雨冲刷力强，因水土流失而导致地表土壤损失，基岩裸露，土地丧失农业利用价值和生态环境退化的现象。 总结： 中国喀斯特地貌分布之广泛，类型之多，为世界所罕见，主要集中在云贵高原和四川西南部。"中国南方喀斯特"是中国第一个跨省联合申报世界自然遗产的项目，经历了长期的地质年代，是地球重要而典型的自然地理特征和喀斯特地貌形态，既保留了地质历史时期古喀斯特遗迹，又代表了重要的和正在进行的喀斯特过程，对大自然的馈赠我们在开发的同时必须注意保护
作业		课时作业
教学中的疑问		识别喀斯特地貌，描述上述地貌景观的特征，并分析其形成的原因

案例二　研学旅行成果资源化为旅游资源

——"乡村振兴视域下乡村研学旅游及乡旅产品开发研究" [①]

汤池镇隶属安徽省六安市舒城区，位于大别山区腹地，自然资源丰富，人文资源

[①]　王籹籹，蒋杰，王昊禾.乡村振兴视域下乡村研学旅游及乡旅产品开发研究［J］.宿州学院学报，2022，37（10）：27-32.

众多，但开发不足，老龄化和空心化现象严重，安徽省山区乡村的共性问题在这里显得尤为突出。安徽某大学通过探索和研发当地的研学旅游线路与乡旅产品，推动汤池镇发展，助力乡村振兴。

一、汤池镇概况

汤池镇位于安徽省六安市舒城县，大别山东麓、万佛湖之滨，2016年申报特色小镇并入选成功。汤池镇属于国家农产品主产区，其北侧、南侧为重点开发区，西侧为国家重点生态功能区，东北侧为水域。场地及周边自然生态环境优良，属于大别山水源涵养与生物多样性保护重要区，为全国重要生态功能区。该镇不仅有水质优良的矿泉、高理疗价值的温泉，还有丰富的有机板栗资源以及新四军四支队等红色基地旧址，自然人文资源较为丰富。

近年来，汤泉镇多点发力，推进乡村振兴，巩固拓展脱贫攻坚成果。加大基础设施建设，完善交通线路；加强生态治理，对村镇老旧建筑进行改造，改善河塘水质。汤池镇始终坚持"生态立镇、旅游兴镇"的发展理念，以自然资源和文化资源为核心特色打造旅游健康养生小镇。被授予"千年古镇"，入选"健康小镇"名录，未来计划完善村镇边旅游服务设施建设，推进旅游小镇的发展。2013年以来汤池镇与安徽某大学签署了合作协议，其校学生多次前往该地进行教育实践活动，为汤池镇研学旅行线路的规划与文旅资源开发提供了帮助。

二、研学旅行成果的资源化

安徽某大学与汤池镇展开了战略合作，学生在研学实践活动中，参与了乡村振兴与乡村资源开发，形成了研学旅行成果的资源化。

研学旅行实践活动结束后，学生们形成了诸多研学旅行成果，如表8-6所示。

表8-6　汤池镇研学旅行成果

研学的地点	研学旅行成果
乡村村落	1. 生成了研学调研报告 2. 提出了乡村景观改造的设计方案
乡村农业	1. 提出了农产品形象的设计方案 2. 提出了发展农村电商的方案
乡村旅游景点	提出了旅游App、旅游小程序

（一）乡村景观改造设计

安徽某大学的学生在汤池镇的研学实践中，凭借专业所长，根据该镇村居景观改造、优化乡村形象的需要，提出了多种乡村景观改造的设计方案，为汤池镇的规划改造提供了参考。经过专业论证与修订，最终落实为设计方案。经过村居改造活动，乡村增加了新的景观，面貌得到了改进。

（二）研学线路规划

研学中，结合汤泉镇当地的自然人文因素，融入气象、季节等时间节点，精心设计了具有乡村气息的游玩项目，设计了符合当地特色的研学活动，成功规划了一条完整的红色研学旅行线路。研学线路经过论证被当地所采纳，开发出具有价值的研学线路。

（三）产品形象设计

汤池镇分布着茶叶种植区，学子们为汤池镇的茶叶设计了专属外包装；围绕本地盛产的板栗，打造了原生 IP 形象"汤小栗"，并开发了一系列板栗周边包装，提高了产品的普及率和使用率，使汤池镇特色产品深入人心。

（四）旅游软件或小程序开发

为促进乡镇旅游的推广与提升游客的游乐体验，学生们设计了汤池镇定制版旅游智能小程序的方案，并在设计方案的基础上经过程序开发，生成了旅游 App 与线上小程序，可以向游客提供信息与服务、推送游玩线路等，实现了设计方案向实体产品的转化。

（五）助力农村电商的发展

学生为汤池镇村民设计了农产品线上线下销售的思路，并与乡镇工作人员一起协助村民开展了电商销售的建设与运营，指导村民通过电商销售农产品，破解了缺少销售渠道、销售时间长等问题。

【 本章内容结构 】

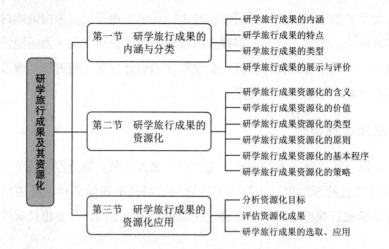

【 拓展性讨论 】

1. 结合实际案例阐述研学旅行成果的类型、展示与评价。

2. 结合所学知识，选择某个研学旅行活动的生成性成果，设计任一类型的资源化应用案例。

3. 结合所学知识，尝试设计研学旅行成果的资源化评价量规，并对某次研学旅行成果资源化的过程展开评价。

第九章

研学旅行课程开发与
教学设计范例

[**本章概要**]

　　本章基于前几章的理论建构，系统阐释了研学旅行课程开发的实践范式与具体案例。选取云南省昆明市呈贡区横冲村为实证场域，首先开发了覆盖基础教育全学段（小、初、高）的研学旅行课程体系；其次从主题确立、学情分析、目标制定、课程架构、手册编制到效果评估等维度，解构了研学方案的系统化设计流程；展示了研学旅行设计方案可以呈现多模态，揭示了课程要素的多元表征范式及其组合灵活性。研究结论为区域研学旅行课程开发建构了规范化设计范式，提供了可迁移的实践参照系。

【课程背景】

近年来，多地乡村被研学旅行点亮、激活，"研学＋乡村"成为巩固脱贫攻坚战成果、助推乡村振兴的重要方式和有效路径，在这一进程中不断涌现出新的学生综合素质提升方式和乡村发展模式。"关注乡村""学在乡村""长在乡村""反哺乡村"已经成为多地中小学校及社会各界的重要共识。因"乡土乡情、县情市情"的教育场域与乡村振兴战略的实施场域高度吻合，创新性地将乡村教育、乡村文化、乡村旅游进行融合，能够形成"内源式"建设家乡的动力。

本章节中高中—初中—小学三个学段衔接的研学旅行课程方案立足于新课改和乡村振兴的时代要求，选取云南省昆明市呈贡区一个欠发达的社区——横冲村，从"育人"的高度，充分挖掘和展示乡村所蕴含的经济价值、政治价值、社会价值、文化价值和生态价值，设计综合性、实践性和层次性的研学实践活动。

【课程诞生】

"质朴、宁静、生态、向往、乡愁"是横冲村的代名词。横冲村隶属云南省昆明市呈贡区的马金铺乡，自然环境优越，基础设施完善，辖区内拥有马金铺街道最大的横冲水库，水库周边自然生态良好，森林密布，水质优良，欲将其打造为"昆明城郊精致露营的先行者""大学城的后花园""梁王山的便捷门户"。在专业导师的带领下，研学课程设计团队多次分为自然组、人文组，有计划地对横冲村进行走访、参观、考察，将收集到的信息进行整理，在研学目标、研学内容、活动方式、评价方式等方面做出梯度划分，在不同的学段课程之间建立区分点，同时也保留一定的"过渡地带"。

因此，基于横冲村研学资源，设计高中—初中—小学三个学段衔接的研学旅行课程设计方案。高中学段方案以"四层一体"理论为指导，通过探索土地利用、感受生计模式、了解文化韵味，探测山水综合体，提出乡村振兴的行动方案和措施；旨在通过本次研学培养学生的地理核心素养，增强热爱家乡的情感；初中学段开展具有学科融合特色的系列研学实践活动，通过探索"民居的更选""农耕方式的变化"山水景观奇特之美"中蕴含的智慧，为横冲村"美丽乡村"的建设建言献策；小学高年级学段研学基于小学生身心发展规律，开展极具趣味的"五色"研学实践活动（以"红色"寓意文化、"古色"寓意村落、"蓝色"寓意科技、"黑色"寓意星空、"绿色"寓意森林），并带领小学生感受横冲"多彩森林乡村"和谐之美。

【问题引导】

1. 在设计研学旅行项目时，如何确保活动能够紧密联系当地文化特色，并且有效支持学生的综合素养发展？

2. 举例说明如何通过跨学科融合来增强研学旅行课程的内容丰富性和实践性？

3. 分析"乡村振兴""美丽乡村智慧""森林乡村和谐"这三个不同学段的主题是如何体现教育目标差异性的？它们各自强调了什么核心价值？

4. 探讨如何围绕选定的主题设计一系列连贯且富有层次感的学习活动，使得学生能够在参与过程中逐步对学习活动加深理解。

5. 对于特定年龄段的学生而言，在选择研学旅行的主题时需要考虑哪些因素？怎样才能更好地激发他们的兴趣和好奇心？

6. 结合实际案例，讨论如何利用真实情境下的学习机会提高学生解决问题的能力和社会责任感。

7. 案例中有哪些有效的策略或工具用于指导学生记录观察结果、整理资料及完成反思报告？

8. 在组织户外实地考察之前，有哪些准备工作是必不可少的？又该如何评估这些准备工作是否充分？

【案例呈现】

第一节 "横冲"直撞·揭开乡村振兴的密码
——昆明市横冲社区研学旅行设计方案（高中学段）

一、研学主题

"横冲"直撞·揭开乡村振兴的密码（高中学段）

二、设计思路

本研学设计方案立足新课改和乡村振兴的时代要求，选取云南省昆明市呈贡区一个城郊接合部的不发达社区——横冲村，挖掘乡村的自然和人文资源，开展水文、植被、土壤、地形等自然要素，以"四层一体"理论为指导，通过探索土地利用、感受生计模式、了解文化韵味，探测山水综合体，提出乡村振兴的行动方案和措施。旨在通过本次研学，实现乡土教育、劳动教育、生活教育等目标，培养学生的核心素养，增强热爱家乡的情感。

横冲村研学资源分析：

四层	研学资源	要素识别	教育意义
自然层	山谷、台地地形	山谷风及其形成条件	自然特征观察实践及意义
	土林	土林景观特征识别及其形成机制	探索自然奥秘的好奇心等意义
	山原红壤与土地利用	红壤形成的影响因素、特点、利用	自然地理要素的研究与利用
	位置-梁王山-横冲水库等自然综合体	气候调节	大小尺度气候形成机制、自然环境整体性
生计层	横冲水库	水利工程建设意义、水体监测与治理	改造自然的智慧与意义
	梨树种植及变化	农业区位因素	因地制宜的智慧及其意义
	大棚蔬菜、花卉、水果种植	科技对农业发展的影响	
	农户家的生产工具、收割机	传统农耕方式及其发展	
	村落变化	城市化的影响	
	露营地、民宿等村中新事物	旅游业发展策略	
制度层	横冲村景观与空间格局	聚落景观与空间格局	"乡村振兴"战略与意义
	蔬菜自营制度、农田废弃物积分兑换制度、水资源分配制度、基层群众自治制度	规范化管理	
文化层	关圣庙、大礼堂、花灯、花冲堂等	民俗文化	对美好生活的向往
	红色文化广场：文明走廊，党、政宣传栏、公示栏	红色文化	传承红色基因、传承中华优秀传统文化
	吸粪车、消防车、三轮车等工具	护林文化	人与自然和谐共生的智慧

三、研学目标

研学活动素养目标	
区域认知	①了解横冲社区的地理位置，分析其传统民居与现代民居的景观特征和空间格局 ②理解自然环境、人文环境对横冲村地域文化的影响，形成从区域视角认知地理现象的核心素养
综合思维	①通过对横冲村聚落形态及演变历史、农业结构、文化特征的推理判断，深化要素综合、时空综合、地方综合的综合思维素养 ②通过对水文、植被、土壤、地形等要素的调查，探究横冲村的地理环境整体性
地理实践力	①根据对农户的走访调查以及观察农耕种植基地，了解农产品种植过程中技术条件的改善，分析技术条件对农耕种植的影响，并亲身体验农户的耕作生活，提出农业区划方案 ②通过徒步到山顶，分析植物群落垂直分布，并绘制出山地自然带分布图；观察分析土壤剖面，绘制土壤剖面构造图，完成《土壤形态活动记录表》，提出山地利用与保护的措施 ③学会采取水样的正确方法，小组合作采取、观察、记录水样各水文要素，并做出水文分析与判断
人地协调观	综合各组的探究成果，为横冲村"乡村振兴"提出可持续发展的对策、措施、行动方案

四、研学设计

（一）总体框架

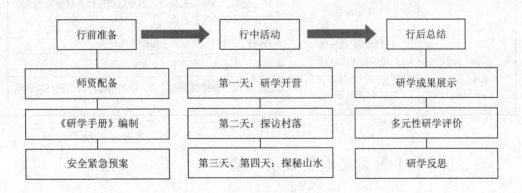

267

（二）研学线路

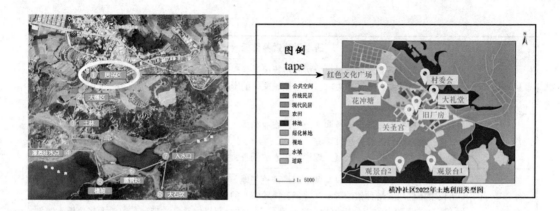

（三）内容概要

时间	目标	内容
第一天：开营	破冰	擦出友谊的火花
第二天：探访村落	探索土地利用变化	揭密一：析土地利用时空更迭（制图组） 寻土地利用变化成因（调研组）
	感受生计模式	揭密二：体验农耕的进步（农耕组） 触碰山间的野味（农耕组）
		揭密三：探文化的多重韵味（文化制度组）
	印象复盘	反思、交流、总结当天活动，初步形成振兴乡村措施的总体方案；预习野外生存技能
第三、四天：探秘山水	探测山水综合体理解整体性原理	揭密四：寻绿野，找踪迹（植物土壤组）
		揭密五：觅水源，探古今（水文组）
	印象复盘	反思、交流、总结当天的活动，绘制横冲社区自然环境整体性思维导图

五、《研学手册》之重要板块举隅

（一）研学目的地资源概况

1.地貌类型

横冲村基本地貌类型有中海拔平原、亚高海拔丘陵、小起伏亚高山、中起伏亚高山等，以小起伏亚高山为主，其次是中海拔平原。地貌类型有土林地貌、沟谷流水地貌（如细沟、冲沟、切沟、土林及洪积扇等）、喀斯特地貌（有石牙、溶沟等）、湖积平原、湖积—冲积平原、玄武岩地貌（如石柱、玄武岩沟谷、柱状节理）等。

2. 土林

横冲土林是第四系湖相、河流相的黏土、砂、砾石的松散堆积物，在干燥的气候环境中，受季节性雨水的淋蚀、冲刷而成。在部分层位中，由于铁质胶结物富集，风化后形成质地坚硬的铁帽，使其下部的黏土及沙砾层得到保护，雨水的侵蚀力减弱，从而形成如塔如柱的土林，犹如古城堡的遗迹，拟人拟物的形象，千姿百态，栩栩如生（见图9-1~图9-3）。

图 9-1 横冲土林位置　　　　图 9-2 横冲土林景观　　　　图 9-3 横冲土林微观图

3. 气候特征

昆明地区受特定的地理位置、复杂的高原下垫面、特殊的大气环流系统、滇池的调节等共同控制和影响，其气候具有显著的特殊性，为春城横冲人居生态社区的建造提供了优越的生态气候环境。低纬高原气候兼有低纬气候特征和高原气候特征，前者主要指气温年较差小，降水适中（或充沛），干季和雨季分明等，后者主要指太阳辐射强而辐射差额小，气温的日较差大。与同纬度低海拔的其他城市相比，昆明的气温具有夏季偏低凉爽，冬季偏高暖和，年较差偏小、四季如春的特点。

4. 植物区系和植被资源

自然植被类型：有半湿润常绿阔叶林、暖温性落叶阔叶林（如旱冬瓜林）、暖温性针叶林（如云南松林、滇油杉林、华山松林等）、暖性灌丛、竹灌丛等。

人工植被类型：人工林和耕地植被。人工林有人工乔木林（如人工云南松林、人工华山松林、人工桉树林、人工柏树林、人工鱼骨松林等）和人工灌木林、人工经济林。

5. 土壤

发育有红壤、石灰土、新积土和沼泽土4个土类，山原红壤、山地红壤、红壤性土、红色石灰土、黑色石灰土、腐泥沼泽土、冲积土7个亚类。成土过程是中等强度的脱硅富铝化过程和较旺盛的生物小循环过程。土地作为一种可更新的自然资源，在充分合理利用的条件下，具有可持续的生产力。横冲社区土地利用主要为中部高原湖盆浅丘水稻土—红壤农林牧渔区，滇池湖滨水稻土—冲积土温暖稻豆菜牧渔副区。其中以旱地（包括菜地）为主，耕地集中，适种性广，靠近市中心，是昆明市的城郊农业区；本区人口密集，村落分布，土地精耕细作程度高，发展有大棚花卉种植产业。该区有横村水库，有商品鱼基地，是昆明渔业生产地区之一。

6. 横冲梨园

人们对横冲村最深刻的印象来自横冲梨园。每到梨子成熟的时候，这里会吸引大量游客前来观赏、采摘，这是村民最直接的经济来源之一，但随着时代需要的改变以及对经济效益的追求，大片的梨树被砍伐殆尽，取而代之的是利用大棚种植蔬菜、花卉、水果等经济效益更高的作物。传统的农耕器具被现代机械化设备取代，生产效率提高的同时，人们逐渐淡化了对传统的生活、生计方式的重视（图9-4~图9-6）。

图9-4 套作种植　　　　　图9-5 被砍的梨树　　　　　图9-6 大棚种植

7. 横冲社区传统民居

横冲村地处山谷地区，由于地形的限制，聚落的发展不能面状铺开，只能顺着沟谷延伸，因此，横冲村整体的聚落格局呈条带状分布。一进村，映入眼帘的是一片规划整齐、颜色统一的现代建筑，越往里走，传统民居越多，现代民居和传统民居交错分布的格局越明显。传统民居与现代民居交错分布的空间聚落格局，一方面，反映了横冲社区村民对美好生活的需要和向往，渴望更好的生活场所，追求更新式的住宅风格；另一方面，已经建起来的现代民居大多呈坐北朝南，四合院式，保留天井等传统特征，在一定程度上反映出当地居民对传统思想和传统理念的承袭（图9-7~图9-9）。

图9-7 横冲传统民居　　　　图9-8 老人在村口聊天　　　　图9-9 横冲现代民居

8.横冲社区文化景观

文化景观是人与地理环境互动之后的呈现，不等同于意识形态，与自然地理环境有很大的关系。横冲社区的文化景观是各种文化现象空间组合并发展演化的结果，在关圣宫中，有许多能够体现横冲社区意识形态文化的载体，其中最重要的部分是关圣宫，这里寄托着横冲村民的心理信仰与价值观，在厢房的墙壁上，共产党和五星红旗的光芒依旧在闪烁（图9-10~图9-12）。

图9-10 关圣宫　　　　　图9-11 红色文化广场　　　　图9-12 花冲塘

（二）研学旅行活动内容及成果概要记录表（表9-1、表9-2）

表9-1 研学旅行过程内容记录表

时间			研学地点	记录主题内容（文字、活动、照片等）
第一天	横冲初映象	晚上 19：00—21：30	大本营 （擦出友谊的火花）	
第二天	探索土地利用变化	上午 8：30—11：30	（制图组） 析土地利用时空更迭 （调研组） 探文化的多重韵味	
	感受生计模式	下午 13：30—17：30	（农耕组） 体验农耕的不易 触碰山间的野味 （文化制度组） 探文化的多重韵味	
	印象复盘	晚上 19：00—21：30	印象复盘	

续表

时间			研学地点	记录主题内容（文字、活动、照片等）
第三天	探测山水综合体 理解整体性原理	上午 8：30—11：30	（植物土壤组） 寻绿野，找踪迹	
		下午 13：30—17：30	土壤实验制作 植物标本制作	
		晚上 19：00—21：30	探秘月相变化 天文望远镜的使用 城市化对夜空的影响	
第四天		上午 8：30—11：30	（水文组） 觅水源，探古今	
		下午 13：30—17：30	印象复盘	

表 9-2　研学成果概要

研究主题	"横冲"直撞·揭秘乡村振兴的密码		
小组组名		小组成员	
成果展示	为横冲村乡村振兴提出可持续发展的对策、措施、行动方案，其中成果可包括： 1. 绘画作品 2. 摄影作品 3. vlog 视频 4. ppt 汇报 5. 标本制作成品 6. 土壤实验结果呈现		
教师签字： 家长签字： 学院签字：		结题时间： 　　　　年…月…日	

（三）野外观察记录图、表（图 9-13，表 9-3~ 表 9-5）

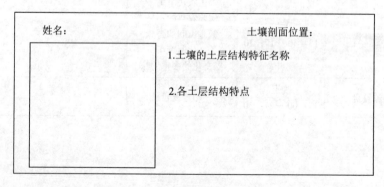

图 9-13　土壤剖面构造绘制图

表 9-3 《土壤形态》活动记录表

横冲社区土壤野外地理实践活动——土壤记录表					
姓名		观察地点		观察时间	
剖面深度	土层结构	土壤样色	土壤质地	土壤松紧度	土壤干湿

表 9-4 《植被垂直分层》观察量表

姓名		观察地点	
层次	植被名称	植被特点	
乔木层			
灌木层			
草本层			
地被层			

表 9-5 《水质检测》记录表

序号	采样日期			采样编号	采样份数	采样地点	样品数	现场检测记录					检测人员	备注
	年	月	日					pH值	能见度	水深	色泽	气味		

六、研学前安排

（一）师资配置

为提高课程质量，本课程建议师生人数比控制在 1∶10 左右；任课教师需要打破学科界线，整合课程资源，针对不同主题内容进行相关知识储备，能够在相关模块学习上对学生进行有效指导。每个小组配备 1 名教师进行专业指导。

（二）行前准备（图 9-14）

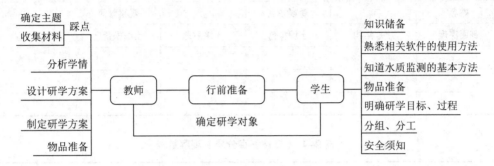

图 9-14 研学旅行前准备

（三）经费与交通安排

三天三晚研学活动的总费用预计 430 元，收费根据学生的家庭情况可以申请酌情减少。

（1）交通：每人 45 元，来回乘坐正规空调旅游大巴车，保证一人一座。

（2）住宿：每人 210 元，提供三晚的露营帐篷住宿，特殊情况的学生可以选择住旅馆。

（3）餐饮：每人 75 元，提供一日三餐，一天花费 25 元，餐品搭配做到营养均衡、干净卫生、每餐留样检验。

（4）保险：每人 20 元，包含 1000 万元旅行社责任险和 30 万元旅游意外伤害险。

（5）其他用品：每人 50 元，包括矿泉水、横幅定制、带研学团队标志的帽子等。

（6）研学导师等工作人员劳务：每人 30 元。

（四）安全紧急预案、安全文明公约、安全责任书

主办单位	×× 中学
活动时间	××××年××月××日
活动地点	云南省昆明市呈贡区马金铺街道横冲社区
一、安全工作小组具体分组情况及职责	
人员点名组	组长：　　　联系方式： 职责：负责点名，上报带队导师，导师向领对负责汇总人数，确保人员齐整。
交通安全组	组长：　　　联系方式： 职责：组织学生有序上下车，提醒同学途中注意事项，保障行车游途中安全。

食品安全组	组长： 联系方式： 要求积极应对各种突发的食品安全问题，提醒同学们注意饮食卫生。
学生活动安全组	组长： 联系方式： 负责在活动中观察、提醒学生，防止学生体验活动中受到意外伤害。
抢救小组	组长： 联系方式： 积极应对各种突发性的安全事故，做好伤员的救治和转移工作。
医疗保健应急小组	组长： 联系方式： 当学生遇到突发状况或意外伤害，采取紧急措施，对师生进行及时救护。

二、安全教育

为确保此次活动的安全顺利，学校将于活动前召开参加研学旅行班会，有针对性地参加学生进行安全教育。

1. 各班级具体分成各个小组，确定好组长，负责同学们的集合和联络。要求每个负责人均要以高度的责任心对每个学生的安全负责。
2. 要求每个同学在与陌生人打交道时，注重礼仪，遇到可能会产生的纠纷我们必须保持冷静，控制情绪。
3. 对可能发生的突发事件，通知具体的处理程序和处理方法。

三、应急事故处理

处理程序	（1）如遇突发事件，第一时间报告带队教师； （2）所发生的事件在自己能够处理的范围之内的，各组长要及时联系带队班主任老师，组织班级同学做好各种应急工作，采取应急措施；如果不能处理，需要相关部门处理的，要保护好现场，及时拔打110、120向有关部门求救； （3）突发事件处理完成后，要及时向带队老师汇报处理情况。	
具体处理方法	研学前	（1）如遇恶劣天气和自然灾害不能出行，则将活动延期； （2）如遇特殊情况，部分人员身体不适，则向带队老师汇报，并为其请假； （3）注意人身安全。
	研学中	（1）迷路及解决方法。同学们在研学旅行途中要保证不脱离队伍，维持可互相看见的原则，如若迷路，则要求先镇定精神，拔打班主任电话，告知情况，然后停留在原地，不再乱走。 （2）摔伤、滑伤。针对此类问题，安全应急小组准备了云南白药、气雾剂、邦迪、万精油等，若遇到紧急情况，承办单位将及时给予解决。 （3）饮食安全问题。要求不得随便购买路边的小吃等问题食品、饮料。

四、交通事故处理

1. 有严重受伤情况时，带队教师即刻拔打120、122，并立即组织抢救。
2. 组长迅速报告教育主管部门负责同志，并调动应急车赶到事发现场，视伤情确定是否立即送医院。
3. 负责人向上级领导报告事故情况并保护好现场，指挥师生撤离至安全地点。
5. 带队教师安定学生情绪，询问、检查学生受伤情况，受轻伤学生送医院检查、诊治。
6. 学校立即成立事故处理小组，分别负责家长、公安、医疗、保险各方接洽，妥善处理善后事宜。

横冲社区研学旅行安全文明公约

为确保本次横冲社区研学旅行活动顺利开展，特制定以下安全文明公约，各位同学务必认真学习，严格遵守。

一、本次研学旅行活动，特别强调团队合作，统一行动。我会听从领队和带队老师的安排，切勿擅自做主，参加危险活动。

二、任何时间，未经带队老师允许，我绝不擅自离队活动，尤其不在天黑以后离开团队，如有特殊情况需经老师允许后方可离开，要速去速回。

三、注意饮食卫生，尽量不吃生冷食品，不暴饮暴食。

四、注意保管好自己的财物。不要携带过多现金，更不要轻易将现金外露，贵重物品尽量不携带外出，如确实需要，需谨慎保管。

五、注意安全乘车，做到按照统一安排就座，不自行调整座位；严禁把头、手伸出窗外；如有晕车，请提前预防；乘坐大巴车时要防止途中睡觉而受凉感冒，请备好适量衣物；提前上卫生间方便；行驶过程中，严禁站立或离开座位行走，务必全程系好安全带。

六、在研学地点参加研学活动时，一定要听从号令指挥，有序进行，预留足够的安全空间，避免拥挤或推搡发生挤压、拉伤、跌伤、落水、坠落等意外事件，注意保持安全间距。

七、在爬山的过程中，既要防止跌落受伤，同时也要预防脚被尖锐物扎伤或被山区蛇、虫咬伤；经过高处或钢索栈道时，必须扶好栏杆或钢索；不要拥挤追逐，小心踏空。

八、不到明令禁止入内的地方活动，参加活动要严格按照活动规则进行，要量力而为。

九、如遇雷雨、台风、泥石流、洪水等恶劣天气和自然灾害时，要尽快远离危险地段和区域，听从带队老师的安排或当地人的劝告。

十、研学旅行过程中应遵守公民良好的道德文明规范，文明出行。

我保证在整个研学活动期间，会严格遵守安全文明公约，认真听从带队教师指挥，顺利完成此次活动。如在活动中有违反上述条约的任何行为，所造成的一切后果由我本人承担责任！

学生签字：   日期：

横冲社区研学旅行安全责任书

为确保本次研学旅行活动安全顺利，学校特与家长签订学生人身安全责任书。

一、学校方面

1.学校针对研学旅行期间应注意的住宿安全、食品安全、交通安全、各项活动安全，负责经常性地对学生进行教育，学习必要的安全防范急救措施，并进行安全演练。

2.学校负责对各类活动场所、学生寝室、食堂等，开展定期检查，及时采取措施，排除安全隐患，组织学生有计划地开展体育训练，保证训练安全。

3.学校负责学生在活动期间生病及发生意外情况时，及时送医就治，并在第一时间通知家长。

4.学校保证有本校教师进行学习、生活、训练的全程陪护，晚上负责巡夜，活动基地24小时封闭式管理。

5.学校负责为每位学生购买活动期间的人身意外伤害保险。

二、家长方面

1.做好与学校的联系和沟通，将联系电话准确无误地告诉带队老师，以便和您及时取得联系。

2.父母或其他监护人要教育孩子一切行动听指挥，注意防火、防电、防食物中毒（不吃零食，不吃三无食品）、禁止在野外烧荒，林区生火等。

3.父母或其他监护人应教育学生不打架、不骂人、不攀高爬低、不到危险的地方去玩，不许学生带任何刀具、打火机、鞭炮或有危险性的玩具到营地。

4.父母或其他监护人负责按照活动时间安排到指定集合地点接送孩子，接送路途中的安全，一律由家长自己负责。

5.要经常和带队老师保持联系，对有特异体质、特定疾病或其他生理、心理状况异常的学生要及时通知学校，密切与学校配合。

6.家长知晓任何外出活动都可能存在一定的安全风险。

回 执 单

本次横冲社区研学旅行的全部内容、线路和细节我已于___年___月___日，由我的孩子在家提前告知，并也收到孩子所在班级班主任发来的相关通知，现在我已知晓《横冲社区研学旅行安全责任书》的全部内容，我会督促孩子严格遵守责任书要求，在整个活动中加强纪律意识、安全意识、时间意识、团队意识、责任意识，认真听从带队教师指挥，顺利完成此次活动.如在活动中有违反上述条款的任何行为，所造成的一切后果由我们自己负责并承担。

学生签字： 家长或监护人签字：

日期：

七、研学中具体设计方案

第一天：破冰开营

擦出友谊的火花

研学地点	研学活动	设计意图
 基地大本营	1. 我的天地我做主 收拾房间、铺床、整理内务等 2. 制作专属 logo 用准备好的材料，制作一个自己的姓名牌（可以自己喜欢的植物、动物、人物等为原型）；制作完成后交流展示自己的设计意图 3. 循环选材、厨王争霸 以小组为单位，按游戏规则选择食材，烹饪晚餐，自评、互评选出最佳菜品成为本次研学的积分基础	通过整理内务、制作名牌的方式，锻炼学生的自理能力、促进相互了解。并且通过厨王争霸的形式，体验劳动的价值意义

第二天：探访村落

1. 探寻土地利用的变迁

研学任务要求：抽签分为制图组和调查组			
揭秘一：析土地利用时空更迭（制图组） 寻土地利用变化成因（调研组）			
研学成果	问题探究	研学活动	设计意图
 2015年横冲村土地利用图	1. 横冲社区土地利用的时空变化特征和规律 2. 土地利用规划与"乡村振兴"衔接的必要性	1. 制图组 上网查找并下载近十年来横冲社区图利用变化的数据。 利用 ArcGis 软件中的功能绘制近十年来横冲社区土地利用分布图。 根据不同时期的土地利用数据，绘制出土地利用规划图，分析横冲社区土地利用变化趋势。	通过绘制土地利用分布图，落实课标"深化现代信息技术运用"的要求，培养学生运用地理信息技术解决生活实际问题的能力。 通过走访、调查、访谈，培养学生的调查能力、批判性思维能力等，落实地理核心素养。

续表

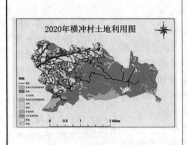 2020年横冲村土地利用图	3. 分析近十年来横冲社区土地利用变化的成因，根据土地利用现状，提出横冲社区土地利用规划的优化方案，助力乡村振兴	2. 调研组 查阅相关资料，了解"乡村振兴"战略的提出背景，实地调查并使用GPS工具箱等软件，探究当地土地利用时空变化，提出横冲社区土地利用规划与乡村振兴衔接的有效途径。 通过走访村干部、电话采访呈贡区规划设计科，搜集资料，探究横冲社区土地利用变化的成因	探索土地利用时空变化，切实提升整治成效，进而助力乡村振兴，培养学生的家国情怀以及责任担当的意识

2. 感受生计模式

揭秘二：体验农耕的进步（农耕组） 触碰山间的野味（农耕组）			
研学地点	**问题探究**	**研学活动**	**设计意图**
农耕博物馆 大棚生产点 鲜花大棚	1. 思考利用现代农耕器具耕作的优势，回答是否应该摒弃传统的农耕器具？ 2. 说出某些时节播种作物的种类和方式，从中分析作物播种生长具有哪些特性？ 3. 横冲社区大棚蔬菜、花卉的生产—销售路径有哪些？具有什么特征？可采取哪些措施促进其销售发展？	1. 拍照连连看 拍照对比当地传统农耕器具与现代农耕器具。 2. 种子连连寻 通过实地调查与走访的形式收集不同类型的种子。 3. 我是销售冠军 （1）参与农户花卉、蔬菜的种植生产 （2）通过走访，结合软件画出横冲社区的花卉蔬菜销售的发展路径的思维导图	学生通过实地调查与走访，深入了解传统农耕器具与现代农耕器具的不同，并从生活中常见的"作物"收集入手，感受大自然给予的馈赠，从"我是销售冠军"职业体验活动中感受劳动人民的辛苦，锻炼逻辑思维能力

 观景台1  观景台2	1.找出当地农业种植的类型,分析从梨园种植到大棚种植转变的深层原因。 2.请问温室大棚内土壤颜色与户外土壤颜色为何不同?"套种"的经营方式是好是坏? 3.分析城乡互动背景下,乡村劳动力人口流失对当地经济发展的影响	1.野味寻踪迹 从观景台1到观景台2的图中,观察沿路的风景,尽可能采集各种"野花、野菜、野果",为厨艺大比拼环节做准备。 2.呐喊释压力 同学们分为两个小分队,到观景台开阔的地方,开展分队之间互相"喊话、对歌"活动。	学生深入了解横冲村生计发展历史及现状,有效动用所学地理知识多层次解释人类生计模式的选择,建构知识联结网。"野味寻踪迹"培养学生的好奇心和探究欲,"呐喊释压力"放松心情,挣脱焦虑,回归宁静平和的生活

揭秘三:探文化的多重韵味

研学地点	问题探究	研学活动	设计意图
 红色文化广场	1.红色文化广场、乡土广场与花冲塘三个地点在空间上极其临近,但为什么村里的老人只喜欢聚集在乡土广场?	第一小组:谈乡土公共空间优化 小组成员通过实地观察、调查与走访,了解此种现象的原因是什么,怎样才能将三个公共区域发挥协同效应,在讨论的基础上,形成大概的区域优化设计方案或图纸	重走红色文化长廊,回顾党的光辉历程,感悟今日幸福生活来之不易。在此过程中,为优化社区的公共空间建言献策,培养学生的区域认知和综合思维
 关圣宫  乡土广场	2.观察关圣宫碑文、壁画、神像等,查阅相关资料形成记录表,分析中原文化对当地传统文化的影响	第二小组:寻乡土传统文化根基 在教师的引导下,学生根据观察及收集到的资料,形成观察记录表,最终以手抄报的形式展示小组探究的成果,感悟当地厚植的红色革命文化底蕴	通过教师的引导和学生实地观察、网络收集的方式培养学生观察和思考的能力、收集信息以及整合信息、表达交流的能力

		第三小组：探地方文化传承载体 通过实际观察以及调查走访，探寻村里还有哪些地方或者物件上带有传统地方文化的烙印和色彩，做好记录并适当拍照保存，形成调查报告或演示文档	通过与村民的交谈和实地走访获得信息，锻炼学生与人沟通交流的能力，提高学生的观察能力，让学生成为生活中的有心人
 花冲塘  乡土广场	3.除关圣宫外，村内还有哪些小尺度能体现横冲文化内涵的载体？		

3. 印象复盘

反思、交流、总结当日活动；初步形成乡村振兴措施的总体方案		
研学地点	**研学活动**	**设计意图**
 基地大本营 安全培训	1."厨王、花王争霸" 利用观景台沿途采摘到的各种野菜、野果、野花以及通过劳动置换的蔬菜、水果、花卉资源，在礼堂内的厨房进行菜品制作厨艺比拼，插花大赛等活动。 2."生活急救小常识" 通过演示和实操学生进一步掌握溺水、中暑、扭伤、突发性食物中毒等应急措施。 3.今日MVP 小组汇报初步的乡村振兴行动方案、土地利用规划图、调查报告等成果，并进行小组自评和互评	通过集体生活、集体劳作、集体享受的体验，培养学生的团队合作意识，增进师生之间的感情与联系，掌握生活急救小常识和常见毒物鉴别知识，为第二天研学做好准备。并通过复盘，培养学生的竞争意识，增强集体荣誉感

第三、第四天：探秘山水

1. 探测山水综合体，理解整体性原理

第三天白天　揭秘四：寻绿野，找踪迹（植物土壤组）			
研学地点	问题探究	研学活动	设计意图
 大石坎山麓腰 大石坎山腰 大石坎土壤剖面	1. 如何分辨云南松和华山松？ 2. 一座高山从山脚向山顶依次分布着阔叶林、针叶林、灌木林、草甸等群落，这是不是群落的垂直分布？ 3. 简单绘制山地自然带分布图 4. 该点的土壤颜色是什么？土壤质地如何？土壤湿度如何？土壤紧实度如何？	1. 察"针"观树 辨识华山松和云南松；将采集的植物做成植物标本 2. 绘图高手 植被的垂直自然带观察，简绘从山麓到山顶的自然带分布图 3. 土壤探秘 （1）土壤剖面 辨识土壤类型—检测土壤酸碱度—采取土样；通过观察土壤的颜色、质地和剖面形态特征来认知土壤。完成土壤剖面构造绘制图和《土壤形态》活动记录表	通过徒步活动，培养学生坚韧的意志品质。掌握土壤的概念和结构、观察方法、影响土壤形成的主要因素及其形成过程、土壤的主要功能与改良方法的认知方法，培养学生的比较分析、归纳地理综合思维能力
 土壤实验点	5. 不同植被类型的分布及其特点是什么？	（2）土壤实验 利用简易的土壤实验包，探测土壤质地、酸碱性、成土因素等	学生在真实的环境中观察和直观感受土壤，了解横冲社区山地土壤的颜色和质地。学生通过野外实践活动任务，提高学习土壤的兴趣，自主构建土壤知识体系框架

研学地点	问题探究	研学活动	设计意图
露营地 1 露营 2 露营 3	1. 在夜晚看到的月相是什么样子? 以后将如何变化? 2. 如何正确使用天文望远镜进行天文观测? 怎样记录夜空的星座影像? 3. 观察横冲村的夜空, 和城市对比有什么不同? 是因为哪些原因造成的? 我们应该采取什么措施保护夜空?	1. 学做天文观测员——天文望远镜的使用 在教师指导下认识天文望远镜的基本结构, 学会天文望远镜的使用方法, 掌握基础的天文摄影方法。 2. 探秘月宫——月球环形山的观测 利用望远镜观测月球地貌, 简单说出环形山的命名、分类、成因 3. 饱览美丽星空——聆听神话故事 利用转动星图, 识别当晚星座; 聆听神话故事, 破除迷信; 观察乡村的星空, 与城市夜空进行对比, 进行小组讨论, 从城市化的角度探究光污染与夜空之间的关系, 说明人类活动影响夜空的方式及其对天文观测带来的不利影响	通过学习天文学知识, 动手操作天文望远镜, 培养学生的地理实践能力。真实体验乡村的夜空观测活动, 激发学生的学习兴趣, 关注身边的天文现象, 从夜空、环境和人类的相互关系, 思考人类活动对夜空的影响, 提高综合思维核心素养

第四天白天:揭秘五:觅水源,探古今(水文组)

研学地点	问题探究	研学活动	设计意图
土林 1 土林 2	观察土林的奇特景观, 思考土林的前世今生(流水侵蚀作用对地表形态的塑造)	1. 魔幻土林——自然界的"美丽错误" 观察对比横冲水库的土林与元谋土林的形状区别; 分小组现场采集部分标本, 说明土林的特点及组成成分。 教师讲解土林形成的相关条件, 学生主动思考土林形成的原因	学生通过实地观察土林自然景观, 深入了解流水侵蚀对地表形态的塑造作用, 感受大自然的鬼斧神工, 养成地理的时空观和缜密的思维能力

续表

		2. "上山下水"——动手发现"水世界" 远观近探植被状况，呵护水土计长远 观察横冲水库周围的植被覆盖情况，在水库附近森林中，识别主要植被类型，学生归纳总结出横冲水库旁植被的垂直分层结构，并将结果记录在量表中 小组探究：森林对横冲水库水源的影响和作用，绘制思维导图 好林还需好水养：教师演示采集水样的正确方法后，学生分小组合作在水库东南角、露营地周围和入水口分别进行水样采集小实验，测试水体的 pH 值，记录水体能见度、水深、色泽、气味等水文要素，并将结果记录在量表中	学生深入了解横冲村植被生长现状其及垂直分层结构，探讨植被对水土保持的作用，有效动用所学知识。 水质监测小实验培养学生的好奇心和科学探究精神 分析横冲社区山地和水库之间的关系，理解自然要素之间的内在关联性，发生发展的统一性，树立学生的人地协调观、可持续发展观
 横冲水库旁1  横冲水库旁2  横冲水库点3	远观横冲水库周围植被的覆盖状况，近探植被垂直分层结构，探究植被涵养水源、保持水土的作用。 横冲水质优与劣是什么？		
 梁王河1  梁王河2	1.通过访谈和网络收集横冲水库的有关资料，分析横冲水库的直接水源 2.观察梁王河枯水期河道状况，思考季风气候对于河流的季节性影响 3.绘制横冲社区自然环境整体性思维导图	3. 横冲水库之前世今生——梁王大河滚滚来 以小组为单位，从时空尺度上，认识横冲水库在不同历史时期的特点，讨论横冲水库的功能和意义 4. 山水交融，干湿交替——魅力横冲 通过观察横冲水库的入水口——梁王河，明显发现河道干涸，同时教师展示河道丰水期的照片，由此可引发学生思考河道干涸的原因。学生结合课堂所学的季风气候的特点，运用中国气候类型分布图和亚热带季风气候柱状图，探究季风气候对河流的季节性影响	通过收集整理关于横冲水库的所有资源，积累地理知识，培养处理信息的能力和地理素养。 边观察边思考梁王河的特点，培养学生的观察思维，根据教师提供的丰水期照片，解读地图中各地理要素之间的联系，将已经学习过的季风气候特点理论运用到实际中去，培养学生的灵活运用和综合思维
第四天晚 印象复盘：反思、交流、总结当天的活动，绘制横冲社区自然环境整体性思维导图			

八、研学成果评估

为保证评价结果的客观公正，本量表采用自评、互评、教师评价、家长评价等多元主体评价方式，以过程性评价和终结性评价为主，综合得分为自评 20%，组评 30%，教师评价 40%，家长评价 10%（表 9-6）。

表 9-6 研学旅行的过程性与终结性评价表

评价类型	评价阶段	一级指标	二级指标	分值	自评	组评	教师评价	家长评价
过程性评价（60分）	研学前（10分）	行前准备	熟悉考察手册，明确研学目标，初步了解野外实地勘察技能等	2				
			研学工具准备：速写板、纸笔、手机、实验器具以及相关软件等	2				
			生活用品准备：行李、洗漱用具等	2				
			安全工具准备：帽子、雨伞、雨衣、必要药品（外伤、晕车药）、背包等	2				
			分组活动，选定小组长，明确小组成员任务分工	2				
	研学中（50分）	学习态度	积极参与活动、兴趣浓厚	3				
			自觉克服活动中的困难、意志坚定	3				
			多感官并用、全身心投入	4				
			能自主完成研学任务、态度认真	5				
		动手能力	实验、实做步骤操作正确、合理	5				
			灵活运用各种工具、厨具	5				
		创造能力	敢于质疑，不迷信教师和课本	5				
			善于发现问题、提出问题	5				
			主动设计活动步骤，分析问题成因、寻找解决问题的办法	7				
		合作能力	积极参与讨论及合作探究，谈论中善于表达与交流	6				
			活动过程中人际交往能力提高	6				
终结性评价（40分）	研学后（40分）	成果汇报	成果汇报会（小组得分即为个人得分）科学性强、图文并茂；形式多样、创意突出；汇报演讲仪态佳、语言流畅	15				
			作品展览会 研学结束后，学生开展研学过程中制作的视频、音频、绘画、摄影作品展览	15				
			有进一步的研学成果，如小论文（小组得分即为个人得分）	10				
合计								
综合得分								

第二节 "横冲"直撞·探索美丽乡村的智慧
——昆明市横冲社区研学旅行设计方案(初中学段)

一、基本情况

(一)研学主题

"横冲"直撞·探索美丽乡村的智慧——昆明市横冲社区研学旅行设计方案(初中学段)。

(二)研学简介

本研学设计方案立足新课改和乡村振兴的时代要求,选取云南省昆明市呈贡区一个城郊接合部欠发达社区——横冲村,挖掘乡村的自然和人文资源,开展具有学科融合特色的系列研学实践活动,其中本方案为初中学段研学设计,依据2022初中新课程标准,通过探索"民居的更迭""农耕方式的变化""山水景观奇特之美"中蕴含的智慧,感悟自然环境与人类生产生活的联系,并能为横冲村"美丽乡村"的建设建言献策。落实乡土教育、劳动教育、生活教育等目标,提升学生地理实践力,增强热爱家乡的情感。

(三)总体设计思路

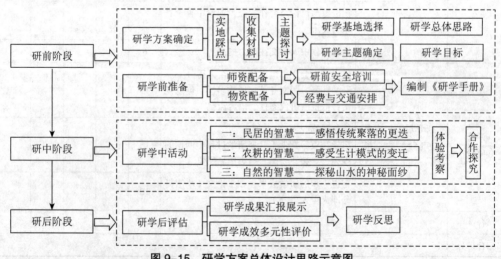

图9-15 研学方案总体设计思路示意图

（四）研学目标

核心素养	具体目标内容
区域认知	①利用GIS工具箱找出横冲社区的地理位置，并实时定位各个研学点的位置，说出横冲村的聚落形态，简易绘制出其聚落分布图； ②通过欣赏当地特色花灯、学唱与自我创作，体会地方文化反映的中国传统美德，树立文化自信； ③通过实地调查走访，理解横冲社区民居、水库、大石坎和农耕文化对横冲村地域文化的影响，初步形成从区域视角认知地理现象的核心素养
综合思维	①通过跨学科主题活动（"水"飞花令活动；"修旧为旧·承袭传统"与"拆旧翻新·改善村容"辩论赛），提高学生综合思辨、表达交流的能力，培养学生批判性思维； ②通过对水文、植被、地形等要素的调查，探究横冲水库对当地自然环境及居民生产生活的影响，培养学生从要素综合的角度看待问题的能力
地理实践力	①应用所学知识及研学过程中收集到的材料，搭建帐篷模型、制作植物拓印、火箭模型和净水装置等，与生物、物理学科相结合，能够解决真实情境中的复杂问题，学会整理、概括实践经验，获取新知识，掌握新技能； ②利用等高线地形图等地理工具找到适宜露营的地点，解决生活中的实际问题
人地协调观	综合各组的探究成果，为横冲村建成"美丽乡村"、实现可持续发展建言献策

二、研学前准备

（一）师资配备

为提高课程质量，本课程师生比控制在 1∶10 左右；带队教师队伍由地理、物理、化学、生物、语文、历史教师组成，各学科教师需打破学科界线，整合课程资源，针对不同主题内容进行知识储备，能够在相关模块学习中进行有效指导。

（二）物品准备（研学前准备）

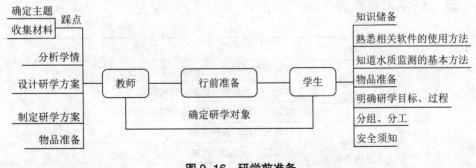

图 9-16 研学前准备

（三）经费与交通安排

三天三晚研学活动的总费用预计 975 元，收费根据学生的家庭情况可以申请酌情减少。

1. 交通：80 元 / 人，来回乘坐正规空调旅游大巴车，保证一人一座。

2. 住宿：300 元 / 人，提供三晚的露营帐篷住宿，特殊情况的学生可以选择住旅馆。

3. 餐饮：225 元 / 人，提供一日三餐，一天花费 75 元，餐品搭配做到营养均衡、干净卫生。

4. 保险：50 元 / 人，包含 1000 万元旅行社责任险和 30 万元旅游意外伤害险。

5. 其他用品：120 元 / 人，包括矿泉水、横幅定制、带研学团队标志的帽子等。

6. 研学导师等工作人员劳务费：200 元 / 人。

（四）研学线路

学校—横冲社区—基地大本营—社区内部—农耕博物馆—农田分布点—观景台—大礼堂—横冲水库—土林—大石坎山麓—大石坎山腰—大石坎山顶（图 9-17）。

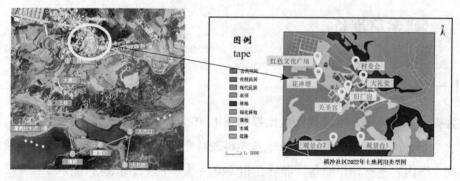

图 9-17 研学总体线路图

（五）研学内容概要

时间	子目标	内容
第一天	民居的智慧 感悟传统民居更迭	破冰开营：分组、选组长、全员素拓游戏等
		探智一：岁月的痕迹，时代的成就
		探智二：感受特色文化，守望乡土情怀
第二天	农耕的智慧 感受生计模式变迁	探智三：体验农耕进步
		探智四：触碰山间野味
		探智五：向往生态生活

续表

时间	子目标	内容
第三天	自然的智慧 探索水山林变化莫测	探智六：水之韵
		探智七：山之秀
		探智八：林之俊
		探智九：探索苍穹
第四天上午	毕业典礼	展示与评价：学生展示三天的研学成果，评价并表彰表现较好的小组和个人
		闭营仪式：带队教师对三天的研学进行总结；颁发结业证书；分发研学纪念品（秋梨膏、明信片等）

三、研学中活动

第一天：民居的智慧——感悟聚落更迭

（一）第一天活动设计

核心问题
传统民居与现代民居之间的联系是什么？有什么区别？横冲村民居在空间分布上呈现什么特征？
辩论"修旧为旧·承袭传统"与"拆旧翻新·改善村容"，说出对待传统民居的保护和现代民居的创新应该秉持什么样的态度？

第一天行程线路如图 9-18 所示。

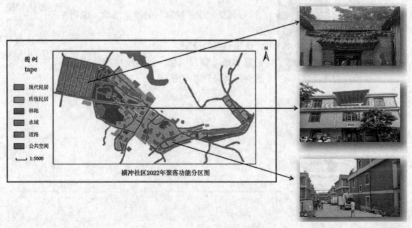

图 9-18　第一天行程线路

横冲村初中研学旅行活动过程设计 1

研学时间	研学地点 / 研学成果	研学活动	设计意图
	破冰开营		
上午	 基地大本营	1. 花式分组 （1）随机抽取印有横冲村特色花卉的明信片，签名，花色相同者自动形成同组 （2）组内自我介绍，成员之间迅速相互熟悉 （3）组间"推销"组员：向其他组介绍本组成员，争当本组成员的引荐人 （4）全员素拓游戏：开展"五人六足、走进朋友圈、你画我猜"等多个素拓游戏 2. 内务整理比拼 自主收拾床铺、整理内务，并将明信片贴于床头，评出"自理达人"	通过花式分组、内务整理比拼等破冰活动，同学们迅速熟悉、配合协作，共同完成活动任务，增进同学们的交流和相互了解，培养学生的自理能力、团队意识和集体荣誉感
	探智一：岁月的痕迹，时代的成就		
第一天 下午	 横冲村传统民居 横冲村过渡民居 横冲村现代民居 横冲村空间格局分布图	1. 探寻岁月的痕迹 调查走访横冲社区的聚落组织，识别最有特色的传统古建筑，拍照记录并从地理的视角思考聚落呈现此种样式和风格的原因，形成思维导图 2. 感悟时代的范式 寻找现代民居，归纳其共同点，并与传统民居作对比，分析其"变"与"不变"的地方 3. 新旧民居的博弈 自由分组，开展"修旧为旧·承袭传统"与"拆旧翻新·改善村容"的辩论活动，说明观点 4. 认知地图的绘制 根据实地考察和回忆，绘制出横冲社区聚落的空间格局分布简图	通过实地调查走访横冲社区的传统与现代民居，感受岁月的痕迹，感悟时代的变迁，培养学生用发展的眼光看问题的能力 通过辩论赛的开展和认知地图的绘制，提高学生思辨、表达交流的能力以及空间认知的能力

研学时间	研学地点 / 研学成果	研学活动	设计意图
	探智二：感受特色文化，守望乡土情怀		
第一天	晚上 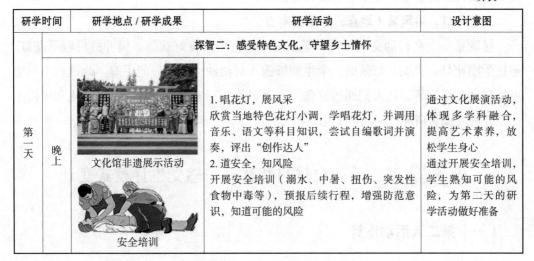 文化馆非遗展示活动 安全培训	1.唱花灯，展风采 欣赏当地特色花灯小调，学唱花灯，并调用音乐、语文等科目知识，尝试自编歌词并演奏，评出"创作达人" 2.道安全，知风险 开展安全培训（溺水、中暑、扭伤、突发性食物中毒等），预报后续行程，增强防范意识，知道可能的风险	通过文化展演活动，体现多学科融合，提高艺术素养，放松学生身心 通过开展安全培训，学生熟知可能的风险，为第二天的研学活动做好准备

（二）第一天特色活动详案

1. 全员素拓游戏（地点：基地大本营）

准备绳子、呼啦圈、画纸、笔等工具，以小组为单位开展"五人六足""走进朋友圈""你画我猜"等素拓游戏，通过游戏的开展，增进学生之间的彼此熟悉和了解，快速破冰，为后续几天行程打下坚实的基础。不同小组之间可进行游戏的比拼，由此培养学生的集体意识、竞争意识，增强团队凝聚力。

2. 新旧民居的博弈（地点：基地大本营）

（1）自由选择辩题并自动分组："修旧为旧·承袭传统"与"拆旧翻新·改善村容"。

（2）辩论程序：一辩陈述观点——二、三辩围绕核心辩题展开自由辩论——四辩总结陈词。

（3）辩论论点参考：①"修旧为旧·承袭传统"辩题组：随着社会主义新农村的建设，目前中国的很多传统古村落村容村貌已经发生了翻天覆地的变化，传统民居得以保留，传统元素才能得到继承与发展；②"拆旧翻新·改善村容"辩题组：每个人都有追求幸福的权利，都有对美好生活的向往，我们不能为了自己的私心而剥夺当地居民享受美好生活的权利。

（4）学生根据自己所选辩题陈述完观点之后，教师对双方观点进行评述，并给出自己的观点，即面对传统村落的保护与开发，我们要秉持一种包容态度，在保护的前提下进行适度开发，以达到"双赢"的效果。在此辩论过程中，学生自由表达观点，大胆表明自己的态度，培养学生批判性思维。

3. 唱花灯，展风采（地点：基地大本营）

村歌是一个乡村的文化名片，是乡村形象宣传的良好载体，横冲的村歌是花灯，通过学唱花灯、自编花灯歌曲，学生能够深入对横冲文化发展的了解。此过程中学生可以带动积极宣传，让人们通过这张"有声名片"了解了后里村的历史文化和民俗生活，并使之成为横冲社区的"文化新符号"。

👣 第二天：农耕的智慧——感受生计模式变迁

（一）第二天活动设计

核心问题
传统农耕器具与现代农耕器具的有何不同？使用现代农耕器具耕作有什么优势？
探讨从梨园种植到大棚种植转变的可能原因是什么？

第二天行程线路如图 9-19 所示。

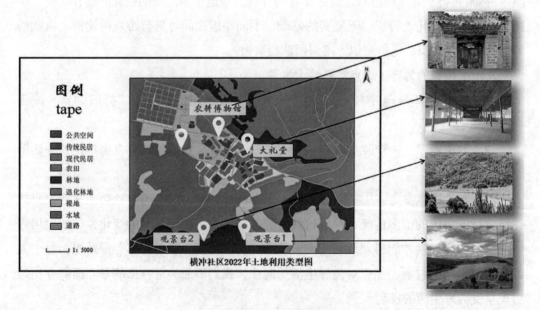

图 9-19 第二天行程线路

横冲村初中研学旅行活动过程设计 2

研学时间	研学地点 / 研学成果		研学活动	设计意图
	探智三：体验农耕进步			
第一天	上午	 农耕博物馆  农田分布点	1. 拍照连连看：拍照对比当地传统农耕器具与现代农耕器具，思考利用现代农耕器具耕作的优势 2. 种子连连寻：通过实地调查与走访的形式收集不同类型的种子。说出某些时节播种作物的种类和方式，从中分析作物播种生长具有哪些特性 3. 我是"秋梨"冠军：参观农户梨园的种植、生产、采摘；通过小组合作亲自动手制作秋梨膏，开展销售评比竞赛，并把秋梨膏送给村内有需要的老人	学生通过实地调查与走访，深入了解传统农耕器具与现代农耕器具的不同，并从生活中常见的"作物"收集入手，感受大自然给予的馈赠，从职业体验活动中感受劳动人民的辛苦，体验农耕之乐
	探智四：触碰山间野味			
	下午	 观景台	1. 野味寻踪迹：找出当地农业种植类型，分析从梨园种植到大棚种植转变的可能原因；从观景台1到观景台2的图中，观察沿路的风景，尽可能采集各种"野花、野菜、野果"，为厨艺大比拼环节作准备 2. 对歌展魅力：开展劳作体验，思考"套种"的经营方式是好是坏；同学们分为两个小分队，到观景台开阔的地方，开展小分队之间的"对歌"活动	有效动用所学知识多层次解释人类生计模式的选择，建构知识联结网。"野味寻踪迹"培养学生的好奇心和探究欲，"对歌展魅力"放松心情，展现魅力，回归宁静平和生活
	探智五：向往生态生活			
第一天	晚上	 大礼堂  选择露营地	1. "厨王、花王"争霸：利用到观景台沿途采摘到的各种野菜、野果、野花以及通过劳动置换的蔬菜、水果、花卉资源，在礼堂内的厨房开展菜品制作厨艺比拼，插花大赛等活动 2. "垃圾分类"我先行：将所有活动垃圾收集，分小组进行"垃圾分类"比赛，又快又准的小组获胜，科普不同类型垃圾"变废为宝"的措施 3. 寻找"归心地"：学会在等高线地形图上选择合适的露营地，进一步交代露营选址注意事项，运用身边的素材制作简易的帐篷模型	通过集体生活、集体劳作、集体享受的体验，培养学生的团队合作意识，通过"垃圾分类"我先行活动，激发环保意识，寻找"归心地"为第二天研学做好准备。复盘中活动丰满，培养学生的竞争意识，增强集体荣誉感

（二）第二天特色活动详案

1. 我是"秋梨"冠军（地点：农户人家）

采摘宝珠梨之后，回到农户人家制作秋梨膏，研学导师指导学生完善秋梨膏的制作。具体流程如下：（1）将梨洗净去皮；（2）再放在擦板上擦成梨蓉；（3）红枣蒸熟切成条；（4）生姜去皮切片；（5）冰糖敲碎；（6）将所要材料放入锅中；（7）大火煮开后转小火半小时—关火，找块细纱布，将锅中所有东西倒进去，挤出汁液；（8）倒回锅中继续小火煮1小时，待晾凉后加入1勺蜂蜜调匀。制作秋梨膏，品尝秋梨膏的美味，体会农民劳动的艰辛，在巩固研学成果的同时增强活动趣味性，学生可以将秋梨膏送给村内有需要的老人，也可以作为研学纪念品带回家。

2. "厨王、花王"争霸（地点：大礼堂）

（1）引导学生开展"厨王、花王"争霸活动，学生分为不同小组利用收集到的食材（野花、野菜、野果）制作美食，时间限时1小时，美食制作结束后互相品尝并投票选择出全场最佳厨王，渗透"光盘行动"理念，感悟粮食的来之不易，引导青少年树立节约粮食、珍惜粮食等意识。

（2）"垃圾分类"组织学生观看垃圾分类宣传片，将第二天活动过程中产生的生活垃圾收集，采用"报数分组"的形式将学生随机分为六组，以小组竞争的形式进行垃圾分类，又快又准的小组获胜，研学导师科普不同类型垃圾"变废为宝"的措施，培养良好的生活分类习惯，提高学生价值观念与个人文明素养。

3. 寻找"归心地"（地点：大礼堂）

给出学生横冲社区等高线图，第一轮小组合作根据原有认知选择出最适宜的露营地，研学导师根据学生的选择做出评价和点拨，第二轮学生独立纠错选择出正确的最适宜的露营地，进一步交代露营选址注意事项，并运用身边的素材制作简易的帐篷模型，为第三天研学做好准备，掌握基本的露营常识，产生强烈的生态归属感。

🚶 第三天：自然的智慧——探秘水山林变幻莫测

（一）第三天活动设计

核心问题
水库保护区对周边环境及居民生产生活有何影响？为水资源的可持续发展建言献策。

续表

核心问题
聚落的空间分布与自然环境之间有何关系？
随着海拔升高，山坡的垂直植被类群发生了什么变化？你是怎样发现的？

图 9-20　第三天行程线路

横冲村初中研学旅行活动过程设计 3

研学时间	研学地点/研学成果	研学活动	设计意图
		探智六：水之韵	
第三天	上午 横冲水库 土林	1. 水质检测员 教师指导学生如何在野外进行简单的水质优劣判断，并制作简易净水装置 2. 水库守护员 探索水库对周边环境及居民生产生活的影响，并为水资源的可持续发展建言献策 3. "水"与"土林"的渊源 学生通过实地观察、拍照等方式感受土林自然景观，了解流水对地表形态的塑造作用，感受大自然的鬼斧神工 4. "水"飞花令 学生通过自我知识储备，将平时课本上学到的"水"知识采用飞花令和诗歌朗诵的方式进行 PK	通过制作简易净水装置对学生进行生活教育；了解横冲村面临的资源、环境和发展问题，初步认识环境与人类活动的相互关系；通过学科融合（语文），提升学生文学素养

续表

研学时间	研学地点/研学成果		研学活动	设计意图
第三天			探智七：山之秀	
	下午	 大石坎山麓腰	1. 聚落与自然环境 借助横冲社区的卫星地图，分析其聚落形态（点状、线状、团块状）的形成过程，深入挖掘聚落与自然环境的关系 2. 聆听大自然的声音 借助录音设备录制流水声、风声、虫鸣声等，感受自然之美	感受横冲聚落的选址与变迁；结合现代信息技术录制大自然的声音，培养学生的创造力，鼓励发扬和创新思维，体现研学活动的跨学科融合
			探智八：林之峻	
	下午	 大石坎山腰	1. 解密植物王国 利用形色App等在沿途了解并识别不同植物，并向同伴展示介绍自己与他人不同的植物 2. 植物拓印 沿途中寻找心仪的植物并采摘保存，等待统一制作植物拓印	通过树叶拓印的体验活动，培养学生的艺术审美，达到"游"与"学"的有效结合
			探智九：探索苍穹	
	晚上	 大石坎山顶腰	1. 天文观测员 在教师指导下学会天文望远镜的使用方法，观察当日月相并绘制出来，寻找自己的星座 2. 拼搭火箭模型试验 认识火箭，并了解火箭组装与发射，小组设计Logo并完成简易火箭模型拼搭	动手操作天文望远镜，并进行火箭模型拼搭试验，培养学生的地理实践力

（二）第三天特色活动详案

1. 制作简易净水装置（地点：横冲水库边）

从利用滤纸、量杯过滤含有油污、色素的过滤器，到通过活性炭、石英砂等不同物质经过滤纸的层层过滤，把含有泥沙的水从浑浊变成透明，学生在自主完成净水实验过程中不仅增强了节水意识，锻炼了动手能力，也明白了水资源的珍贵。

2. "水"飞花令（地点：横冲水库边）

活动采用改良版飞花令，小组随机分配分为两组。不同小组学生轮流说出含有"水"的诗句（例如，问君能有几多愁？恰似一江春水向东流；山重水复疑无路，柳暗花明又一村等），若某小组同学无法接上则轮换为下一位同学，依据各组结束的时间顺序和接上诗句次数进行名次排序，获胜小组将获得秋梨膏。活动在潜移默化中增强了学生对自然和诗词的学习兴趣，增长了知识、陶冶了情操。

3. 植物拓印（地点：大石坎山腰）

（1）老师介绍研学途中捡到的植物（树叶、花瓣等），并讲解示范拓印操作步骤；（2）学生拿出一块白布和一个小石头，将树叶、花瓣平铺在棉布上拼成自己想要的图案；（3）用另一层布遮住，然后用小石均匀敲打，直到将植物的汁液拍打出来，这时植物的颜色和图案就完全映在白布上。通过拓印将生活中忽视的大自然的美留在纸上，培养学生发现美的能力，学会热爱生活。

4. 拼搭火箭模型试验（地点：大石坎山顶）

（1）小组合作利用给定的材料套件，完成火箭模型的搭建拼装；（2）在老师的引导下，为火箭设计专属 Logo 并涂色，绘制出独特的小火箭；（3）在户外场地体验魔术火箭的发射，并分组开展火箭发射比赛，发射时间短、发射距离长的小组获胜，在比赛中进一步认知火箭飞行原理，身临其境中感受航天的魅力，激发梦想和学习动力，培养学生的爱国情怀。

四、研学后成果展示与评估

研学成果评估是课程实施的重要环节之一，正确的评价不仅能激发学生的学习兴趣，使其主动参与到研学旅行过程中去，而且能对课程的合理性和有效性进行较好检验，有利于及时发现问题以便后续完善课程设计。因此制定研学旅行成果评估表，遵循科学性、发展性、激励性的评价原则，从学生自评、小组互评、教师点评、家长评价"四位一体"的方式开展过程性评价和终结性评价，综合得分为自评 20%，组评 30%，教师评价 40%，家长评价 10%，具有较强的科学性和可行性。

（一）终结性评估（表 9-7）

表 9-7 研学旅行终结性成果评价表

一级指标	二级指标	评价内容	优秀	良好	合格
实验探究 （净水器制作、火箭拼搭）	针对性	内容符合研学要求			
	科学性	实验内容符合一般科学原理			
	实施性	在研学过程中参与实验的设计与操作			
	素养性	在实验过程中培养相关的科学素养			

续表

一级指标	二级指标	评价内容	优秀	良好	合格
作品类 （思维导图、聚落空间分布图、秋梨膏、帐篷模型、拓印作品、研学笔记、访谈记录、个人感想）	思想性	展示成果主题内涵所表达的思想价值			
	艺术性	体现影像与制作艺术			
	多样性	研学作品多样化			
	创新性	艺术、技术或设计思想有创新性			
主题汇报 （横冲村"美丽乡村"建设建言献策（文稿或演讲）	清晰性	条理清晰、结构完整严谨、逻辑性强			
	流畅性	语言表达流畅、术语使用准确			
	研究性	运用科学工具和方法解决科学问题			
	综合性	体现跨学科思维与可持续发展观、体现美感等			
团队风貌	合作性	组内分工明确，合作过程愉快			
	积极性	组内态度端正，参与积极性高			
	奉献性	有团队奉献精神，主动承担责任			
	纪律性	遵守活动纪律，维护集体荣誉			
总结评价结果					

注：在相应的水平层次里分别有师、生打"√"。
根据同学展示的作品由学生进行投票，选出最佳艺术奖、最佳表演奖、最佳创新奖、最佳摄影奖。针对整个研学过程，结合研学总体评价，由学生自主推荐先进个人先进小组、乐于助人之星等。

（二）研学过程性评估（表9–8）

表9–8　研学旅行过程性评估综合表

评价类型	评价阶段	一级指标	二级指标	分值	自评	组评	教师评价	家长评价
过程性评价（60分）	研学前（10分）	行前准备	熟悉考察手册，明确研学目标	2				
			掌握野外实地勘察技能	2				
			研学工具准备：速写板、纸笔、手机、实验器具以及相关软件等	2				
			安全工具准备：帽子、雨伞雨衣、必要药品（创可贴、晕车药）、背包等	2				
			分组活动，选定小组长，明确小组成员任务分工	2				

评价类型	评价阶段	一级指标	二级指标	分值	自评	组评	教师评价	家长评价
过程性评价（60分）	研学中（50分）	学习态度	积极参与活动、兴趣浓厚	3				
			自觉克服活动中的困难、意志坚定	3				
			多感官并用、全身心投入	4				
			能自主完成研学任务、态度认真	5				
		动手能力	实验步骤操作正确	5				
			灵活运用各种工具	5				
		创造能力	敢于质疑教师和课本	5				
			善于发现问题、提出问题	5				
			主动设计活动步骤，分析问题成因、寻找解决问题的办法	7				
		合作能力	积极参与讨论及合作探究，谈论中善于表达与交流	6				
			活动过程中人际交往能力提高	6				
终结性评价（40分）	研学后（40分）	成果汇报	1. 成果汇报会（小组得分即为个人得分）科学性强、图文并茂；形式多样、创意突出；汇报演讲仪态佳、语言流畅	15				
			2. 作品展览会 研学结束后，学生开展研学过程中制作的拓印、音频、绘画、拍摄作品展览	15				
			有进一步的研学成果，如小论文（小组得分即为个人得分）	10				
合计	单项评分＝自评×20%＋互评×30%＋师评×40%＋家长×10% 行前准备（ ）+学习态度（ ）+动手能力（ ）+创造能力（ ）+合作能力（ ）+成果汇报（ ）=总分（ ）				等级			
备注	满分100分，等级评定为：A优秀（≥90分）；B良好（80~90分）；C中等（70~80分）；D及格（60~70分）；E不及格（<60分）。							

（三）研学课程方案评估

研学课程评估应遵循定性和定量评价相结合的原则，综合多方评价意见。设计研学旅行课程评估表，综合考量研学目标、研学过程、研学效果和研学服务四个维度，邀请学生、教师、家长等不同主体依据所列评估指标进行评价，最后根据反馈结果进一步修改和完善课程设计（表9-9）。

表 9-9 "横冲"直撞·探索美丽乡村的智慧研学旅行设计方案评估表

评估维度	评估内容	评估指标维度				评估建议
		非常满意	满意	一般	不满意	
研学目标	研学课程目标设置明确，主题鲜明					
	研学课程内容与校内课程有机整合					
	课程总体设计立足于地理核心素养					
	学科教学和研学旅行教育有效结合					
研学过程	研学活动与课本教材内容密切相关					
	研学活动方法适当，学生自主性强					
	研学活动类型丰富，学生积极性高					
	研学线路设置合理，学生思维拓展					
研学效果	帮助学生掌握教材知识					
	培养学生良好学习习惯					
	提升学生地理学习兴趣					
	锻炼学生地理分析能力					
	拓宽延伸学生知识视野					
	提高学生综合实践能力					
研学安排	研学旅行食宿安排合理					
	研学旅行活动费用合理					
	研学旅行线路设计合理					
	研学课程时间安排合理					
	研学旅行活动设计有趣					
姓名	身份：家长（ ）；教师（ ）；学生（ ）；合作单位（ ）					

五、研学设计方案特色

（一）凸显"五感"体验

本研学设计方案注重学生的五感体验，从"嗅觉""触觉""味觉""听觉""视觉"

全方位深度挖掘横冲社区的研学资源，让学生亲近大自然，感受乡村风情，体验生活方式，开阔眼界。学生在活动中利用不同的感官体验来认识真实世界，在文化知识积累和"五感"实践上增长阅历，感悟乡村生活美好的同时，增强热爱家乡、热爱祖国的情感。

（二）展现"传统与现代"碰撞

本研学设计方案以时间为主线，以空间为依托，通过"民居""农耕""自然"三个研学主题的今昔对比，学生在实际的环境中感悟传统与现代的碰撞，感悟当下乡村发展和建设的成果，了解横冲村自然景观特色与人文精神传承，形成对美丽乡村的不同层面认知，从地理的视角感受人地关系沧海桑田的变化，以此培养学生运用发展的观点看问题的能力。

（三）延伸"多学科"融合

本研学设计方案与语文、生物、物理、音乐、美术、信息技术科目深度跨界融合，注重在研学过程中调用多学科知识，全方位综合学习，发挥综合学科实践、科学实践的育人功能，活动设计不仅指向学生的综合思维发展，更聚焦学生的综合素养提升。学生通过各项活动的参与，提升知识迁移、学以致用的能力，激发学生的学习兴趣，畅想乡村美好明天。

（四）助力"美丽乡村"建设

本研学方案是以"乡村建设新希望，青年少年来助力"作为德育目标，利用农村民居、农业生产、乡村生态环境、民俗文化等资源开展系列研学活动。横冲村作为典型的城郊村，是中国无数个乡村的缩影和映射，此次研学旅行活动旨在让学生切身感受美丽乡村的变化，明白今之幸福生活来之不易，以实践拓宽知识广度，探索在城乡互动影响下的"横冲村"实现美丽乡村的新渠道、新方向，由此为乡村振兴建言献策，绘就美丽乡村新画卷。

六、研学方案设计总结与反思

古人所说的"读万卷书、行万里路"是"研学旅行"的源头。研学旅行是综合实践课这片沃土中开出的一朵艳丽的鲜花，旅行只是手段，"研学"才是目的，如何让学生在领略到美丽的自然人文景观的同时有所思考和收获，需要学校和教师的整体规划和精心设计。

（一）研学前，行动"有方向"

选择适宜、明确的主题是课程有效开展的保障，围绕主题设计操作性强、可观察检测的预设目标，依据目标选择适当的教学内容，并在此基础上教师多次实地踩点，深度挖掘研学资源，细化落实教学内容，排查安全隐患，制定规避风险的安全预案，构建学校、教师、家长、合作单位"四位一体"的安全保障机制。

（二）研学中，促成"会探研"

研学旅行过程应该是边"学习知识"、边"研究"的过程，即"探研"过程。要杜绝研学中只是"只游不研""走马观花""随心所欲"的现象，而研学旅行中关键是培养学生独立思考、信息加工等能力组成的思维能力，提高思维含量，调动学生"动起脑来"。

在课程实施过程中，教师要根据教学环境的变化及时调整教学，依据学生的行为表现及内在需求，基于预设目标，生成适应环境变化、学生兴趣及当前发展的生成性目标。在研学过程中，为了得到更好的反馈信息，要尽可能增设过程性评价，达到良好的学习效果。在课程结束后，要及时进行课程实施效果评价，遵循全方位、多主体、重实效的评价原则，采取师生双向评价、参与人员与研学基地双向评价，获取全面的课程实施效果信息，及时反馈，为之后的研学课程提供借鉴价值。

（三）研学后，服务"新时代"

综合学生探究成果，为横冲村"美丽乡村"建设建言献策，以学促发展，谱写乡村文化新篇章。推动研学旅行与乡村振兴融合发展、高质量发展，不是单纯地在乡村地区开展研学活动，也不是简单地在乡村发展中增加研学元素和产品，而是要从"育人"的高度，跳出单一的旅游思维，促进研学旅行与乡村在经济、生态、文化、治理等方面深度融合，探索"研学＋"发展新模式，积极推动研学旅行与乡村振兴同频共振。

［附录］

横冲社区研学安全紧急预案、安全责任书、安全公约：略，见第九章第一节。

第三节 "横冲"直撞·感受森林乡村的和谐
——昆明市横冲社区研学旅行设计方案（小学高年级学段）

一、研学主题

"横冲"直撞·感受森林乡村的和谐（小学高年级学段）

二、研学简介

本研学设计方案立足深化小学教育教学改革和全面提高义务教育质量的时代要求，选取云南省昆明市呈贡区一个城郊接合部的不发达社区——横冲村，挖掘乡村的自然和人文资源；同时，基于小学生身心发展规律，开展极具趣味的"五色"（"红色"蕴意文化、"古色"蕴意村落、"蓝色"蕴意科技、"黑色"蕴意星空、"绿色"蕴意森林）研学实践活动，引领小学 4~6 年级学生感受横冲"多彩森林乡村"和谐之美。旨在通过本次研学推动五育并举，帮助学生增长见识、陶冶情操，增强热爱家乡的情感（表 9-10）。

表 9-10 "五色"主题特色研学设计理念

"五色"主题	研学理念
红色文化研学	学生在红色文化广场制作五星红旗、与优秀党员对话，感悟红色精神
古色村落研学	学生通过探访古村落，了解家乡、了解身边的历史文化和民俗技艺，树立"乡村记忆"保护与传承意识
蓝色科技研学	学生体验大棚种植、喷灌、滴灌等"科技助农"项目，在体验中激发学习科学的兴趣，培养学生的科技创新精神
黑色星空研学	学生识别星群，浮想宇宙奥秘，激发参与天文探索兴趣，感受科学的神奇与魅力
绿色森林研学	以绿色森林研学为载体，育人为宗旨，将社会主义核心价值观有机融入生动丰富的美育活动之中，让学生感受美、表现美、鉴赏美、创造美，认识到绿色生态的重要性

三、研学目标

实践内化	1. 参与"青春姓名牌""成长五部曲"等集体活动，学会集体生活、集体研学 2. 参与农业生产劳动，体验农业生产过程，从中获得乐趣 3. 通过"制作潜望镜""绘草帽""盲眼抓鸭"等活动，培养动手实践能力以及与人合作、师生互动的习惯
身心健康	1. 通过与大自然亲密接触，初步学会体验大自然的生态之美，养成尊重生命、热爱生活的态度和审美情趣 2. 参与"扁带行走"挑战，强健体魄、磨炼意志，树立敢于面对困难、克服困难的精神
责任担当	1. 通过"游美居，访村民"等活动，初步感受横冲社区所蕴含的人文风情，增强热爱家乡的情感，产生较强的归属感和依恋感 2. 通过"玩中学、换积分"活动，初步形成互爱互助、从小事做起体现自我价值的意识和能力
价值认同	1. 通过走访"一颗印"传统民居，感知横冲社区乡土文化 2. 发动学生的"五感"，亲近大自然，感受横冲"森林乡村"和谐之美 3. 通过与优秀党员对话，初步形成拥护党的意识，知道并初步践行社会主义核心价值观

四、研前准备

（一）总体设计（图9-21）

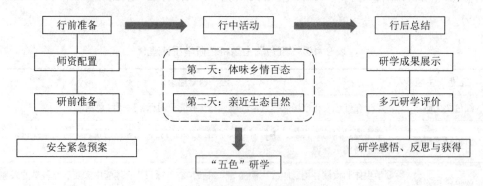

图 9-21　研学旅行总体设计思路

（二）研学线路（图 9-22）

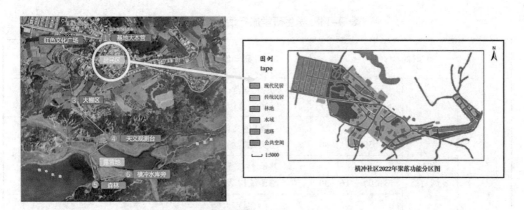

图 9-22　研学旅行线路

（三）内容概要

	体味乡情百态	上午	寻色一：绽童真友谊五彩之花
第一天			寻色二：思文化广场红色底蕴
		下午	寻色三：游传统村落古色古香
			寻色四：悟现代农业蓝色智慧
			寻色五：听神秘星空黑色物语
第二天	亲近生态自然	上午	寻色六：觅碧水青山绿色宝藏
		下午	寻色七：念森林横冲五彩记忆

305

（四）活动过程及成果展示记录（表9-11、表9-12）

表9-11　学生研学旅行活动内容记录表

时间			研学地点	记录主题内容 （文字、活动、照片等）
第一天	体味 乡情百态	上午 8：30—10：30	基地大本营—开营破冰 （绽童真友谊五彩之花）	
		上午 10：30—11：30	红色文化广场 （思文化广场红色底蕴）	
		下午 13：00—16：30	基地大本营、村庄内 （游传统村落古色古香）	
		下午 16：30—17：30	温室大棚 （悟现代农业蓝色智慧）	
		晚上 20：00—21：30	天文观测台 （听神秘星空黑色物语）	
第二天	亲近 生态自然	上午 8：00—12：00	森林 （觅碧水青山绿色宝藏）	
		下午 14：00—15：30	横冲水库旁—汇报总结 （念森林横冲五彩记忆）	

表9-12　学生研学旅行成果概要

研学主题	"横冲"直撞·感受森林乡村的和谐	
姓名		
成果概要	感受森林乡村横冲自然、人文之美，并展示旅行途中收获。（成果包括但不限于：1.绘画作品 2.摄影作品 3.日记 4.手绘草帽）	
	教师签字： 家长签字： 学员签字：	完成时间： …年…月…日

（五）研前安排

1. 师资配置

为提高课程质量，确保学生安全，本课程建议师生人数比控制在 1：5 左右；任课教师需要富有童心、精于创造，在整合课程资源的基础上，高效维持秩序，能够保证各项主题式活动顺利开展，对学生进行精准引导。

2. 研前准备（图 9-23）

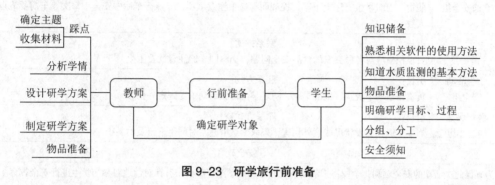

图 9-23　研学旅行前准备

3. 经费与交通安排

两天一晚研学活动的总费用预计 500 元，收费根据学生的家庭情况可以申请酌情减少。

（1）交通：80 元 / 人，来回乘坐旅游大巴车，保证一人一座。

（2）住宿：90 元 / 人，由横冲社区提供一晚的露营帐篷住宿，特殊情况的学生可以选择住旅馆。

（3）餐饮：150 元 / 人，一共提供三餐，一餐花费 50 元，餐品搭配做到营养均衡、干净卫生，每餐留样检验。

（4）保险：50 元 / 人，包含 1000 万元旅行社责任险和 30 万元旅游意外伤害险。

（5）其他用品：每人 100 元，包括矿泉水、横幅定制、带研学团队标志的帽子、马甲等。

（6）研学导师等工作人员劳务：30 元 / 人。

4. 安全紧急预案、安全责任书、安全文明公约

本方案适用对象为 4~6 年级的小学生，为贯彻落实"安全第一，预防为主"的安全工作方针，切实保障学生研学旅行途中的安全，本次研学旅行活动全程由教师带队、家长陪同，并制定安全紧急预案（表 9-13）、安全责任书（见附录一）和安全文明公约（见附录二）。

表 9-13　安全紧急预案

主办单位	××小学
活动时间	××××年××月××日
活动地点	云南省昆明市呈贡区马金铺街道横冲社区

<table>
<tr><td colspan="2">一、安全工作小组具体分组情况及职责</td></tr>
<tr><td>人员点名组</td><td>组长：　　　　　　　　　　联系方式：
职责：负责点名，上报带队导师，导师向领队负责汇总人数，确保人员齐整</td></tr>
<tr><td>交通安全组</td><td>组长：　　　　　　　　　　联系方式：
职责：组织学生有序上下车、提醒同学途中注意事项，保障行车途中安全。每次上车前要清点人数</td></tr>
<tr><td>食品安全组</td><td>组长：　　　　　　　　　　联系方式：
要求积极应对各种突发的食品安全问题，提醒同学们注意饮食卫生</td></tr>
<tr><td>学生活动
安全组</td><td>组长：　　　　　　　　　　联系方式：
负责在活动中观察、提醒学生，防止学生体验活动中受到意外伤害</td></tr>
<tr><td>医疗保健
应急小组</td><td>组长：　　　　　　　　　　联系方式：
当学生遇到突发状况或意外伤害，采取紧急措施，对师生进行及时救护</td></tr>
</table>

二、安全教育

为确保此次活动的安全顺利，学校将于活动前召开参加研学旅行班会，有针对性地对参加学生进行安全教育。

1. 各班级具体分成各个小组，确定好组长，负责同学们的集合和联络
2. 要求每个同学在与陌生人打交道时，既要注重礼仪，遇到可能会产生的纠纷我们必须保持冷静，控制情绪
3. 对可能发生的突发事件，通知具体的处理程序和处理方法

<table>
<tr><td colspan="3">三、应急事故处理</td></tr>
<tr><td rowspan="3">处理程序</td><td colspan="2">（1）如遇突发事件，第一时间报告带队教师</td></tr>
<tr><td colspan="2">（2）所发生的事件在自己能够处理的范围之内的，各组长要及时联系带队班主任老师，组织班级同学做好各种应急工作，采取应急措施；如果不能处理，需相关部门处理的，保护好现场，及时拨打110、120向有关部门求救</td></tr>
<tr><td colspan="2">（3）突发事件处理完成后，要及时向带队老师汇报处理情况</td></tr>
<tr><td rowspan="2">具体处理方法</td><td>研学前</td><td>（1）如遇恶劣天气和自然灾害不能出行，则将活动延期
（2）如遇特殊情况，部分人员身体不适，则向带队老师汇报，并为其请假
（3）注意人身安全。万一发生意外，及时向有关部门求助，如打110、120等，同时维持好现场的秩序，由各班主任负责，同时抢救小组做好应急抢救工作</td></tr>
<tr><td>研学中</td><td>（1）迷路及解决方法。同学们在研学旅行途中要保证不脱离队伍，维持可互相看见的原则
（2）摔伤、滑伤。针对此类问题，安全应急小组准备了云南白药、气雾剂、邦迪等，若遇到紧急情况，承办单位将及时给予解决
（3）饮食安全问题。要求不得随便购买路边的小吃等问题食品</td></tr>
</table>

四、交通事故处理

1. 有严重受伤情况，带队教师即刻拨打120、122，并立即组织抢救
2. 组长迅速报告教育主管部门负责同志，并调动应急车赶到事发现场，视伤情确定立即送医院，还是紧急处理后送医院
3. 负责人保护好现场，指挥师生撤离至安全地点
4. 负责人向上级领导报告事故情况
5. 带队教师安定学生情绪，询问、检查学生受伤情况，受轻伤学生送医院检查、诊治
6. 学校立即成立事故处理小组，分别负责家长、公安、医疗、保险各方接洽，妥善处理善后事宜

五、研中方案

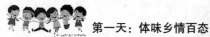 第一天：体味乡情百态

研学场景	研学活动	设计意图
	寻色一：绽童真友谊五彩之花	
大石坎山顶腰	1.青春姓名牌 用准备好的材料，制作一个自己的姓名牌（可用自己喜欢的植物、动物、人物等为原型）；制作完成后交流展示自己的设计意图 2.成长五部曲 学生"剪刀、石头、布"，根据输赢完成从"蛋"到"人"的五次进化过程 **成长五部曲** 3.气球圆圈舞 学生在圆圈中站好，教师将吹好的气球扔进圈里，学生用嘴吹气使气球在空中不会掉落，并转动一圈 **气球圆圈舞**	通过成长五部曲的游戏，引导学生体会人在不同环境中成长的过程，学会对彼此多一点理解。同时，通过制作姓名牌、圆圈舞的形式，活跃氛围、打破僵局，让彼此迅速熟悉、加深了解
	寻色二：思文化广场红色底蕴	
 红色文化广场	1.我爱五星红旗 让学生以小组形式用卷纸、粘胶、摆框制作五星红旗 2.听革命故事，忆红色经典 聆听横冲社区优秀党员讲解革命故事，和老党员对话，写下红色日记	激发学生的爱国主义热情，教育学生珍惜今天的幸福，勤学习、守规范，珍爱生命、珍惜健康；努力成长为中国特色社会主义建设者和接班人

研学场景	研学活动	设计意图
寻色三：游传统村落古色古香		
 大礼堂  绘草帽  盲眼抓鸭  赶"小猪"跑  传统民居	1. 进美村，绘草帽 在大礼堂，通过手绘草帽，描画出想象中的横冲村或乡村生活风貌图，创作出属于每个人独一无二的文创作品，戴着自己的草帽，开启下午的研学 2. 玩中学，换积分 活动一：盲眼抓鸭 开展"盲眼抓鸭"活动，基地老师讲解了捉鸭的要领和保护小鸭的方法后，开展活动，以抓到一只鸭子的时间长短来换取积分，时间越短积分越高 活动二：赶"小猪"跑 随机分组，组内成员在规定的赛道上，拿一根棍子，赶"小猪"绕过障碍物向前走，以谁先到达终点为胜利。以时间长短为换取积分的标准，时间越短积分越高 在两个活动结束后，以积分换取食物卡片（不同食物积分不同，见附录三），开展后续活动 3. 游美居，访村民 在基地老师的带领下，参观欣赏当地的传统建筑"一颗印"，了解传统建筑、传统民俗和传统生活物件（如：摘梨工具、石臼和舂等） 向当地村民农户学习基本农具的使用方法和不同农作物农业生产的季节规律	活动设计根植于横冲村的乡土乡情，通过在乡村场景中做游戏，游民居，访村民，让学生能够了解家乡、了解身边的历史文化和民俗技艺，树立"乡村记忆"保护与传承意识，为培养讲好乡村故事、延续良好乡风、传承优秀习俗文化的新时代社会主义建设者和接班人奠定基础

研学场景	研学活动	设计意图
寻色四：悟现代农业蓝色智慧		
 温室大棚 梨园	1. 进大棚，看技术 带领学生走进蔬菜种植大棚，感受大棚内外的温度，了解大棚种植的技术，对农业生产的作用 找寻大棚中的农业生产技术（如照灯、喷灌、滴灌），让学生体会"科技兴农"，培养科学探究意识 2. 做劳动，换食材 在社区内集水田、旱地、果园为一体的学生实践基地中，根据上一环节换取的食物卡片，采摘当季时令蔬菜、水果等，为晚餐做准备	通过体验大棚种植、喷灌、滴灌等"科技助农"项目，在体验中激发学科学的兴趣，培养学生的科技创新精神。通过体验农业生产活动，感受四季的更替、植物的生长，在大自然中品读生命之美
寻色五：听神秘星空黑色物语		
 天文观测台	1. 赏星月童话 谈谈对星空的认识和感受，聆听老师讲解天文神话、天文学家的趣味故事 2. 观天象奇幻 利用天文望远镜遥望深空天体，辨识四季星座（依据活动时间确定季节）	通过识别星群，浮想宇宙的奥秘，培养青少年参与天文探索的兴趣 同时，补充学生天文知识的空缺，激发观星的兴趣，感受科学的魅力和神奇

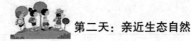

第二天：亲近生态自然

研学地点	研学活动	设计意图
寻色六：觅碧水青山绿色宝藏		
 森林  潜望镜  扁带行走	1. 眼睛的记忆密码 视觉初打开，换一种视角和植物交朋友：用彩色笔在卡片上画眼睛、鼻子、嘴巴、衣服等，并将其贴在森林的大树上。 "如果眼睛长在头顶"——制作小小潜望镜制作：①将一个牙膏盒从中剪开，剪成如图状；装入镜子，镜子与盒壁成45度夹角；②在另一个牙膏盒上剪一个洞；③将牙膏盒拼插在一起。 看清"昆虫先生"的样子：①先宏观观察昆虫的外部形态特征；②用数码显微镜观察昆虫的翅、足、触角、口器、眼等结构；③总结不同昆虫之间的异同点。 2. 自然的呼吸与行走 自然大发现：①拥抱大树；②给学生发色卡；③让孩子们在森林里寻找与色卡相配的颜色；④寻找不同的植物，并形容它的气味，用自己的想象力对其命名；为学生提供四个形容词的卡片，让学生找到对应的植物。 平衡大作战——扁带行走：一条扁带连接在两树之间，学生保持身体平衡，行走于扁带之上，只凭脚底的一条扁带和手中的一根辅助绳，在所有人的注视与鼓励下，一步一步坚定地走向终点，完成对自己的一次挑战	让学生从小处着眼观察大自然，并且思考解决问题的方法，培养学生不断尝试且勇于探索的精神。 通过自制潜望镜，培养学生的动手操作能力。 发动学生的感官，培养学生与大自然的关系，让学生学会爱惜自然。 通过扁带行走活动，增强平衡能力，提升学生自我运动技能，养成学会聆听、尊重别人的习惯，培养学生认真集中、敢于突破的精神
寻色七：念森林横冲五彩记忆		
 横冲水库旁	1. 手捧五彩硕果 学生以小组为单位，展示研学途中的绘画、摄影作品，交流自己的创作意图，同时分享研学途中的心得体会。 2. 少年勇敢前行 学生合唱歌曲《童年》和《中国少年先锋队队歌》，向本次研学旅途告别。	通过研学成果展示，培养学生的艺术兴趣和创作能力。同时，通过合唱的形式，再次增强凝聚力，携丰硕的研学收获，勇敢奔赴未来

六、研学评估

研学旅行是以学生为主体，以活动为依托的实践性课程。因此，基于乡土特色的横冲社区小学研学旅行评价的核心是对学生的评价和对研学旅行活动的评价。对学生的评价注重考查学生在整个研学旅行活动中的整体表现情况和从中获得的基本能力和情感态度价值观变化。本方案适用对象为 4~6 年级小学生，为此根据小学生认知水平设计易懂、明了的评价量表，有利于学生从对自我的评价中认知自我、完善自我，促进自我的全面发展。对研学旅行活动的评价注重从不同主体（带队教师、资源方、活动方案设计者）入手，从设计、准备、实施全过程考查研学旅行活动。通过对学生活动和研学方案进行评价，了解本次研学旅行的目标达成度，有助于研学旅行方案的改进（表 9–14~ 表 9–17）。

表 9–14　过程性评价记录表（发现自己的成长变化）

姓名：	班级：
评价项目	反思记录内容
1. 我在活动中承担了什么任务？	
2. 我在活动中任务完成得怎么样？	
3. 我在哪些方面取得了明显进步？	
4. 下次我还可以在哪些方面做得更好？	
5. 通过本次活动，我的感受和体会是什么？	

表 9–15　多元主体评价记录表（促进自我正确认知）

认识"我"自己			
自己眼中的"我"	伙伴眼中的"我"	老师眼中的"我"	家长眼中的"我"

表 9–16　综合性评价量表（促进学生全面发展）

一级指标	二级指标	三级指标	评级
研学兴趣	乐于合作探究	积极主动地与人进行合作	
	乐于参与活动	积极主动地参与各种操作性活动	
	乐于发表见解	在各种活动中积极主动地发表自己的见解	

续表

一级指标	二级指标	三级指标	评级
研学主题知识	能准确表述	能够准确描述事件发生的过程	
	能理解原理	能准确理解知识中包含的科技原理	
	能迁移类推	能够根据已学会的知识推导出新的知识	
研学精神	能实事求是	在研学活动中能够坚持让事实说话的原则	
	能尊重劳动成果	懂得尊重别人的研学成果、不歧视别人的观点	
	能批判质疑	能针对研学成果提出不同的看法	
研学方法	能掌握基本方法	能够较好地掌握解决问题的最简单的方法	
	能掌握多种方法	能够掌握解决问题的 2 种及以上的方法	
	能选择最优化方法	能够从多种方法中分辨出最简单、有效的方法	
研学能力	会质疑能提问	能在原有的认知水平上对研学项目提出问题	
	会应用能实践	通过实践探索能解决研学项目的科学问题	
	会创新能总结	能够大胆地创新，研学成果显著	

（注：评级按"A- 优秀""B- 良好""C- 改进"三个指标进行评价）

表 9–17 研学活动方案评价量表（结果应用于研学的各利益相关方持续改进）

评价对象	一级指标	二级指标	评价结果（请在你认为符合的等级下打"√"）							
			A（完全符合）B（比较符合）C（一般符合）D（不符合）				A（完全符合）B（比较符合）C（一般符合）D（不符合）			
			学生评价				家长评价			
带队教师	研学前	研学目标制定科学可行								
		研学点选择和线路设计合理								
	研学中	安全教育有效落实								
		组织过程秩序井然，研学过程体验良好								
	研学后	研学目标达成度高								
		研学活动做到了在行中研，在研中学								
资源方		工作人员态度亲和，配合带队老师进行相关指导								
		工作人员乐意为同学们提出的问题进行解答								

评价对象	一级指标	二级指标	评价结果（请在你认为符合的等级下打"√"）A（完全符合）B（比较符合）C（一般符合）D（不符合）	
			学生评价	家长评价
活动方案	前期准备	研学活动设计方案是否合理（包括但不限于线路设计、主题设计、时间及行程安排、经费预算）		
		研学活动前期准备是否充分（包括但不限于资料准备、方案的可行性）		
	活动过程	研学目标的设定的合理性以及可操作性		
		研学任务分配的合理性及可完成性		
		研学活动设计的教学意义和教育意义		
		研学内容设计的实际意义及可行性		
		对学生研学成果的评价体系的设计是否合理、是否具有可操作性		
		研学过程中突发情况处理预案及处理效果		
		研学过程的实施过程是否得当和有效（包括任务协调安排、师生合作）		
		研学活动实施过程中学校的支持力度以及相关部门的协调程度		
其他建议				

七、研学方案设计总结与反思

古语云："读万卷书，行万里路"，身体和心灵总有一个要在路上。研学旅行就是让孩子走进大自然，切身感受书本以外的东西。虞永平教授曾说过："幼儿园到小学，不是翻山越岭，不是跳跃大沟深壑，也不是进入天壤之别的生活，而是童年生活的一种自然延伸和过渡。"小学生应能对周围事物、现象感兴趣，有好奇心和求知欲，运用各种感官，动手动脑，探究问题，亲近大自然，体验风土人情。所以，如何创设机会和环境让小学生亲近乡村和自然，自发去探究、去发现，已成为现在教育者要关心的问题，而研学旅行提供了最直接的探究途径。

（一）行前，做好安全准备

每一次集体出行，对学校来说都是一次挑战，尤其是小学阶段的学校，面临学生年龄小、自我保护意识不强、自主学习能力不强等问题。为此，需要在研学旅行前做足安全准备工作。安全预案必不可少，应对每位工作人员做出明确要求，责任细化到个人；还应对学生进行安全教育，并签订安全责任书与文明公约，让每个学生都树立起牢固的安全意识。

（二）行中，落实"五色"研学理念

"五色"研学理念是"五色"教育体系的重要组成部分，主要是将自然与人文资源转化为教育资源、育人资源，开展红色基因传承、绿色生态文明、蓝色高新科技、古色传统村落、黑色神秘星空等方面的教育，使这些教育资源充分发挥出育德、培智、健体、尚美、促劳的"五育"并举功能。

"五色"研学资源内容丰富，贴近教师和学生群体的实际需求。应努力呈现"五色"研学实践教育课程的生活性和实践性、社会性和真实性的特点，以突出对学生实践性学习的引领与指导，具有较强的针对性、操作性和实用性。横冲社区小学 4~6 年级的研学方案基于"五色"研学理念，运用体验式和项目式教学，寓教于乐，鼓励孩子保持好奇心和探索精神，提高解决问题的能力，享受学习的乐趣。

（三）行后，优化课程方案

缺乏评价机制的研学旅行课程体系是不完整的，也难以充分体现教学的实效性。评价作为一个最关键的教学环节，其实施情况不但关乎研学旅行教学效率，也直接决定着研学旅行本土化课程开发目标能否成功实现。一方面，通过过程性评价，让学生发现自己的成长变化；通过多元主体评价，促进学生正确自我认知；通过综合性评价，促进学生全面发展；另一方面，通过研学活动评价量表，将结果应用于研学的各利益相关方持续改进，完善研学旅行本土化课程设计，从而达成持续改进研学旅行课程的开发目标。

［附录］

附录一：横冲社区研学旅行安全责任书

为确保本次研学旅行活动安全顺利，学校特与家长签订学生人身安全责任书。

一、学校方面

1. 学校针对研学旅行期间应注意的住宿安全、食品安全、交通安全、各项活动安全，负责经常性地对学生进行教育，学习必要的安全防范急救措施，并进行安全演练，使学生具有一定的安全意识和安全防范能力，做到警钟长鸣。

2. 学校负责对各类活动场所、学生寝室、食堂等开展定期检查，及时采取措施，排除安全隐患。组织学生有计划地开展体育训练，保证训练安全。

3. 学校负责学生在活动期间生病及发生意外情况时，及时送医救治，并在第一时间通知家长。

4. 学校保证有本校教师进行学习、生活、训练的全程陪护，晚上负责巡夜，活动基地 24 小时封闭式管理。

5. 学校负责为每位学生购买活动期间的人身意外伤害保险。

二、家长方面

1. 做好与学校的联系和沟通，请将联系电话准确无误地告诉带队老师，以便和您及时取得联系。

2. 父母或其他监护人要教育孩子一切行动听指挥，注意防火、防电、防食物中毒（不吃零食，不吃"三无"食品）、禁止在野外烧荒、林区生火等。教育孩子任何时候不单独行动，有任何要求可直接找带队老师汇报。

3. 父母或其他监护人应教育学生不打架、不骂人、不攀高爬低、不到危险的地方去玩。不许学生带任何刀具、打火机、鞭炮或有危险性的玩具到营地。

4. 父母或其他监护人负责按照活动时间安排到指定集合地点接送孩子，接送路途中的安全，一律由家长自己负责。

5. 要经常和带队老师保持联系，如有特异体质、特定疾病或其他生理、心理状况异常的学生要及时通知学校，密切与学校配合。

6. 家长知晓任何外出活动都可能存在一定的安全风险。在学校各项安全教育、安全防护措施到位的前提下，仍然发生非校方管理原因造成的、不可逆的意外伤害情况（如交通意外、地震灾害等）时，家长应保持克制与冷静，同意待有关部门有了科学调查结论之后，与保险公司、学校等相关方面通过正当途径解决问题。

回执单

　　本次横冲社区研学旅行的全部内容、线路和细节我已于_____年___月___日，由我的孩子在家提前告知，并收到孩子所在班级班主任发来的相关通知，现在我已知晓《横冲社区研学旅行安全责任书》的全部内容，我会督促孩子严格遵守责任书要求，在整个活动中增强纪律意识、安全意识、时间意识、团队意识、责任意识，认真听从带队教师指挥，顺利完成此次活动。如在活动中有违反上述条款的任何行为，所造成的一切后果由我们自己负责并承担。

　　学生签字：　　　　　　　　　　　　　　家长或监护人签字：

　　　　　　　　　　　　　　　　　　　　　日期：　　年　　月　　日

附录二：横冲社区研学旅行安全文明公约

　　为确保本次横冲社区研学旅行活动顺利开展，特制定以下安全文明公约，各位同学务必认真学习，严格遵守。

　　一、本次研学旅行活动，特别强调团队合作，统一行动。我会听从领队和带队老师的安排，切勿擅自做主，参加危险活动。每天活动时应佩戴统一标志，如T恤衫、帽或吊牌等，以便于识别。

　　二、任何时间，未经带队老师允许，我绝不擅自离队活动，尤其不在天黑以后离开团队，如有特殊情况需经老师允许后方可离开，要速去速回。牢记带队老师的联系电话，一旦走失或脱离团队，不要惊慌，要主动联系带队老师并在原地等候。

　　三、注意饮食卫生，尽量不吃生冷食品，不暴饮暴食。不购买食用无厂家、无日期或过期的食品；在外就餐最好选择当地人较多的正规餐馆，防止"病从口入"。若有不适，要及时报告带队老师，设法就医诊治。

　　四、注意保管好自己的财物。不要携带过多现金，更不要轻易将现金外露，贵重物品尽量不携带外出。如确实需要，需谨慎保管。

　　五、注意安全乘车，做到按照统一安排就座，不自行调整座位；严禁把头、手伸出窗外；如有晕车，请提前预防；乘坐大巴车时要防止途中睡觉、受凉感冒，请备好适量衣物；提前上卫生间方便；行驶过程中，严禁站立或离开座位行走，务必全程系好安全带。上、下车时，要听从带队老师的指挥，不挤、不抢、不闹。尽量不在车内吃零食，注意保持车内部卫生整洁，离开前一定要将垃圾带出，并妥善丢弃在垃圾桶里。

　　六、在研学地点参加研学活动时，一定要听从号令指挥，有序进行，预留足够的安全空间，避免因拥挤或推操发生挤压、拉伤、跌伤、落水、坠落等意外事件，注意保持安全间距。不要过于留恋景点而导致掉队或拖延，听从带队老师的指挥和安排，按时到达指定地点集合，按时上车，避免耽误行程。

七、在爬山的过程中，既要防止跌落受伤，同时也要预防脚被尖锐物扎伤或被山区蛇、虫咬伤；经过高处或钢索栈道时，必须扶好栏杆或钢索；不要拥挤追逐，小心踏空；经过台阶和狭窄、路滑地段时谨防跌倒。

八、不到明令禁止入内的地方活动。参加活动要严格按照活动规则进行，要量力而为。不可擅自下水或单独前往深水区或危险水域，最好结伴而行并携带必要的保护救生用品，以防溺水事故发生。

九、如遇雷雨、台风、泥石流、洪水等恶劣天气和自然灾害时，要尽快远离危险地段和区域，听从带队老师的安排或当地人的劝告。若提前获知恶劣天气信息，要及时调整行程，最好不要外出。

十、研学旅行过程中应遵守公民良好的道德文明规范，文明出行。尊老爱幼，排队候车、就餐，不乱扔纸屑、果皮壳，爱护公共财物，不随地吐痰、口香糖，遵守公共秩序，避免与他人发生口角或冲突，始终注意维护个人和集体的良好形象。

我保证在整个研学活动期间，会严格遵守安全文明公约，认真听从带队教师指挥，顺利完成此次活动。如在活动中有违反上述条约的任何行为，所造成的一切后果由我本人承担责任！

学生签字： 日期： 年 月 日

附录三："玩中学，换积分"活动积分卡

姓名：	学号	时间
项目	积分细则	你的积分
盲眼抓鸭		
分钟内	10分	
1~3分钟	8分	
3~6分钟	6分	
6~10分钟	4分	
赶"小猪"跑		
30秒内	10分	
30秒-1分钟	8分	
1分钟-1分30秒	6分	
1分30秒-2分钟	4分	

"玩中学，换积分"食物兑换表

食物	积分	兑换记录（√）
西蓝花菜	2分	
豌豆	2分	
生菜	2分	
玉米	3分	
番茄	2分	
土豆	3分	
白菜	2分	
葱、香菜、姜等	2分	
野菜	2分	
应季水果	3分	

【本章知识结构】

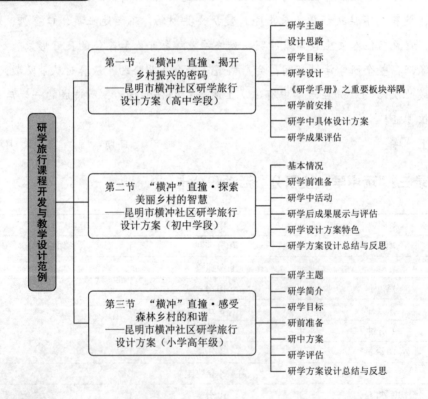

【拓展提升】

1. 尝试评析本章三个研学旅行案例的主题与专题，并提出建设性意见。

2. 讨论在准备研学旅行过程中，教师应扮演什么样的角色？除了知识传授者之外，还应该具备哪些能力或素质？

3. 针对研学旅行项目的评价体系应该包括哪些关键指标？除了学习成绩外，还可以从哪些角度对学生的表现进行评估？

4. 探索实施同伴互评和个人自评相结合的方式能否帮助更加全面地了解每位同学在整个过程中的成长变化？

5. 思考应如何利用数字化技术收集反馈信息，以改进未来类似活动的设计与执行？

项目策划：段向民
责任编辑：武　洋
责任印制：钱　戓
封面设计：温　泉

图书在版编目（ＣＩＰ）数据

研学旅行课程开发与教学设计 / 李琳主编；李庆雷，
丁栋兴副主编. -- 北京：中国旅游出版社，2025. 2.
（研学旅行教学、管理与服务系列精品教材）. -- ISBN
978-7-5032-7491-6

Ⅰ. G632.429

中国国家版本馆CIP数据核字第2024DA6747号

书　　名：研学旅行课程开发与教学设计

主　　编：李　琳
副 主 编：李庆雷　丁栋兴
出版发行：中国旅游出版社
　　　　　（北京静安东里 6 号　邮编：100028）
　　　　　https://www.cttp.net.cn　E-mail:cttp@mct.gov.cn
　　　　　营销中心电话：010-57377103，010-57377106
　　　　　读者服务部电话：010-57377107
排　　版：北京旅教文化传播有限公司
经　　销：全国各地新华书店
印　　刷：三河市灵山芝兰印刷有限公司
版　　次：2025 年 2 月第 1 版　2025 年 2 月第 1 次印刷
开　　本：787 毫米 × 1092 毫米　1/16
印　　张：20.75
字　　数：388 千
定　　价：59.80 元
ＩＳＢＮ　978-7-5032-7491-6